Marianna Tax Choldin

Der Garten der zerbrochenen Statuen
Auf den Spuren der Zensur in Russland

2018

Simon Verlag für Bibliothekswissen

Bibliografische Informationen der deutschen Bibliothek

Die Deutsche Bibliothek verzeichnet diese Publikation in der Deutschen Nationalbibliografie.

Aus dem Amerikanischen übersetzt von Silke Sewing und Erdmute Lapp
Orig. T. Garden of Broken Statues – Exploring Censorship in Russia.
Academie Studies Press, 2016.

Fotos: Olaf Hamann, Marianna und Harvey Choldin
Cover, Layout und Satz: Maria Aroseva

Gesamtherstellung:
Simon Verlag für Bibliothekswissen
Riehlstr. 13
14057 Berlin
Deutschland
www.simon-bw.de

Druck und buchbinderische Verarbeitung
Hrubieszowska 6a
01-209 Warszawa
www.sowadruk.pl
ISBN 978-3-945610-40-4

Inhaltsverzeichnis

IN ERINNERUNG AN KATJA GENIEVA

VORWORT DES VERLAGES

Warum veröffentlichen wir dieses Buch?

Russland, dieses verschlossene Land, war für die Autorin ein ferner Planet, fremd, geheimnisvoll und verlockend. Waren es die Wurzeln ihrer Vorfahren, die, sie, Jüdin, US-Bürgerin, liberal und intellektuell zu diesem Land - sie nennt es der fremde Planet - hinzogen? Der Garten der zerbrochenen Statuen, die Erinnerung an Menschen und Gebäude der Sowjetzeit ist wie ein Rahmen dieses Lebens, das von außen dem Westen, aber von innen von den Wurzeln der Familie gleichermaßen bestimmt ist.

Das Unwägbare, das geheimnisvoll Unbekannte dringt in ihr Leben ein, als sie der Zensur begegnet. Die Autorin, die sich schon als Kind den Leseverboten widersetzte, begegnet jetzt in der Vorstellungskraft dem leibhaftigen Zensor: in der Zarenzeit noch klar erkennbar, bis in die Zeit der Sowjets versteckt, doch stets allumfassend. Diese alles durchdringende Zensur mit ihrer Kraft, Leben und Menschen zu verändern, wird das Lebensthema dieser Bibliothekarin, die den freien Zugang zu Wissen und Literatur zum Lebensziel hat.

So wurde die Ausstellung über Zensur in Russland in der Jelzin-Zeit, die Vorbereitung und die Reise durch die russischen Lande zum Höhepunkt ihres privaten und beruflichen Lebens. Zusammen mit der viel zu früh verstorbenen Direktorin der Bibliothek für Ausländische Literatur, Ekatarina Genieva, bereitete sie die Ausstellung in Moskau vor. Für diese Ausstellung, die Folge-Ausstellungen in fast allen russischen Universitätsstädten anregte, wurden zahlreiche Bücher aus den Giftschränken der Bibliotheken befreit und wieder zugänglich gemacht. In einer begleitenden Konferenz wurden die Zensoren selbst sowie Literaten und Komponisten als Opfer der Zensur und Bibliothekare an einen Tisch gebracht, um über Erfahrungen mit der Zensur zu sprechen und sich erstmals auf Augenhöhe zur Zensur auszutauschen. Hier wurde klar, wie allumfassend und negativ sich die Zensur auf die Kreativität der Künstler auswirkte.

7

Es ist bedrückend, wie sehr die Zensur die russischen Freunde der Autorin und deren Familienmitglieder beeinflusste. Zensur ist uns allen nicht fremd, zu oft begegnet man dem vorauseilenden Gehorsam. Aber, wenn Zensur die Macht ergreift, wenn man keine Möglichkeit der Information mehr hat, dann ist sie zerstörerisch, für das eigene Leben, das der Familie und das der Völker. Resigniert stellt die Autorin klar, dass sie nicht weiß, welche Art von Zensur heute in Russland herrscht.

Berlin, November 2017

Simon Verlag für Bibliothekswissen

EINFÜHRUNG

Abb. 1: Moskau mit dem Kreml

Mit Katja Genieva, meiner russischen Arbeitspartnerin und engen Freundin, saß ich in den samtbezogenen Sesseln des neobarocken Theaters im Staatlichen Kremlpalast in Moskau. Es war im Oktober 1992, ich war gerade angekommen, um wieder einmal für einige Wochen mit Katja an der Zensur-Ausstellung zu arbeiten, die wir im kommenden Mai in ihrer Bibliothek, der Allrussischen Staatlichen Bibliothek für Ausländische Literatur[1], eröffnen wollten. Der frühe Abend in dieser Stadt hoch im Norden war dunkel und es hatte geschneit. Ich hatte einen Jetlag – neun Stunden Zeitunterschied, die gegen mich arbeiteten – und ich schaute mit glasigen Augen; dennoch hoffte ich, wach bleiben zu können. Es war ungemütlich warm in der Halle, aber was mich wirklich tief im Inneren bewegte, war das

---

[1] Katja Genieva (Ekaterina Jur'evna Genieva) war von 1993 - 2015 die Leiterin der Bibliothek für Ausländische Literatur oder Rudomino-Bibliothek. Der offizielle russische Name der Bibliothek lautet: Vserossijskaja gosudarstvennaja biblioteka inostrannoi literatury imeni M. I. Rudomino (Adresse: Nikolojamskaja ulica 1, 199189 Moskva).

intensive Gefühl, im Kreml zu sein, im Zentrum der *Sowjetmacht*. Ich hatte es schon bei früheren Besuchen in Sowjetzeiten gespürt, eine beklommene Klaustrophobie: Stalins Geist ist noch immer präsent. An diesem Abend waren wir weder im Kongress-Palast, um *Schwanensee* oder ein Volksmusik-Ensemble zu sehen noch eine politische Veranstaltung, sondern die Aufführung einer christlichen Rockgruppe. Zur Freude des dicht gedrängten Publikums rockte sie mit großer Energie und Begeisterung. Irgendwie schaffte ich es, wach zu bleiben, das Schlagzeug und die laut aufgedrehten elektrischen Gitarren halfen mir dabei. In der Pause schauten sich die Platzanweiserinnen, ältere Frauen in Schwarz, missbilligend das jugendliche Publikum an, das in westlichen Jeans und Sweatshirts erschienen war – sicherlich keine angemessene Kleidung im großen sowjetischen Kulturpalast.

In meinem benommenen Zustand fragte ich mich, ob sich das hier gerade wirklich ereignete. Träumte ich etwa? Ein religiöses *Rockkonzert im Kreml*? Nein, es war kein Traum. Die Musik dröhnte, die Musiker wirbelten, das Publikum schrie begeistert. Religion und Rockmusik waren im Kommunismus verbotene Themen. Und hier war ich, inmitten all dieser Leute um mich herum, die hin und her schaukelten, ihre Köpfe wild im Rhythmus schüttelten und in ihren Samtsitzen schrien, während sie von der Performance und der Musik bombardiert wurden – im Kreml, dem Herzen des Reiches! Unglaublich. Ja, die Sowjetunion musste tatsächlich verschwunden sein!

In den letzten Jahren hatte ich es kommen sehen, sogar als die Sowjetunion noch existierte. An einem sonnigen Frühlingstag hatten meine russische Freundin Galja Levina und ich einige amerikanische Touristen auf eine kleine Bootsfahrt auf der Moskwa mitgenommen. Unsere russischen Mitreisenden: eine Großmutter mit ihrer kleinen Enkelin, ein Liebespaar, einige Touristen aus anderen Teilen der Sowjetunion erfreuten sich am schönen Wetter. In leisem, vertraulichem Ton begann mir Galja zu erzählen, wie ihr Großvater, ein Wissenschaftler, unter Stalin gelitten hatte. Die dicht bei uns sitzende Großmutter lehnte sich vor und schaltete sich mit einer Geschichte über ihren Vater in das Gespräch ein. Er geriet 1938 in Gefangenschaft und tauchte 1957 wieder auf. Andere Passagiere nickten zu den Erzählungen und steuerten eigene Familiengeschichten bei. Auf einmal tauschten vollkommen Fremde auf dem Boot intime Horrorgeschichten aus, alle miteinander verbunden in einem Netz aus Erinnerungen. Während sie ihre Köpfe schüttelten, wurden ihre Stimmen immer lauter, und sie breiteten untereinander ihre Geschichten aus. Sprachlos nahm ich daran von außen teil.

Bis zu diesem Tag hatte ich nie etwas Ähnliches in der Sowjetunion erlebt. Die Leute sprachen einfach nicht über solche Dinge unter Fremden in der Öffentlichkeit. Man hätte leicht als Sowjetgegner eingestuft werden können. Man wusste nie, wer zuhörte. Nein, es war besser, seinen Schmerz im Herzen zu begraben.

Das Leben war voller solcher Überraschungen in den Jahren, die in den 31. Dezember 1991 mündeten, als die Sowjetunion zerfiel. Man konnte vom Flughafen zum Hotel fahren, in sein Zimmer gehen, den Fernseher einschalten und mit ungläubigem Staunen keinen Geringeren als Leo Trotzki auf dem Bildschirm erblicken. Trotzki war im Westen gut bekannt als der kommunistische Führer, der es nicht an die Spitze schaffte und nach Mexiko ins Exil gehen musste, wo ihn wahrscheinlich Sowjetagenten ermordet hatten. Sein Name konnte während der Stalinzeit nicht gedruckt oder ausgesprochen werden. Wenn man diese Regeln brach, konnte man leicht in den Gulag geschickt oder erschossen werden. Jetzt war er hier im Fernsehen zu sehen, dargestellt von einem angesehenen sowjetischen Schauspieler, in einem Stück über die Revolution, das eine breite Zuschauergruppe ansprach. Ich sank völlig desorientiert auf einen Stuhl nieder. Wo war ich?

Eines Tages - das post-sowjetische Russland war kaum ein Jahr alt - schickte mich Katja zur Russischen Staatsbibliothek in Moskau, der früheren Staatlichen Lenin-Bibliothek, zu Sowjetzeiten als „Leninka" oder „Kleine Lenin-Bibliothek" bekannt (die Russen lieben es, ihren Lieblingsgebäuden ironische Spitznamen zu geben). Dort war die Eröffnungszeremonie einer Ausstellung von russisch-orthodoxen Publikationen, alles Schätze aus den Sammlungen der Bibliothek. Die meisten Leute hatten keine Ahnung, dass sich diese Bücher dort befanden, weil sie so lange im wohl weltweit größten *specchran* (im

Deutschen: Giftschrank), der verschlossenen Spezialsammlung[2], aufbewahrt worden waren, eine Institution von großer Bedeutung im Sowjetsystem. Der Giftschrank der Lenin-Bibliothek enthielt Millionen von Einheiten – Bücher, Zeitschriften, Zeitungen, Einblattdrucke und andere Objekte, die aus einer Vielzahl von Gründen während der Sowjetzeit verboten waren. Unter ihnen waren tausende von Büchern, die von Religion handelten, dem russisch-orthodoxen Christentum und anderen Weltreligionen.

Alle, die in der Sowjetunion lebten, wussten, dass religiöse Bücher dem normalen Volk niemals zugänglich waren. Religion war *„das Opium des Volkes"* in den Worten von Karl Marx, und religiöse Bücher wurden als gefährlich eingestuft. An diesem Tag wurden sie in der Lenin-Bibliothek ausgestellt und gefeiert. Wer stand da auf der Bühne, zusammen mit dem Direktor der Lenin-Bibliothek und mit Alexander Rutskoj, der zu jener Zeit russischer Vizepräsident und damit ein recht hochrangiger Politiker war, um die Ausstellungseröffnung zu schmücken? Niemand anderes als der Patriarch von Moskau und ganz Russland, das geistliche Oberhaupt der russisch-orthodoxen Kirche, Aleksej II., mit seinem beeindruckenden grauen Bart, der schwarzen Priesterrobe, der dekorativen weißen Kamilavka und dem großen goldenen Kreuz vor der Brust. Der Patriarch war gekommen, um die Ausstellungseröffnung zu segnen.

Zum ersten Mal seit Jahrzehnten in der russischen und sowjetischen Geschichte wurde die Bedeutung einer ganzen Büchergattung stillschweigend anerkannt, jedoch ohne eine Erklärung und ohne eine Möglichkeit, diesen Umschwung zu diskutieren. Plötzlich war die Religion nicht nur akzeptabel, sondern sogar hoch geehrt. Die Ausstellung wurde mit großem Prunk präsentiert und mit Segenswünschen überschüttet. Ich fotografierte, um mich später selber davon überzeugen zu können, dass dies alles wirklich passiert war. Der Patriarch in vollem Ornat erschien wirklich vor den Fern-

---

[2] Die Spezialsammlung wird im Deutschen zwar als „Giftschrank" bezeichnet, umfasst jedoch in vielen Fällen - anders als der Name andeutet – einen eigenen Raum oder mehrere Räume für die nicht-öffentlich zugängliche Literatur.

sehkameras im dichtgefüllten Saal der Lenin-Bibliothek, dem Tempel des Atheismus. Er segnete uns wirklich, zusammen mit diesen orthodoxen Büchern, die jahrzehntelang vor der Öffentlichkeit versteckt worden waren, allein ihre Erwähnung hatte gereicht, um tausende Priester, Gelehrte und Gläubige in den Gulag zu schicken.

Diese Ereignisse und viele andere dieser Art machten mich schwindelig, mir war, als hätte ich die Balance verloren. Die Ereignisse kamen heftig und schnell, und ich hatte keine Zeit, sie zu analysieren, um zu verstehen, was mich über diesen oberflächlichen Schock hinaus so tief getroffen hatte. Ich machte mir Notizen und verschob die Analyse auf einen späteren Zeitpunkt.

Eine erste Antwort erhielt ich an einem tristen Novembertag 1997. Harvey, mein Mann, und ich spazierten mit einer amerikanischen und einer russischen Freundin in einem Park in der Moskauer Innenstadt in der Nähe des neuen Gebäudes der Tretjakov-Galerie. Als ich mich im Park umschaute, merkte ich, dass ich an einen Ort geraten war, der wichtig für mich werden würde. Ich bat Harvey, ein paar Fotos zu machen, um sie später anzusehen und meine Gedanken dabei zu ordnen.

TOUR IM GARTEN DER ZERBROCHENEN STATUEN, HALT 1: VORSTELLUNG DES GARTENS

Es ist offensichtlich, wir waren in keinem normalen Park mit Blumen, Zäunen und Kinderspielplätzen. Dieser Park war ein Ort, an dem die Statuen aus der Sowjetära versammelt worden waren, man hatte sie überall in der Stadt von ihren Sockeln genommen und dann hier zurückgelassen. Unter den Bäumen, die zu dieser Jahreszeit entlaubt und schwarz in den kalten Novembertag ragten, standen sie, einige stolz und aufrecht, andere schmählich liegend abgeladen – oder vielleicht hatten sie einst aufrecht gestanden und waren dann gestürzt, oder man hatte ihnen absichtlich einen Stoß versetzt. Natürlich fanden sich dort Lenin und Stalin sowie Felix Dzeržinskij, der Gründer des sowjetischen Geheimdienstes, mit dem Beinamen „Eiserner Felix“ oder auch „Blutiger Felix“, und viele weitere unbekannte, namenlose Figuren.

Ich nannte diesen Park den Garten der zerbrochenen Statuen.[3] Die Bilder von diesen Statuen habe ich in meinem Gedächtnis bewahrt - zusammen mit den anderen Bildern, die ich im Laufe der 1990er und 2000er Jahre sah und in meinen Notizen und in meiner Erinnerung speicherte.

Abb. 2: Statuen des Sowjetischen Realismus

---

[3] Der Park, den Marianna Tax Choldin „Garten der Zerbrochenen Statuen" nennt, ist ein Park der Tretjakov-Galerie in Moskau. Er befindet sich neben dem Ausstellungsszentrum „Zentrales Haus des Künstlers" in der Straße Krimskij Val gegenüber dem Haupteingang in den Gorki-Park. Er ist bekannt als „Skulpturenpark" oder auch „Park der Gefallenen Helden" und wird aktuell „Muzeon Park" genannt.

Abb. 3: Lenin-Statue

Abb. 4: Stalin-Statue

15

Abb. 5: Breschnew-Statue

Abb. 6: Dzeržinskij-Statue

Abb. 7: Stalinistische Skulpturen

Ich war zu beschäftigt, alle Veränderungen aufzunehmen, die in Russland stattfanden, um sie alle angemessen zu klären, wie ich mir eigentlich vorgenommen hatte. Mehr als fünfzehn Jahre mussten vergehen, bevor ich imstande war, klar über diesen Garten nachzudenken. Während ich meine Gedanken ordnete, merkte ich, dass ich immer wieder zu den Statuen, Denkmälern und Museen zurückkehrte, die ich in der Sowjetunion und ihren Nachbarstaaten während dieser frühen postsowjetischen Jahre gesehen habe. Und ich male mir eine Art Gartentour aus, die sie alle miteinander verbindet. Ein Haltepunkt auf dieser Tour würde so aussehen:

TOUR IM GARTEN DER ZERBROCHENEN STATUEN, HALT 2: KGB-KONFERENZ

Im Oktober 1993 - ich war im Begriff nach Hause zu fliegen und wir waren auf dem Weg zum Flughafen - entschied Katja Genieva, dass wir für eine halbe Stunde an einer Konferenz teilnehmen sollten, die gerade stattfand: „Der KGB – gestern, heute und morgen".
Ich schüttelte mich, als ich den Titel sah, der mich an die üblichen Konferenzen erinnerte, die in den Hotels in den Vereinigten Staaten abgehalten wurden: „Gute

Ernährung – gestern, heute und morgen" oder „Erneuerung der Stadtbezirke – gestern, heute und morgen". Aber der KBG? Schon alleine der Name versetzte meinem Herzen einen heftigen Stich. Dabei war ich nicht einmal ein Opfer dieser Geheimpolizei mit ihrer unaussprechlich blutigen Vergangenheit, dieser Institution, die das sowjetische Volk so lange terrorisiert und missbraucht hatte. Die Sitzung bot adrett mit Anzug bekleidete KGB-Offiziere auf offener Bühne, die von verwahrlost aussehenden früheren Dissidenten und Überlebenden des Gulag in abgetragenen Lederjacken angeschrieen und beschimpft wurden. Ich verließ die Konferenz, um zum Flughafen zu fahren, und war von der Wut in diesem Raum erschüttert, aber auch gleichzeitig amüsiert und dankbar für diese Szene: die gefürchteten KGB-Männer sahen ziemlich belämmert aus in ihrer eleganten Garderobe, sie wirkten kein bisschen Furcht einflößend, wie sie so dasaßen und lahme Entschuldigungen für ihr gemeinsames unaussprechliches Verhalten vorbrachten. Der KGB hatte sogar seine Erscheinung verändert, indem er die schlecht sitzende sowjetische Kleidung gegen gut geschnittene Anzüge ausgetauscht hatte. (Auf seiner ersten Reise nach Leningrad 1978 schaute mein Mann Harvey sich um und blickte auf ein Meer von sowjetischen Jeans und dunklen Jacken, die nicht richtig saßen, und murmelte: „So, das ist also der Preis dafür, dass sie die jüdischen Schneider verjagt haben!")

Abb. 8: "Der KGB – gestern, heute und morgen" (Moskau, Februar 1993)

18

In meinem Gedächtnis besuche ich von Zeit zu Zeit diese Konferenz. Wie weit reichen die Veränderungen? Ich mahne mich zur Vorsicht, ich möchte das Image dieser Institution hinterfragen und es nicht nur beim Anschein belassen. Da steckt ganz offensichtlich mehr dahinter, als man denkt, denn eines ist gewiss: Der KGB ist Teil des neuen Russlands. Was für eine Rolle wird er spielen?

TOUR IM GARTEN DER ZERBROCHENEN STATUEN,
HALT 3: VILNIUS, LITAUEN, KGB-MUSEUM

Im Juli 1998 besuchte ich einen unvergesslichen Ort in Vilnius, der Hauptstadt der früheren Sowjetrepublik Litauen. Die Führer, die früher dort Häftlinge waren, zeigten einigen Kollegen und mir das extrem grausame Museum in dem Gebäude, in dem zu Sowjetzeiten das Gefängnis untergebracht war. Als Litauen unabhängig wurde, versuchte die sowjetische Kommunalbehörde die Hinrichtungskammer einzumauern, aber engagierte Litauer wehrten sich dagegen. Dank der in jüngster Zeit erfolgten Ausgrabungen von Archäologen konnte ich neben dem hastig errichteten falschen Boden den eigentlichen Boden erkennen, der mit dem Blut der Häftlinge befleckt worden war, als sie erschossen wurden. An Einzelheiten kann ich mich nicht mehr erinnern, denn sofort als ich erkannte, wo ich war, konnte ich es nicht ertragen und ich hielt meine Augen fest verschlossen. Ich fotografierte nicht.

KAPITEL 1

Mein amerikanischer Planet

Nordamerika ist mein Heimatplanet, Chicago mein Heimathafen, aber Hyde Park in der South Side, wo ich 1942 geboren wurde und aufgewachsen bin, ist der wahre Mittelpunkt meiner ersten zwanzig Lebensjahre. In Hyde Park wohnten wir fünf Minuten entfernt vom Campus der Universität von Chicago, wo Papa Ethnologie[4] unterrichtete. Wir lebten in der Nähe des Michigan-Sees im Osten und nicht weit von den Viehhöfen im Westen entfernt. Der Dichter Carl Sandburg nannte Chicago den „Schweineschlachter für die Welt", und manchmal, wenn der Wind aus der richtigen Richtung kam, wehte der fischige Geruch vom See und der Gestank des frisch geschlachteten Viehs aus den Schlachthäusern über unser dreigeschossiges Mietshaus hinweg, in dem ich meine ersten elf Lebensjahre verbrachte, und über das Haus einen Wohnblock weiter östlich, in dem ich bis zum Universitätsabschluss lebte und auch Harvey geheiratet hatte. Ruß flog durch die Luft, er kam von den Stahlwerken einige Meilen südlich am See – unsere weißen Gardinen wurden so schnell schwarz, dass Mama und Oma ständig wuschen. Die Flammen aus den Schornsteinen der Stahlwerke erleuchteten den Nachthimmel. Wir konnten die Züge der Illinois Central Railroad auf ihren Gleisen einige Häuserblöcke in Richtung See vorbeirollen hören, oft schlief ich mit dem wiegenden Rhythmus der Räder ein.

Meine frühesten Erinnerungen sind mit der Wohnung an der University Avenue verknüpft. Der Campus war mein Spielplatz, und viele von

---

[4] Das amerikanische *Anthropology* oder *Cultural Anthropology* wird üblicherweise in der deutschen Wissenschaft als *Ethnologie* bezeichnet, wenn sie vor dem Hintergrund der Feldforschung verwendet wird. Sol Tax, Mariannas Vater, begründete die *Aktionsethnologie* oder *Aktionsanthropologie* (im Amerikanischen: *action anthropology*) und 1957 die bis heute erscheinende Zeitschrift „*Current Anthropology*".

den weltberühmten Professoren waren in meinen Augen einfach nur die Eltern meiner Freunde. Eine meiner besten Freundinnen aus den ersten Jahren an der Laborschule der Universität[5] war Barbara, die Stieftochter von Robert Maynard Hutchins, Kanzler der Universität (später ihr Präsident) und ein Gigant unter den Intellektuellen des Landes. Noch heute spricht man von Hutchins mit Hochachtung, doch für mich war er einfach Barbaras Vater.

Barbara wohnte im Haus des Präsidenten einige Häuserblöcke weiter unten an der Straße, aber rein praktisch betrachtet, lebte jede von uns im Haus der anderen. Sie war in dieser Zeit das einzige Kind im Haus. Ihre Eltern begrüßten ihre Freundschaft mit mir, sie bezogen mich in die privaten Französisch-Stunden mit ein und nahmen mich auch auf ihre Wochenendtouren in ihr Ferienhaus auf einer kleinen Insel im Nordwesten der Stadt mit. Herr Hutchins hatte einen Fahrer, der uns in einem schönen schwarzen Auto hinfuhr, und wir verbrachten die anderthalb Stunden Fahrt mit munteren Gesprächen. Barbaras Vater sprach nie von oben herab mit mir; er fragte mich, was ich von diesem und jenem hielte, und ich antwortete und stellte wiederum meinerseits Fragen an ihn. Was las ich gerade? „The Red Fairy Book" („Das rote Buch der Märchen")[6]? Was meine Lieblingsmärchen wären? Dann sprachen wir eine Weile über Märchen. Dann fragte ich ihn, was er gerade las, und er erzählte es mir – ein Buch über Philosophie – und dann fragte er mich, ob es sich interessant für mich anhören würde. Ja, sagte ich aufrichtig, denn er erklärte so klar, wovon das Buch handelte, dass die Zeit nur so verflog. Auf der Insel verbrachten wir Stunden in einem Ruderboot, Herr Hutchins liebte es zu angeln, und weder Barbara noch ihre Mutter teilten diese Leidenschaft. Ich

---

[5] Die Laborschule (*Laboratory School*) der University of Chicago wurde Ende des 19. Jahrhunderts von John Dewey in Hyde Park gegründet. Sie ist bis heute ein Ort, an dem neue pädagogische Konzepte in der Praxis erprobt werden, die an der Universität gelehrt werden.

[6] *The Red Fairy Book* war eines in einer Serie von zwölf Märchenbüchern, jedes in einer anderen Farbe, die zwischen 1889 und 1913 veröffentlicht wurden. Die Bücher dieser Serie wurden von dem schottischen Dichter und Folkloristen Andrew Lang zusammengestellt.

hatte noch nie zuvor geangelt und mir war mulmig zumute, als er den Köder an die Angel steckte und noch mehr, als er einen Fisch fing. Hoffnungslos verhedderte sich meine Leine, und er entwirrte sie geduldig, während wir im Boot saßen und uns stundenlang unterhielten.

Damals hatte ich es noch nicht bemerkt. Aber das Aufwachsen unter Menschen in gehobener Stellung erleichterte mir ungemein den Umgang mit Autoritäten – in unserem Mietshaus wohnten zu unterschiedlichen Zeiten drei Nobelpreisträger, und viele nationale und internationale Würdenträger gingen ein und aus. Das Haus, in das wir später einzogen, war während des Manhattan-Projekts das Haus von Enrico Fermi, als die erste Atombombe entwickelt wurde. Ich fragte mich, wie wohl Fermis Kinder zu ihr gestanden hatten. Wenn ich später Menschen im akademischen und politischen Leben traf, die meine Freunde und Kollegen inspirierten oder ihnen Furcht einflößten, dann dachte ich bei mir: *Na gut, er ist auch nur der Vater von einem Kind.* Ich las sehr früh und profitierte von meiner Schwester Susan, die fast vier Jahre älter war. Bücher waren immer ein wichtiger Teil meines Lebens. Meine Schule, die zur Universität gehörte, hatte zwei hervorragende Bibliotheken. Die Bibliothekare und die Bestände waren ausgezeichnet, und ich las alles, was ich wollte. In den Sommermonaten fuhr ich mit meinem Fahrrad zur nahe gelegenen Zweigbibliothek der Chicago Public Library, wo ich durch alle Bücherreihen spazierte, meinen Fahrradkorb mit Büchern füllte und wieder nach Hause radelte. Niemand erzählte mir, was ich lesen oder nicht lesen sollte, und als Kind nahm ich an, dass das überall gelten würde.

Ich weiß nicht, wann ich zum ersten Mal den Begriff Zensur hörte oder las, aber als ich davon hörte, war ich bereits heftig dagegen eingestellt. Ich nehme an, dass ich diese Haltung von meinen Eltern und der Umgebung übernommen habe, in der ich lebte. Ich glaubte als Kind daran, dass ich alles lesen konnte, was ich wollte, und dachte, dass alle Kinder die Möglichkeit hätten, es ebenfalls zu tun. Ich hatte kein Interesse an den gekürzten Versionen von Büchern, die bei *Reader's Digest* herauskamen, oder an Klassikerausgaben für die Jugend: Ich wollte mir mein eigenes Bild formen und mir selber eine Meinung bilden. Meine Eltern, die Lehrer und Bibliothekare unterstützten meine Sicht, und sowohl zuhause als auch in der Schule wurde ich wie eine Erwachsene behandelt, wenn es um das Lesen ging.

Zusätzlich zu dieser starken Überzeugung liebte ich auch große Ideen, denen eloquent Ausdruck verliehen wurde. Ich wusste, dass unsere Verfassung als Fundament unserer Regierung einen ersten Zusatz enthielt, das *First Amendment*, das die Rede- und Pressefreiheit für alle Bürger garantierte. Ich fühlte mich von dem Thema so stark angesprochen, dass ich sogar eine Äußerung eines meiner größten amerikanischen Helden, Thomas Jefferson, auswendig lernte: „*Am Altar Gottes habe ich in jeder Form der Tyrannei über die Menschen ewige Feindschaft geschworen.*"[7] Als ich einige Jahre später Deutsch an der Schule hatte, lernte ich das mitreißende Lied „Die Gedanken sind frei" kennen: „Die Gedanken sind frei, niemand kann sie erraten."

Meine Faszination für diese starken Ideale – manche in Marmor gehauen, andere in Dichtung oder in Musik gegossen – sind das Fundament meines lebenslangen Interesses an Denkmälern und den Geschichten, die sie erzählen. Über die Jahrzehnte bin ich über unzählige Friedhöfe in vielen Ländern gewandert und habe dabei sowohl über die ausgefeilten Inschriften auf Mausoleen reicher und mächtiger Leute gegrübelt als auch über grasbewachsene namenlose Gräber. In der Nähe unseres Wohnhauses lag der Oak Woods Cemetery, Chicagos ältester Friedhof, wo sich die Gräber meiner Familie befanden. Als Kind wurde ich magisch angezogen vom *Confederate Mound*, wo etwa sechstausend Kriegsgefangene der Armee der Südstaaten aus dem Sezessionskrieg (American Civil War, 1861–1865) begraben lagen.

Es waren nicht nur die Gräber, die als Kind zu mir sprachen, mich zogen alle Arten von Denkmälern in ihren Bann. Ich wuchs unter den vielen Statuen Chicagos auf, die an Helden erinnerten, manche

---

[7] Im Amerikanischen Original: „*I have sworn upon the altar of God eternal hostility against every form of tyranny over the mind of man*". Aus einem Brief von Thomas Jefferson an Dr. Benjamin Rush. Monticello, 23.9.1800. Deutsche Übersetzung zitiert in: Koeppen, Wolfgang: *Amerikafahrt* (Stuttgart: Goverts, 1959) S. 62.

von ihnen hoch zu Ross. Mich haben immer die vielen unbekannteren Denkmäler berührt, an denen die Leute oft achtlos vorbeigingen. In meinem Gedächtnis ist Fort Dearborn, das fünfunddreißig Jahre früher als die Stadt errichtet wurde, und durch den Übertritt des Chicago-Flusses und durch das Große Feuer von 1871 zerstört wurde. Seine Ecken sind mit Metallstreifen auf jeder Seite des Flusses markiert, und es zieht sich bis in die Innenstadt hinein. Als ich klein war, hielt ich immer dort an, starrte intensiv auf diese letzten Überreste und stellte mir das Fort in all seiner ganzen Glorie vor. Erst später musste ich lernen, dass nicht alle Denkmäler so glorreich waren, dass sie sowohl an Schurken als auch an Helden erinnern konnten, und ihre Botschaften nichts weiter als Lügen in der Maske der Wahrheit sein konnten.

Ich weiß nicht, wann ich zum ersten Mal das Wort „Toleranz" gehört habe, aber ich machte mir das Konzept zu der Zeit zu eigen, als ich sprechen lernte. „Einige Menschen sind anders wie andere Menschen!" Ich erinnere mich, wie ich mit drei oder vier Jahren durch die Flure unseres Mietshauses stapfte, um unseren Nachbarn lauthals diese Weisheit kundzutun, sehr zum Missfallen von Mama, die Wert auf korrekte Grammatik legte.

„Anders als andere Menschen, Nana", belehrte sie mich. *„Anders als, nicht anders wie"*. (Als kleines Kind konnte ich *„Marianna"* nicht aussprechen und nannte mich selbst daher *„Nana"*; der Name blieb an mir haften und ich war viele Jahre lang *„Nana"* für die Familie. Nun bin ich wieder *„Nana"* – und zwar für meine Enkelinnen!) Die Freunde und die Familie lachten nachsichtig, und ich schaue auf mein Kleinkind-Ich und muss auch lachen, und dabei fühle ich eine große Zuneigung zu meiner bestürzten Mama, die niemals auch nur den kleinsten Grammatikfehler dulden konnte.

Heute merke ich, dass mein Anderssein-Mantra immer noch tief in mir verwurzelt ist, genauso wie meine Abneigung gegen die Zensur und meine Faszination für Denkmäler. Und diese drei Eigenschaften: Toleranz gegenüber Menschen, die anders sind als ich, die Ablehnung von Gedanken- und Meinungskontrolle und mein starkes Interesse an der Geschichte einer Gemeinschaft, wie sie sich in ihren konkreten

Symbolen ausdrückt – sie sind alle in den Stoff meines Kinder-Ichs verwebt und reiften heran zu der Leidenschaft, die die Textur meines Erwachsenen-Ichs färbt.

Meine Eltern haben immer die Unterschiede von Menschen als etwas ganz Normales angenommen. Wenn wir in der Familie etwas als *anders* wahrnahmen, bestand Papa darauf, es zu beobachten, zu beschreiben und zu diskutieren. Es konnte uns positiv oder negativ erscheinen, aber es war immer interessant, und es war wert, es zu beachten und zu respektieren. Sanft ermahnte er mich immer dann, wenn ich behauptete, etwas sei schlecht (Leber, geschmorte Tomaten). „Lass' uns nur sagen: *Ich mag es nicht*", forderte er mich auf.

In den 1940er und 1950er Jahren lebten wir in einer liberalen Blase umgeben von bedeutenden Gelehrten aus aller Welt. Meine Familie und unser Freundeskreis glaubten fest an kritisches Denken, an die Toleranz gegenüber anderen und an Meinungsfreiheit. Natürlich war nicht jeder in Hyde Park ein Liberaler, wir hatten auch unsere extrem Rechten und extrem Linken, was immer für angeregte Diskussionen sorgte. Aber diese Blase, mein Kokon, bereitete mir eine warme, friedliche und sichere Kindheitsumgebung in der Universitätsgemeinschaft. Ich nehme an, es liegt eine gewisse Ironie darin, dass eine große Universität voller brillanter, lebhafter und streitlustiger Denker, die jeden Aspekt des Lebens erforschten, als warmer, friedlicher und sicherer Ort wahrgenommen werden konnte. Immerhin haben Wissenschaftler aus aller Welt einige Wochen vor meiner Geburt die erste kritische Kernspaltungs-Kettenreaktion in einem Kernreaktor angestoßen, nur einige Straßenzüge entfernt von unserer Wohnung und dem der Eishalle, in der ich immer an den Wochenend-Morgen fuhr. Was für ein Kokon! Und dennoch war es genau das, was Hyde Park für mich darstellte.

Ich begann, aus meinem Kokon zu schlüpfen als ich sieben oder acht war und von Senator Joseph McCarthy[8] und dem Wort *McCarthyismus*

---

[8] Joseph McCarthy (1908 bis 1957) startete als Senator eine Kampagne gegen eine angebliche Unterwanderung des US-Regierungsapparates durch Kommunisten. Nach ihm benannt ist die so genannte McCarthy-Ära der frühen 1950er Jahre, in der antikommunistische Verschwörungstheorien und Denunziationen das politische Klima in den USA bestimmten.

hörte. Meine Eltern und ihre Freunde redeten immer von dem Senator aus Wisconsin, und sie müssen mir auch von ihrer Besorgnis erzählt haben, weil ich natürlich wahrgenommen hatte, dass die Leute in unserer Umgebung aufgebracht und wütend waren, und ich war es dann auch.

Als ich zehn oder elf war, fand ich mich plötzlich zum ersten Mal inmitten eines echten Meinungsfreiheitsproblems wieder. Eine enge Schulfreundin vertraute mir an, dass sie Bücher von Marx und Engels kaufen wollte. Ihre Eltern waren ziemlich konservativ, deshalb fragte sie mich, ob meine Eltern sie annehmen könnten, anstatt dass sie zu ihr nach Hause geschickt würden. Meine Eltern sagten leichten Herzens zu, wobei sie logisch argumentierten, dass die Eltern meiner Freundin sie in eine Schule gäben, wo sie mit einem breiten Spektrum von Ideen aus der liberalen Gemeinschaft von Hyde Park in Berührung käme und dass sie deshalb nicht dagegen sein könnten, dass ihre Tochter in einem solchen Zusammenhang dieses Material lesen würde. Anschließend waren wir dann regelmäßige Leserinnen von „gefährlichen Büchern" wie des *„Kommunistischen Manifestes"*. Damals war ich an Marx und Engels nicht interessiert, aber ich fand es wichtig, dass uns keiner davon abhielt, solche Bücher zu lesen, wenn wir es wollten.

1954, als ich zwölf war, kam das Land zur Vernunft, indem es den McCarthyismus verwarf. Ich kann mich lebhaft daran erinnern, wie ich zusammen mit meiner Familie eine Sondersendung an unserem allerersten Fernsehapparat zu den McCarthy-Anhörungen im US-Senat verfolgte. Da stellte ich tatsächlich zu meinem Schrecken fest, dass mein Land gar nicht so ein wundervoller und freier Ort war, trotz unserer ruhmreichen Verfassung und des *First Amendment*, des ersten Verfassungszusatzes.

Nicht, dass ich mich jemals zum Kommunismus hingezogen gefühlt hätte – weit davon entfernt. Als Kind war ich gegenüber dem Kommunismus ziemlich negativ eingestellt, größtenteils wegen eines Vorfalls aus Papas Vergangenheit, von dem er uns mehr als einmal erzählte. Er war ein überzeugter Anti-Kommunist, der während seiner Zeit als Student an der Universität von Wisconsin in den 1920er

Jahren geprägt wurde. Die Kommunisten hatten den Club der Jungen Liberalen übernommen, dem er vorsaß, und er hasste die Methoden, die sie gebrauchten. Seine Beschreibung der Übernahme war bildhaft, und ich habe sie nie vergessen. Als ich Interesse an Russland entwickelte, sprachen er und ich über die bolschewistische Übernahme der Russischen Provisorischen Regierung im Oktober 1917, und ein Bild der Übernahme des Clubs der Jungen Liberalen haftete sich an meine Vorstellung von der bolschewistischen Übernahme.

Als kleines Kind liebäugelte ich mit der Archäologie. Als ich fünf oder sechs war, brachte uns Papa einen Orang-Utan-Schädel aus seinem Büro mit, weil er ahnte, dass ich daran interessiert sein könnte. Ich liebte diesen Schädel und wollte ihn mit in die Schule nehmen, um ihn dort vorzustellen und darüber zu sprechen, und so half er mir, einen kleinen Vortrag für meine Mitschüler vorzubereiten. Ich war entsetzt, als einige von ihnen kreischten und Geräusche machten, die ihren Ekel ausdrückten, als ich den Schädel hochhielt; die Lehrerin musste eingreifen. Sie und ich waren die einzigen, die dem Schädel die Aufmerksamkeit schenkten, die er verdiente, und ich war sehr enttäuscht, dass ich meine Rede damals niemand anderem als Miss Thurston vortragen konnte. Ein anderes Mal sagte einer meiner Mitschüler etwas Herabwürdigendes über australische Aborigines oder Pygmäen. Ich wehrte mich mit einer ernsten Rede dagegen: diese indigenen Völker besäßen eine hochentwickelte Sozialstruktur, und so wurde ich zu so etwas wie der Ethnologische Plagegeist an der Schule.

Als ich jedoch sieben oder acht war, brachte mich ein Spielzeug-Krankenschwesterkoffer zur Medizin, und ich erzählte meinen Eltern, dass ich Krankenschwester werden wollte. *„Warum nicht gleich Doktor?"*, fragte Papa. Er organisierte für mich, dass ich die Operation an einem Kaninchen in der Universitätsklinik beobachten konnte und kaufte mir ein Exemplar von „*Gray's Anatomy*". Aber wahrscheinlich war das bretterdicke „*Gray's Anatomy*" einfach zu viel, auf jeden Fall brachte es mich von der Medizin ab, wenig später kehrte ich zur Archäologie zurück. 1953 war ich elf Jahre alt, da brachte Papa die Nachricht von einem großen anthropologischen Schwindel mit nach

Hause, der gerade stattgefunden hatte: Der *Piltdown-Mensch*, von dem
man annahm, dass er ein wichtiges Bindeglied in der Evolutionskette
war, wurde später als Fälschung entlarvt, schlau eingefädelt von
einem Charles Dawson.[9] Ich war ganz fasziniert, und mit der
Unterstützung von Papa schrieb ich einen „Roman" darüber (viele
Seiten in ein oder zwei kleinen Notizbüchern, leider nur siebzehn
Seiten in Schreibmaschinenschrift). Ich erkannte, dass intellektuelle
Rechtschaffenheit eine wichtige Eigenschaft ist.

Archäologie erschien mir exotisch, aber Kulturanthropologie war
etwas Selbstverständliches für mich: es war ein Teil des Alltagslebens.
Unser Zuhause war mit Objekten angefüllt, die ein Teil unserer Fa-
milienhaushalte in Panajachel gewesen waren, wo Papa, Mama und
Susan lebten, bevor ich geboren wurde, und in Mexiko-City, wo ich
mein erstes Lebensjahr verbrachte. Ich wuchs mit den Geschichten
von den jährlichen Reisen mit den Bananen-Dampfern der *United Fruit
Company* nach Guatemala auf, wo Mama die Bekanntschaft von etwas
machte, das unsere Lieblings-Nachspeise wurde, Bananenstücke in
Orangensaft. Ein prosaisches Dessert, aber auf einem Bananen-
Dampfer angeboten, der meine Familie nach Guatemala brachte,
erschien es mir exotisch und elegant. Serviert in einer flachen Glas-
schale blieb es uns als eine Proust'sche Erinnerung erhalten. Ich war
zu jung, um mich an das Erdbeben zu erinnern, das durch die Geburt
des Vulkans Paricutin verursacht wurde und das Mexico-City einige
Tage vor meiner Geburt erbeben ließ. Aber ich hörte viele Male die
Geschichte, wie Antonia, unsere Hausangestellte, Susan und mich
bei einem anderen Erdbeben unter den Türrahmen zog, um uns in
Sicherheit zu bringen. (Mama und Papa waren auf der anderen Seite
der Stadt in einem Kino, um *Vom Winde verweht* zu sehen!) Ich habe mir
auch erzählen lassen, dass ich auf meiner Geburtstagsfeier bitterlich

---

[9] Charles Dawson (1864 -1916) war ein britischer Altertumsforscher und
Amateur-Archäologe. Seine Entdeckung, die Schädelfunde des „Piltdown-
Menschen" galten als Funde von Vormenschen und beeinflussten in erheblicher Weise Hypothesen zur Stammesgeschichte des Menschen. Sie
stellten sich jedoch lange nach seinem Tod, 1953, zweifelsfrei als wissenschaftliche Fälschung heraus.

geweint habe, als Susan und andere Kinder eine Piñata zerschlugen, die mich mit Bonbons überschüttete. Mama pflegte mir zu erzählen, dass sie mich im Buggy den Paseo de la Reforma, Mexiko-Citys großem Boulevard, hinunterfuhr und mich die Leute anhielten, um mich zu bewundern. Dabei sagten sie zu Mama, dass ich ein schönes Baby sei *„obwohl ich dunkles Haar hatte – schade, dass ich nicht blond war."*

Abb. 9: Mama, Papa, Susan, Marianna (auf dem Arm meines Vaters)
(Mexiko-City 1942)

Während meiner gesamten Kindheit sprachen Mama, Papa und Susan abwechselnd Spanisch und Englisch, Mama und Papa sprachen Jiddisch mit Mamas Mutter, die bei uns wohnte. Ich sog beide Sprachen auf und lernte Französisch beim Sprachunterricht mit Barbara Hutchins, obwohl ich es nie fließend sprechen konnte. Jiddisch habe ich immer mit meiner Oma identifiziert und Französisch mit Barbara, aber Spanisch repräsentierte eine größere Welt. Oft kamen Freunde aus

Mexiko und Guatemala zu Besuch, und wir spielten mit Dutzenden von winzigen Kinderspielzeugen, überwiegend aus Guatemala, die ursprünglich aus einem Kuriositätenkabinett im Elternhaus meines Vaters in Milwaukee stammten.

Das Leben mit einem Ethnologen war aufregend. Auf dem Wohnzimmerboden in unserer Wohnung rutschend, halfen wir Papa, die Korrekturfahnen seines Buches über das Hochland von Guatemala, „*Penny Capitalism*", zusammenzustellen. Jeden Sommer gingen wir auf Arbeitsurlaub, und einige Male fuhren wir nach Tama in Iowa zum Reservat der Mesquaki / Fox-Indianer, wo Papa seine Theorie der Aktionsanthropologie entwickelte. Ich erinnere mich klar daran, wie Susan, Mama und ich während der Powwows[10] mit den Frauen und Kindern tanzten. Wir reisten nach Fort Berthold in North Dakota, einem Indianerreservat, das von mehreren Indianerethnien bewohnt wurde. Ich kann mich daran erinnern, überglücklich gewesen zu sein, in einem Silver-Trailer-Wohnwagen zu wohnen und mit den Kindern vor Ort im Reservat zu spielen, während Papa sich mit den Erwachsenen über den Garrison-Staudamm beriet, der das Reservat zu überfluten drohte.

Viele Fahrten der Familie bedeuteten Arbeitsurlaub für Papa und echte Ferien für Mama, Susan und mich. (Oma blieb meistens bei ihren Söhnen in Detroit, Onkel Mike und Onkel George.) Eine Reise in den späten 1940ern oder 1950ern hinterließ großen Eindruck bei mir. Wir waren zum Talladega-College in Alabama gefahren, einer traditionell schwarzen Schule, wo Papa eingeladen worden war, um eine Vorlesung zu halten. Ich sah viel Armut auf dieser Reise, aber was mich wirklich erschütterte, war meine erste Erfahrung mit der Rassentrennung. Als wir an einer Tankstelle mit getrennten Toiletten und Trinkbrunnen für Schwarze anhielten, fühlte ich mich, als ob mir jemand in den Magen geboxt hätte. Ich ging mit Schwarzen zur Schule; es gab schwarze Professoren an der Universität von Chicago, die von meinen Eltern verehrt wurden; wir hatten schwarze Freunde

---

[10] Als Powwows werden die traditionellen Tänze der nordamerikanischen Indigenen Völker bezeichnet, es gibt spezielle Tänze für Frauen.

in der Nachbarschaft. Die Frau, die bei uns putzte, war eine Schwarze, wie auch der Postbote, den Mama „*Mr.*" nannte und den wir alle mit Respekt behandelten. Ich wusste von der Rassentrennung, wir hatten darüber in der Schule und zuhause gesprochen – aber ich war nicht darauf vorbereitet, an einer Tankstelle damit konfrontiert zu werden, und es tat richtig weh.

Sicherlich war es die Autofahrt im Sommer 1950, an die ich mich ganz deutlich erinnere, als wir nach Berkeley fuhren, wo Papa in den Sommermonaten lehrte. Diese Fahrt – zumeist auf den US-Highways, es gab noch keine Interstate-Highways – war zugleich kurvenreich und wundervoll. Die Eltern auf den Vordersitzen rauchten bei geschlossenen Fenstern, um Zugluft zu vermeiden. Die Kinder auf den Rücksitzen, nicht immer glücklich. Ich hätte sehr gerne gelesen, aber es verursachte mir Übelkeit, und so döste ich meistens vor mich hin und hörte die Weavers im Radio „*Good Night, Irene*" singen, und dann träumte ich von Joe DiMaggio, unserem damaligen Idol. Manchmal kabbelten wir uns auf den Rücksitzen. Auf dieser Reise fuhr Papa unseren kastanienbraunen Chevy in Colby im Staat Kansas zu Schrott, als wir von einer kleinen Brücke abkamen und in ein ausgetrocknetes Flussbett fuhren. Vielleicht war die Ursache dafür darauf zurückzuführen, dass es eine Auseinandersetzung zwischen Susan und mir darüber gab, wer wieviel Platz auf dem Rücksitz beanspruchen durfte. (Er mochte das Autofahren, aber ich glaube nicht, dass er sehr gut darin war, und ohne Zweifel lenkte das Gequäke hinter ihm ihn ab.) Wir verbrachten die Nacht in Colby während unser Wagen repariert wurde. Meine Reisen haben mich seitdem nie wieder dorthin geführt, aber ich werde diese Kleinstadt nie vergessen. Ich kann immer noch die Tankstelle vor mir sehen, wo unser armer alter Chevy lag und fühle, wie die große Hitze eines Sommers in Kansas mich umhüllt.

1952 verbrachten wir den ganzen Sommer in New York, wo Papa mit der Wenner-Gren-Stiftung für Ethnologische Forschung zusammenarbeitete. Wir wohnten in einem großen Apartment auf der Westseite des Central Parks, das einen besonderen Platz in meiner Erinnerung einnimmt, weil es einem Konzertpianisten gehörte, in dessen palastartigem Wohnzimmer zwei Steinway-Konzertflügel standen. Susan und ich fütterten die Eichhörnchen (sie sind aber grau und nicht rostbraun wie in Europa) im Central Park und schwammen beim YWCA[11]. Das war ein herrlicher Sommer.

1957 flogen Papa, Susan und ich für drei Wochen nach Mexiko-City, mein erster Flug und mein erster Aufenthalt außerhalb der Vereinigten Staaten seit meiner Reise nach Mexiko im Alter von vier Monaten. Die Fluggesellschaft war Air France, daher waren Mahlzeiten und Service elegant. In der Nacht, in der wir ankamen, besuchten wir einen Bekannten, einen reichen und kultivierten deutschen Auswanderer, der in einem großen und schönen Apartment wohnte. Ich rufe mir ein üppiges Abendessen und vielleicht ein Schlückchen Wein in Erinnerung, ich fühlte mich weltgewandt und erfahren. Nachdem wir gegessen hatten, zeigte uns unser Gastgeber seine Schätze, und als wir vor einem gerahmten Brief von Mozart standen, wurde ich ohnmächtig. (War Mozart schuld?) Ich war so verlegen! Papa und unser Gastgeber versicherten mir beide, dass ich nur nicht an die Höhe von 2000 Metern in Mexiko-City gewohnt wäre und dass es nicht ungewöhnlich sei, dass man an seinem ersten Tag ohnmächtig wurde. Aber ich war fünfzehn, fühlte mich gedemütigt und nichts, was sie sagten, konnte mich trösten.

Ich wurde in Mexiko-City mit einer Armut konfrontiert, die ich niemals zuvor gesehen hatte, der Kontrast zwischen Reich und Arm bestürzte mich. Nach einigen Tagen flogen wir in einem kleinen Flugzeug in südliche Richtung nach Oaxaca, und wir schafften es, zwischen den Bergen zu landen, was fast unmöglich erschien – ein ziemlicher Schock nach der Reise mit Air France – und ich sah zum ersten Mal, wie die Bauern lebten, in Dörfern mit kleinen Hütten ohne Elektrizität und Abwasserleitungen. Ich hatte keine Ahnung, wie alt die Erwachsenen waren, weil viele von ihnen zahnlos waren, und einige Kinder sahen schlecht ernährt aus. Dennoch erschienen sie mir besser gestellt als die Armen in den Städten, die ich gesehen hatte, weil sie nicht in so beengten und schmutzigen Verhältnissen

---

[11]YWCA – Young Women's Christian Association.

leben mussten. Und die Grenzlinien zwischen diesen Bauern, überwiegend Maya-Indianern, und den Nicht-Indianern, von denen die meisten spanischer Herkunft und höher in der sozialen Hierarchie angesiedelt waren, schienen verschwommener zu sein als unsere klar bestimmten Grenzlinien zwischen Schwarz und Weiß zuhause.

Wir wurden durch die Berge gefahren, und diese Ausflüge hinterließen einen tiefen und Furcht einflößenden Eindruck bei mir, vielleicht noch mehr als die Landung zwischen den beiden Bergen. Ich war mir sicher, dass der Fahrer Lauro zu schnell fuhr – mein Magen teilte es mir mit – aber er nahm die Haarnadelkurven geschickt. Ich versuchte meine Augen zu schließen, aber davon wurde mir fast übel, und so schaute ich aus dem Fenster. Als wir durch die Kurven rauschten, konnte ich meine Augen nicht von den weißen Kreuzen abwenden, die einen Ort kennzeichneten, an dem ein Auto oder ein Bus über den Abhang gestürzt waren, gelenkt von einem weniger geschickten Fahrer. Ich schaute auf Lauros Hände am Steuerrad, entspannt und zuversichtlich, und ich entwickelte ein schwärmerisches Gefühl für ihn, gemischt mit dem Schwindelgefühl der Erleichterung, dass wir in Sicherheit waren.

Wir wuchsen mit vielen Geschichten über Mama und Papa, ihre Familien und ihr Leben vor unserer Geburt, auf. Mama erzählte uns mit Hingabe von New Glarus, dem Dorf in Wisconsin, wo sie ihre Kindheit verlebte, nachdem Opa und Oma Katz New York verlassen hatten. Die Einwohner von New Glarus, alle 800, waren Nachfahren von Einwanderern aus dem Schweizer Kanton Glarus, die ihn während der Europäischen Revolutionen von 1848 verlassen hatten. Sie sprachen immer noch das Schweizerdeutsch ihrer Vorfahren und verstanden ohne Schwierigkeiten das Jiddische der Familie meiner Mutter. Wir hörten von Mamas Freundinnen, ihrer Schule, ihrem Haus mit dem großen Garten, den sie und Oma pflegten, und den Hühnern, die sie aufzogen, die Bauernhöfe und die Käserei, die im Dorf unterhalten wurde. Sie erzählte uns vom tragischem Tod meines Großvaters: Er sammelte Altmetall, und eines Tages versagten die Bremsen an seinem Lastwagen, als er hinter ihm stand, und er wurde überfahren. Mama war erst achtzehn.

In den Geschichten meines Vaters fand sich nichts von einer ländlichen Idylle. Er lebte als Stadtkind in Milwaukee mit seinen Eltern, seinen beiden Brüdern und einer älteren Schwester und einem größeren weiteren Familienkreis in der Nähe. Zwei meiner Lieblingsgeschichten stammen aus seinen College- und Studenten-Jahren: seine Algerienreise mit dem Beloit-College-Forschungsteam, von der er ein fantastisches Beduinentuch mitbrachte, ein Stück Sandstein, das wir *Die Rose der Sahara* nannten, ein Foto von ihm in Beduinenkleidung sowie ein wundervoller Bericht von den Seder-Mahlzeiten am Passah-Fest, die er in zwei algerischen Familien genoss, und dann seine erste Feld-Saison mit der berühmten Ethnologin Ruth Benedict[12] 1931 in Neu-Mexiko, als er per Anhalter nach Hause fuhr. Er verlor seinen Koffer mit allen seinen Feldnotizen in einem Auto an einen unehrlichen Fahrer. Er wurde von dem Fahrer eines schicken Wagens aufgesammelt, dessen Frau aus irgendeinem Grund meinte, dass Papa eine familiäre Ähnlichkeit mit einem Rabbi hätte, der ihr Baby geheilt hatte. Dieser stellte sich dann als Großvater meines Vaters heraus!

Susan schloss 1954 die Laborschule der Universität von Chicago ab, und Papa sprach vor dem Abschlussjahrgang über *Die Freiheit, Fehler zu machen*. Es war eine große und elegante Rede, in der er sich für die Rechte von Kindern und jedem anderen einsetzte, und ich liebe es, sie wieder und wieder zu lesen, weil sie mich immer daran erinnert, wie Papa mich behandelte, als ich versuchte zu rauchen. Ich war fünf oder sechs, denke ich. Beide Eltern rauchten zu dieser Zeit ein Päckchen Zigaretten am Tag (sie hörten später auf), und ich wollte wissen, was es mit dem Rauchen auf sich hatte. Ich nahm heimlich ein Päckchen (Camel, Lucky Strike) und ein Zündholzbriefchen aus Mamas Handtasche und ging zu einem nahegelegenen Platz, um sie anzuzünden. Ich wusste, dass das was ich tat, gefährlich war, aber das hielt mich nicht auf.

---

[12]Die Ethnologin Ruth Benedict (1887 – 1948) war die Begründerin einer kulturvergleichenden Anthropologie in den USA. Schwerpunkt ihrer Forschung waren die indiginen Völker im Südwesten der USA und im pazifischen Raum. Sie vertrat den Kulturrelativismus: Kulturen werden als einzelne Ganzheiten begriffen, die nur aus sich heraus verstanden werden können, sie verweist dabei auf eine große Variabilität von Werten.

Natürlich merkte Mama es sofort und sagte mir, dass Papa das mit mir aushandeln würde. Da blieb mir nichts anderes übrig, als von zuhause wegzulaufen. Ich wollte es nicht, da ich unsere Wohnung und meine Familie liebte, aber so wie ich es sah, hatte ich mich blamiert und musste gehen. (Ich hatte keine Angst vor einer körperlichen Bestrafung; das wurde in unserer Familie nicht praktiziert.) Ich trottete mit meiner Lieblingspuppe die University Avenue hinab, wo wir zu dieser Zeit wohnten. Papa kam hinter mir her und wir liefen einige Zeit ruhig nebeneinander her. Dann sagte er: *„Ich verstehe, warum du rauchen wolltest, und ich denke, Du solltest es tun. Lass' uns nach Hause gehen."* Wir kehrten um, gingen zurück zu unserem Mietshaus und setzten uns auf die Eingangsstufen. Er zündete zwei Zigaretten an und gab mir eine davon, dann zeigte er mir, wie man sie halten musste und wie man inhalierte. Und das machte ich, und wie nicht anders zu erwarten, würgte und hustete ich. Während der ganzen Zeit sprach er in ruhigem Ton zu mir und erklärte mir, warum ich das Rauchen aufgeben könnte, bevor ich es überhaupt angefangen hatte. Ich widersprach nicht.

Wir hatten einige Jahre später weitere Zweiergespräche auf unseren Spaziergängen, als ich zehn oder elf war. Ich entwickelte eine intensive Angst vor dem Tod, die mich in der Nacht aufwachen ließ und die mich in einem Schreckenszustand gefangen hielt. Meine Furcht war so groß, dass ich nicht davon erzählen wollte: es war zu beängstigend. Aber Papa entlockte es mir, als wir eines Tages von der Schule nach Hause liefen. Er hörte aufmerksam zu, dann berichtete er mir von Mädchen in meinem Alter. Unsere Körper veränderten sich, so erklärte er, und es könne sein, das meine intensiven Gefühle, die auch die Mädchen in anderen Kulturen kannten, durch die Veränderungen meines Körpers verursacht wurden. Ich war erleichtert festzustellen, dass ich nicht allein war und dass andere Mädchen auch besorgt sein könnten. Wir haben die Frage nach dem Tod natürlich nicht klären können, aber auf jeden Fall schaffte er es, dass ich mich besser fühlte, mein Schrecken ließ nach und ich schlief wieder ruhig.

Ich brach im Herbst 1959 zu meinem vielleicht größten, von Papa inspirierten Abenteuer auf, als er die Idee aufbrachte, eine ethnologische Abhandlung zu übersetzen. Er erwischte mich zu einer guten

Zeit: es war mein letztes Jahr an der Highschool und das dritte Jahr in Herrn Heggens Deutschklasse, ich hatte ausreichendes Vertrauen in meine Deutschkenntnisse, nachdem ich zwei Sommer bei deutschen Familien verbracht hatte.

Ich denke, dass es ungewöhnlich für eine Siebzehnjährige ist, eine wissenschaftliche Abhandlung vom Deutschen ins Englische zu übersetzen und es dann mit einundzwanzig in ihrem dritten College-Jahr bei einem renommierten Verlag (University of Chicago Press) veröffentlicht zu sehen. Meine Leistung wäre 150 Jahre früher gegenüber der eines meiner Helden, John Stuart Mill, verblasst, der im Alter von vier Jahren aus dem Griechischen und Lateinischen übersetzt hatte! Ich bin sicherlich kein Mill, aber ich liebte Sprachen und war gut darin, sie zu lernen und bei der Arbeit daran entwickelte ich eine tiefe moralische Verpflichtung, eine Übersetzung anzufertigen, die die Intention des Autors wiedergab.

Abb. 10: Sol Tax (1979)

Bestimmt hätte ich niemals von mir aus dieses Buchprojekt versucht, oder auch nur daran gedacht, aber Papa hatte völliges Vertrauen in seine Töchter und forderte uns immer auf, seinen abenteuerlichen Pfaden zu folgen. Als er vorschlug, dass ich Adolf Jensens „*Myth and Cult among Primitive Peoples*" („*Mythos und Kult bei Naturvölkern*") ins Englische zu übersetzen, stritt ich mich mit ihm, so erinnere ich mich.

„Papa", sagte ich, „ich bin nur ein Kind! Mein Deutsch ist ziemlich gut, aber ich bin kein Ethnologe. Ich wüsste nicht, wie ich anfangen sollte!"

„Fang am Anfang an", so riet er mir. *„Setz' dich an deine Schreibmaschine und übersetze die ersten paar Absätze der Einführung. Ich werde sie dem Verfasser zeigen und, wenn er sie mag, jemandem im Verlag, und dann werden wir sehen. "* Und so machte ich es, und zu meiner großen Freude beurteilten der Verfasser und dann auch der Verlag meinen ersten Versuch als zufriedenstellend. In Papas Papieren, die in den Archiven der University of Chicago aufbewahrt werden, befindet sich ein Brief auf Deutsch an ihn von Professor Jensen, datiert auf den 7. Januar 1960, in dem er Professor Dr. Tax für seinen Brief vom 21. Dezember 1959 dankt: *„Ich erfuhr mit großem Interesse, dass Miss oder Mrs. M. T. die Übersetzung machen will. Auf der Grundlage der Schreibprobe, die mir zugeschickt wurde, halte ich sie für durchaus geeignet."* Ich ging mit Papa zum Verlag und willigte ein, in den nächsten achtzehn Monaten einen Buchentwurf anzufertigen. Wolfgang Weissleder, ein Doktorand am Ethnologischen Institut der University of Chicago, dessen Muttersprache Deutsch war, würde es gegenlesen und die University Press würde es veröffentlichen.

Ich verstehe nun, dass der Weg nicht ganz geradlinig verlaufen war: Auf der Basis des Berichts eines Lesers hatten die Herausgeber einige Vorbehalte gegenüber meiner Übersetzung, die sehr wörtlich war: Obwohl es genau das war, was sie von mir verlangten, ahnte ich, dass sie etwas zu grob ausgefallen war. In einem Vermerk von Carroll Bowen, dem stellvertretenden Direktor des Verlages, an meinen Vater vom 17. Januar 1961 stand: *„Dem beigefügten Bericht nach scheint es klar, dass die Übersetzung noch einer besonderen Aufmerksamkeit bedarf. Was schlagen Sie vor?"*

Papa schrieb per Hand eine Notiz auf den Vermerk: *„Sie wird Ihnen letztendlich ein erstklassiges Manuskript abliefern, sie hat ihr Exemplar von Jensen mit einigen Kommentaren aber auch vielen Komplimenten zurückbekommen. Es wird ihr guttun zu wissen, dass ihr Deutsch manchmal nicht perfekt ist. Schicken Sie den Kommentar weiter – aber direkt an sie, nicht an mich (obwohl ich ihr das Manuskript bringen werde)."*

Die Herausgeber kannten Papa gut, er war viele Jahre sehr aktiv in die Arbeit der University Press eingebunden und einmal auch Präsident des Herausgeber-Vorstands gewesen. Sicherlich war es sein Status, der mir sozusagen den Eintritt in Gespräche mit dem Verlag ermöglicht hatte, aber ich würde nicht sagen, dass die University Press gezwungen gewesen war, mich als Übersetzerin zu akzeptieren. Ich war gewissenhaft und arbeitete hart, ich wandte mich mit ganzem Herzen dem deutschen Text zu und schrieb ein gutes Englisch. Weissleders Aufgabe war es, mein Englisch in *Anthropologisch* zu verwandeln. Zusammen produzierten wir eine Übersetzung, die 1963 von der University Press als gebundene Ausgabe und als Taschenbuch veröffentlicht wurde.

Hyde Park, meine Schule, die Häuser meiner Freunde und zahlreiche Fahrten in die Innenstadt von Chicago bildeten meine größere Welt, aber unsere Wohnung an der University Avenue, das Haus an der Woodlawn Avenue waren die vertrauten Orte, an denen ich die ersten zwanzig Jahres meines Lebens verbrachte. Als ich meine Erinnerungen an mir vorbei ziehen ließ, entdeckte ich eine andere Brille, durch die ich die Welt als kleines Kind sah – eine jüdische Brille – und durch sie wurde ich zum ersten Mal auf Russland aufmerksam. Die Großeltern von der Seite beider Eltern her wanderten zu Beginn des Zwanzigsten Jahrhunderts aus dem Russischen Reich aus, als die Pogrome um sich griffen. Wie so viele kamen meine Großeltern in die Vereinigten Staaten, um ein besseres Leben für sich, ihre Kinder und ihre Enkelkinder aufzubauen.

Papas Vorfahren kamen aus Žitomir in der Nähe von Kiew und aus anderen jüdischen Schtetls aus dem Ansiedlungsrayon[13]. Ich habe seine Eltern nie kennengelernt, Herzanfälle ereilten sie in relativ jungen Jahren. Die Großmutter, die bei uns lebte, war die Mutter meiner Mutter. Oma Katz wuchs im Ansiedlungsrayon auf und lebte seit ihrer Heirat in Uzda, einer Stadt in der Nähe von Minsk im heutigen

---

[13]Der Ansiedlungsrayon für die jüdische Bevölkerung umfasste die Gebiete am westlichen Rand des alten Russischen Reiches, heute sind das die Staaten Litauen, Weißrussland, Polen, Ukraine, Moldawien und einige Teile Russlands.

Weißrussland, nicht weit von Wilna, das früher als „Jerusalem des Nordens" bezeichnet wurde, dem heutigen Vilnius, Hauptstadt von Litauen.

Abb. 11: Oma Katz (24. Mai 1953)

Die russische Sprache lag tief in Omas Gedächtnis vergraben, bedeckt von einer dicken Schicht Jiddisch, die Sprache, die sie fließend sprach und las, und von ihrem sehr lückenhaften Englisch. Mit der Familie sprach sie Jiddisch, das meine Eltern hinreichend sprechen konnten, während meine Schwester und ich sie zwar verstehen konnten, wir ihr jedoch überwiegend auf Englisch antworteten. Wir lernten beide Deutsch in der Schule und vermischten es mit unserem bruchstückhaften Jiddisch, wenn wir mit Oma sprachen.

Als Susan und ich klein waren, erzählte uns Oma immer Geschichten, meistens auf Jiddisch, die gleichen, die sie schon Mama erzählte, als diese heranwuchs: Volksmärchen, die ich später als russische Märchen mit jiddischem Beiklang identifizierte, voller Schnee und mit Wölfen, die kleine Kinder jagten. Sie ließ uns an ihren lebendigen Erinnerungen an ihr Leben in der Ukraine und in Weißrussland teilhaben. Ich erinnere mich besonders an ihre Geschichte von den Kosaken, die durch die Stadt ritten, als sie ein junges Mädchen war, vielleicht in meinem Alter oder jünger, und wie ihre Mutter sie im Inneren des Hauses versteckte. Wir sprachen niemals darüber, was passiert wäre, wenn die Kosaken sie gesehen hätten. Ich konnte es ihrem Ausdruck, ihrer Stimme, ihren Gesten ablesen, dass es zu schrecklich war, um es in Worte zu fassen. Verständlicherweise hatte Oma nichts Gutes über das Russland der Vergangenheit oder Gegenwart zu sagen. Sie verachtete und fürchtete Stalin, sogar aus der sicheren Entfernung von Hyde Park. Ich fühlte mich angezogen von diesem Vaterland, das meine Vorfahren zurückgewiesen und hinausgeworfen hatte.

Oma erzählte uns, dass sie auf Grund eines bürokratischen Irrtums eine Nacht im Gefängnis an der Grenze verbringen musste, als sie Russland verlassen wollte, um sich nach New York einzuschiffen und ihrem Mann nachzureisen (um das Jahr 1900 herum). Wir haben eine Fotografie von Omas Vater, einem Rabbi, der sehr verehrt wurde, wie sie uns erzählte, er wurde im höchstgelegenen Teil des Friedhofs bestattet, der für Ehrenmitglieder der Gemeinde reserviert war. Wir besitzen sogar einige Briefe aus Städten im heutigen Weißrussland und Litauen, wo unsere Familienmitglieder lebten. Briefe wurde damals sehr langsam transportiert, und ob sie ankamen, war nicht gewiss. Der Erste Weltkrieg brach aus und die Oktoberrevolution, aber es gab immer noch Kontakte per Briefverkehr. Wenn man aber zu dieser Zeit auswanderte, so verließ man das Land für immer. Man konnte seine Lieben niemals wiedersehen.

Abb. 12: Mariannas Urgroßvater, der Rabbi aus Uzda, Weißrussland

Der Briefverkehr im Zweiten Weltkrieg brach abrupt ab, und als Oma ihn nach dem Krieg wieder aufnehmen wollte, kamen ihre Briefe mit dem Vermerk „Ort unbekannt" zurück. Dieser Krieg war anders. Einige der Verwandten und Freunde meiner Familie waren zur selben Zeit wie meine Großmutter und mein Großvater nach Amerika oder Palästina ausgewandert: Großvaters Bruder und Schwester und auch einige Geschwister meiner Großmutter. Auf der Seite meines Vaters war es das gleiche. Sie, die Glücklichen, entkamen dem Zweiten Weltkrieg. Aber der Rest? Wo sie lebten, überwiegend in den Kriegsgebieten, waren sie nicht in derselben Weise vom Glück begünstigt, wie ich mir vorstellen kann. Viele, vielleicht die meisten, wurde an Ort und Stelle vernichtet und in Massengräbern verscharrt, die schwarze sowjetische Erde wurde über sie geschaufelt. Ich habe nie ihre Namen kennengelernt, aber sie verfolgt mich, meine verlorene jüdische Familie. Ich spreche das Kaddisch, das jüdische Totengebet, für sie.

Ich beobachtete Oma, weil sie in Bezug auf die Geschehnisse in der Sowjetunion auf dem Laufenden blieb, indem sie von vorne bis hinten *The Daily Forward*, die in New York veröffentlichte jiddische

41

Zeitung las. Sie las oft laut vor, mit tiefer Stimme, die grimmig und wütend wurde, wenn sie auf Stalins Namen stieß, und sie teilte dann immer Mama mit, was für ein schlechter Mann er doch sei. Ich entdeckte nichts von meiner Liebe zu Russland bei Oma.

Oma war etwa neunzig, als ich mit dem College anfing. Eines Tages, als ich erst anfing, Russisch zu lernen, hörte sie mich einige Sätze laut auszusprechen, um zu üben, und spontan antwortete sie mir in einer Sprache, die wie ich feststellte, ihre zweite Muttersprache war, wie das Jiddische.

„*Oma*", schrie ich, „*du sprichst Russisch!*"

„*Nein, mache ich nicht*", sagte sie in bestimmtem Ton.

„*Ja, machst du doch*", antwortete ich genauso bestimmt.

„*Unmöglich*", sagte sie auf Jiddisch und zog sich auf ihr Zimmer zurück. Ich habe nie herausgefunden, ob das Russischsprechen ihre schlechten Erinnerungen heraufbeschworen hatte, oder ob sie nach sechzig Jahren in Amerika wirklich vergessen hatte, dass sie einst diese Sprache fließend beherrscht hatte.

Zwei Generationen später antwortete ich auf die Anziehungskraft Russlands. Und merkwürdigerweise lehnte es Oma nicht ab oder warnte mich gar. Ich glaube, dass sie sogar stolz auf mich war, weil ich Russisch lernte. Sie starb 1969, zwei Monate vor ihrem hundertsten Geburtstag. Als sie starb, hatte meine Karriere gerade begonnen – ich frage mich, was sie wohl von ihrer Enkelin gehalten hätte, die in fünfzig Jahren fünfzig Reisen nach Russland machte?

Hier war ich, ein Kind, das Zensur ablehnte und den Kommunisten nicht vertraute, redegewandte Anwälte der freien Rede bewunderte und allmählich lernte, dass ihr Land letzten Endes nicht perfekt war. Ein Kind, das gerne las und dessen große Faszination für Denkmäler sie dazu verleitete, nach deren wahrer Bedeutung zu suchen. Ein jüdisch-amerikanisches Kind, das mit dem Russischen Reich in verstörender Art über die Familie verbunden war, gleichzeitig abgestoßen und angezogen von dem Ort, der in den ersten fünfzig Lebensjahren die Sowjetunion war. Es sind schwerlich zwei Orte vorstellbar, die von der Ideologie her so unterschiedlich waren wie Hyde Park und die Sowjetunion.

KAPITEL 2

Mein russischer Planet

Meine Liebesgeschichte mit Russland begann, als ich vierzehn war. Ich hatte mich zu diesem Zeitpunkt bereits einige Jahre darauf vorbereitet. Mein Vater war in Zusammenhang mit dem Aufbau seiner Zeitschrift „*Current Anthropology*", die er gegründet hatte und herausgab, mehrere Male in Moskau und Leningrad gewesen. In den 1950er Jahren reiste er überall in der Welt umher, um sich mit Ethnologen, Biologen, Psychologen, Linguisten, Soziologen, Historikern, Archäologen und anderen Wissenschaftlern vor Ort zu treffen, mit denen er über seine Zeitschrift, die ein wissenschaftliches Gemeinschaftswerk werden sollte, reden konnte. Mein Vater hatte ein Händchen dafür, auf ungewöhnliche Art Gemeinschaftsprojekte auf den Weg zu bringen, und so versuchte er, ein weltweites Wissenschaftsnetz für Ethnologen zu spannen. Aus jedem Land, das er besuchte, schrieb er mit Durchschlagpapier Briefe an die Familie. Das Durchschlagpapier färbte die Finger lila. Es verdoppelte seine Feldnotizen. Ich las sie alle mit großer Spannung. Ägypten, Peru, Äthiopien – ich war fasziniert von all den Ländern, die er besuchte. Aber die Sowjetunion, besonders der russische Teil, war das einzige Land, das mich mit süßem Sirenenklang ansprach, mir aber gleichzeitig auch Furcht einflößte, eine unwiderstehliche Kombination.

Seit meiner frühen Kindheit nahm ich die Sowjetunion als einen Planeten wahr, der anders war als meiner. Großmutters Russland lag in der Vergangenheit, als wir alle auf einem Planeten wohnten. Sie und Großvater waren ausgewandert, zusammen mit vielen Millionen anderer, die die verschiedenen Reiche zugunsten von Amerika zurückließen. Sie blieben einige Jahre an der Lower East Side von Manhattan und landeten schließlich in New Glarus in Wisconsin. Die Jiddisch sprechende Katz-Familie, die vor den Pogromen aus dem Russischen

Reich floh, passte genau zu ihnen. Großmutter und Großvater Tax waren auch geflohen und siedelten sich in Milwaukee an, wo sie und ihre große Familie ein gutes Leben führten. Das Chicago, in dem ich aufwuchs, war voller Einwanderer aus den slavischen Ländern, besonders aus Polen, aber auch aus Irland, Deutschland, Mittelamerika und aus vielen anderen Ländern. Das waren meine Nachbarn, sie waren von meinem Planeten gekommen, und ich fühlte mich wohl mit ihnen. Fünfundzwanzig Jahre vor meiner Geburt wurde das Russische Reich durch die Sowjetunion abgelöst. Die Grenzen wurden geschlossen. Die sowjetische Führung schloss auch die Grenzen der Länder in ihrem Herrschaftsgebiet, und ein großes Stück Mittel- und Osteuropas sowie Zentralasiens war von mir isoliert, von uns in Amerika, von den Ländern, die es umgaben. Als ich vierzehn war, hatte Amerika die Verbindung zu diesem Teil unseres Planeten verloren, der unter allen praktischen Gesichtspunkten ein eigener Planet wurde. Amerika und die Sowjetunion waren in den Kalten Krieg eingetreten und hatten beide Atomwaffen. Meine Schule und die Schulen überall in den USA hielten besondere Übungen für alle Schüler am *Duck and Cover Day* ab, wo wir Sirenen hörten und lernten, uns unter unsere Pulte zu kauern. Ich fand das beängstigend: Ein Teil unseres Planeten wurde von mächtigen und gefährlichen Kräften weggerissen und trieb nun im All herum, seine eigenen Monde umkreisten ihn. Die Welt, aus der so viele Amerikaner zu uns kamen, war nun für immer für uns verloren, dachte ich. Die Iren in Chicago, die Griechen, die Italiener, die Mexikaner, die Deutschen aus dem westlichen Teil ihres Landes – sie alle konnten die Länder ihrer Vorfahren besuchen. Ich hatte Mitschüler, die das von Zeit zu Zeit machten. Aber diejenigen, deren Familien aus der sowjetischen Sphäre kamen, konnten es nicht, und es war schwer, wenn nicht gar unmöglich, die Verbindung zu Verwandten und Freunden aufrecht zu erhalten: wir lebten nun auf verschiedenen Planeten.

Meine Liebesgeschichte mit dem Russischen begann im Sommer 1956, in Philadelphia auf dem Campus der University of Pennsylvania. Der Kongress der Internationalen Vereinigung der anthropologischen und ethnologischen Wissenschaften wurde dort abgehalten. Ich freute mich darauf, meine ersten Sowjet-Russen zu treffen. Ich war mein ganzes Leben lang gewohnt, mich am Rande von Anthropologen-Versammlungen aufzuhalten und genoss es, ein *Konferenz-Kind* zu sein. Aber dieses Mal hatte ich besondere Freude am Konferenzprogramm und fasste die Titel meiner Lieblingsvorträge zur großen Belustigung meines Vaters in einem „wissenschaftlichen Papier" zusammen.

Ich war definitiv nicht daran interessiert, an den Vorträgen teilzunehmen: Ich hatte ein Buch zu lesen. An einem schönen sonnigen Tag suchte ich mir eine Bank im Innenhof der University of Pennsylvania und setzte mich mit diesem Buch dorthin. Drei sowjetische Ethnologen fanden mich dort, ich war vertieft in eine gekürzte Ausgabe von „*Krieg und Frieden*"[14], natürlich auf Englisch. Ich kann heute gar nicht mehr verstehen, warum ich damals eine gekürzte Version las, wo ich immer absolut gegen Kürzungen eingestellt war. Vielleicht war es die einzige Taschenbuchausgabe, die ich in den Buchhandlungen finden konnte, dabei war sie auch recht leicht und damit gut als Lektüre auf der Reise von Chicago nach Philadelphia geeignet. Ich bin mir ziemlich sicher, dass meine Eltern eine gebundene Übersetzung besaßen. Vielleicht dachte ich, dass es nicht cool wäre, große schwere Bücher mitzuschleppen. Ich schämte mich ein bisschen, mit diesem Band gesehen zu werden, der nicht mein wahres Ich ausdrückte, aber ich war entschlossen, es auf jeden Fall zu lesen.

Einer der drei Männer – I. I. Potechin (ein bekannter Afrika-Experte, wie ich später erfuhr) – fragte mich, was ich las, und ich zeigte ihm mein Buch. Er nahm es, untersuchte es und fixierte mich mit einem Stirnrunzeln. (Ich war mehr als ein bisschen beklommen, weil es die ersten Sowjetbürger waren, die ich je traf, und ich keine Ahnung hatte, welche Art von Lebewesen sie waren.) Dann hielt er mir einen kurzen aber vernichtenden Vortrag, die wichtigsten Punkte dabei waren, dass ich keine gekürzte Ausgabe von Tolstois großem Klassiker lesen sollte und dass ich ihn auf jeden Fall auf Russisch, nicht auf Englisch lesen sollte.

---

[14]Leo Tolstois Roman *Krieg und Frieden* erschien im Original 1868/69 unter dem Titel *Vojna i mir* in Moskau.

„Geh!", donnerte er (so erschien es mir damals jedenfalls). „Lerne Russisch und lies „Krieg und Frieden" als Ganzes, so wie es gelesen werden sollte, in seiner wunderbaren Originalsprache."

Diese Anordnungen von einer sowjetischen Autorität trafen mich wie ein Schlag in meinen vierzehn Jahre alten Magen. In meinen Ohren klingelte es, und ich fühlte mich atemlos, ich nickte und antwortete mit dünner Stimme, dass ich Russisch lernen und „Krieg und Frieden", und zwar das ganze Buch im Original, lesen würde. Und das tat ich.

Auf dieser Bank in Philadelphia verliebte ich mich in das Russland von „Krieg und Frieden" und wurde davon magisch angezogen - trotz meiner Angst vor der Sowjetunion.

Aber zunächst kam Deutschland, eine Art Brücke zwischen meinem amerikanischen und russischen Planeten. Das erste Mal, als ich nach Russland kam, kam ich von Deutschland aus. Bevor ich mich in Russland verliebte, hatte ich eine Beziehung zur deutschen Sprache und zu Deutschland aufgebaut – keine Liebesgeschichte, aber eine sehr tiefe und solide Freundschaft, die jahrzehntelang gehalten hat und überaus wichtig für mein Leben als Slavistin mit russistischem Schwerpunkt war.

Ich war vertraut mit dem Deutschen, es war eine der Fremdsprachen, die wir in der Familie sprachen, zusammen mit dem Spanischen und dem Jiddischen. Meine Mutter studierte in den 1920ern Deutsch an der Universität von Wisconsin und hatte einen Abschluss, um Deutsch zu unterrichten, obwohl sie es nie tat. Susan lernte ebenfalls Deutsch an der Laborschule und war mit sechzehn für einen Sommer im Schüleraustausch nach Wien gegangen.

Als ich sechzehn war, ermutigten mich meine Eltern, mit anderen Schülern in meiner Deutsch-Klasse auf eine historische Sommer-Reise in die Bundesrepublik Deutschland zu fahren. Die Reise wurde von unserem hochgeschätzten Lehrer, Herrn Gregor Heggen, geleitet. Im Jahr 1958 waren wir offensichtlich die erste amerikanische Highschool-Gruppe, die Westdeutschland nach dem Zweiten Weltkrieg besuchte, und Erwachsene auf beiden Seiten des Atlantiks machten eine große Sache daraus. Der Präsident der Bundesrepublik Deutschland, Dr. Theodor Heuss, besuchte Chicago, bevor wir nach

Deutschland aufbrachen, und wir begrüßten ihn mit einem Blumenstrauß. Die Zeitungen von Chicago schrieben zu diesem Zeitpunkt über uns und dann nochmals, als wir in die USA zurückkehrten.

Viele meiner Mitschüler waren Juden, und offensichtlich erzeugte unser bevorstehender Besuch ein bemerkenswertes Interesse bei den Gruppierungen in Westdeutschland, die sich um die jüngste Vergangenheit bemühten. Wir wurden von jüdisch-christlichen Gesellschaften in verschiedenen Städten und von Organisationen begrüßt, die internationale Kontakte von jungen Leuten unterstützten. Als es hieß, dass ich auf die Reise mitfahren würde, wurden meine Eltern, wie ich mich erinnere, bemerkenswert heftig von einigen Freunden und Familienmitgliedern kritisiert: *„Wie könnt ihr sie dahin schicken, um bei den Nazis zu leben?"* Meine Mutter und mein Vater antworteten, dass wir in Familien wohnen würden, die wussten, dass wir Juden sind und die wünschten, dass ihre eigenen Kinder uns kennenlernen sollten. Wie sollte die Welt sich über den Holocaust (obwohl sie diesen Begriff damals nicht benutzten) hinaus fortentwickeln, so argumentierten sie, wenn die Kinder in beiden Ländern, die 1942 geboren worden waren und zu jung waren, um an den Gräueltaten beteiligt gewesen zu sein, nicht den jeweils anderen als Menschen sehen können? Während der zehn Wochen in Westdeutschland im Sommer 1958 versanken und schwammen meine Mitschüler und ich immer wieder in einem Ozean der Sprache – Deutsch gesprochen von normalen Leuten in normalen Lebenssituationen. Ich hatte einen Alptraum in der Nacht, bevor wir von Amsterdam nach Deutschland aufbrachen – heute amüsant, damals erschreckend – dass ich bei meiner neuen Familie in Bielefeld ankommen und dort feststellen würde, dass sie nur Sanskrit sprechen, eine Sprache, die ich überhaupt nicht kannte und von der ich noch nicht einmal gehört hatte, dass sie irgendwo gesprochen wurde. Mein waches Ich bestand darauf, dass Sanskrit eine tote Sprache war. Nicht so in meinem Traum: die Familie schnatterte munter auf Sanskrit los. Alle diese Deutschstunden umsonst: was für ein übler Scherz!

Abgesehen von kleineren Misserfolgen zahlte sich die solide Ausbildung durch Herrn Heggen aus: in diesem Sommer verbesserte sich mein Verständnis des Deutschen und mein Sprachvermögen enorm. Dazu las ich eine Menge deutscher Bücher und deutscher Übersetzungen und lernte durch deutsche Übersetzungen Françoise Sagans weit verbreiteten Roman „*Bonjour Tristesse*" und Anne Franks Tagebuch kennen.

Meine erste Berührung mit dem Eisernen Vorhang in einer seiner zahlreichen Formen – ein Stacheldrahtzaun im Niemandsland mit Gräben und Wachtürmen auf der anderen Seite – machte ich im Sommer 1958. Auf einer Bustour mit unserer Schülergruppe aus Chicago und einer deutschen Schülergruppe fuhren wir entlang der Grenze zu Ostdeutschland durch den Harz. An einem Punkt, wo wir nah genug waren, um die Uniformen und die Gesichter der sehr jungen DDR-Soldaten zu betrachten, die die Türme bemannten, sahen wir ihre Gewehre im strahlenden Sonnenschein blitzen. Ich habe mir nie vorstellen können, dass Jungen in meinem Alter mit tödlichen Waffen ausgerüstet sein könnten, und ich erinnere mich an den Schauder, der mich überkam, als ich merkte, dass sie damit auf mich zielten!

Ich liebte die Erfahrung meines Sommers in Deutschland so sehr, dass ich mir die Möglichkeit offenhielt, im nächsten Sommer zwischen meinem Abschlussjahr an der Laborschule und meinem ersten Jahr an der Universität von Chicago als Studentenführerin von Herrn Heggens zweiter Gruppe zurückzukehren. Mein zweiter Sommer war so packend, herausfordernd und lohnend wie mein erster. Dieses Mal verbrachten wir eine Woche in Berlin und lebten dort wieder bei Familien. Wir verbrachten den größten Teil der Woche in West-Berlin, das auf unserem Planeten lag, aber auf einer Insel, vollkommen umrundet von dem anderen Planeten. Wir reisten mit dem Zug durch die Ostzone, die Landmasse der DDR, über die man von Westdeutschland nach West-Berlin, dabei mussten wir eine einschüchternde Grenze, bewacht von verkniffenen Grenzposten passieren. Der Zug gehörte der DDR-Reichsbahn, einem Staats-Unternehmen (wie alle Unternehmen auf dem anderen Planeten), und Schilder im ganzen Zug warnten uns, Zerstörung von Staatseigentum sei ein schweres Verbrechen. Das war eine ernüchternde Nachricht für mich, weil ich vorhatte, meinem Freund Stefan, der exotische Löffel sammelte, ein oder zwei Löffel als Souvenir nach Esslingen mitzubringen, und ich verstand nun, dass alles auf diesem Planeten, ob groß oder klein, wichtig oder unwichtig Staatseigentum war. (Ich habe die Namen meiner deutschen Freunde geändert.) 1959 konnte man ziemlich frei über bestimmte Bahnhöfe von West- nach Ost-Berlin reisen und dort durch die Straßen und Geschäfte flanieren. Ich erinnere mich nicht, auf welche Weise wir DDR-Geld bekamen, um damit etwas zu kaufen, unsere West-Berliner „Geschwister" (wieder waren wir in Familien untergebracht) müssen gewusst haben, wie man dazu kam. Bücher waren unglaublich billig und schön, aber es gab nicht viel anderes, was man kaufen konnte, wenn man von unserem Planeten kam. Männer, Frauen und Kinder sahen anders aus: ihre Kleidung war abgetragener und weniger modisch, und ihre Gesichter waren auf eine Art verschlossen, die neu für mich war. Ich erinnere mich daran, dass ich mich dort unwohl fühlte: die Leute starrten auf meine Kleidung und auf meine Schuhe, modisch für einen Teenager aus dem Westen, aber absolut deplatziert in Ost-Berlin.

Ich fühlte mich besonders unwohl, als ich mit einigen anderen aus unserer Gruppe zum ersten Mal die Grenze überquerte, dieses Mal mit der U-Bahn. Meine normale Nervosität explodierte zu einer Art Panik, als es zu einer peinlichen Situation kam, die mir immer noch kalten Schweiß auf die Stirn treibt, wenn ich daran denke. Ich bin siebzehn Jahre alt, trage einen schönen neuen Rock und darunter meine geliebte glänzend-rote Nylon-Unterhose. Es ist ein warmer Sommertag, also habe ich keine Strumpfhosen an. Genau da in der überfüllten U-Bahn-Station reißt der Gummizug und die Unterhose beginnt nach unten zu rutschen. Ich verdrehe meinen Körper und flüstere die schlechte Nachricht meinen Freundinnen zu, die sich sofort um mich herum zusammenschließen und mir dadurch Sichtschutz gewähren, um aus der anstößigen Unterhose zu schlüpfen und sie in einem Mülleimer zu versenken. Ich bin so dankbar, dass wir die 1950er Jahre schrieben, also lange, bevor der Minirock kam!

Während der drei Sommer und auf vielen folgenden Reisen nach Deutschland sprach ich mit Deutschen jeglichen Alters über meine jüdische Identität. 1958 führte ich mehrere Gespräche mit Herrn Karl Schmidt und seiner Familie, die mich in Bielefeld beherbergten, sie waren praktizierende Katholiken. Herr Schmidt war Anwalt, ein einfühlsamer und intelligenter Mann, den ich sehr mochte. Wir sprachen freimütig über die Zeit des Nationalsozialismus, und er erklärte mir, dass er in die nationalsozialistische Partei eingetreten war, um seine Arbeit zu behalten. Er meinte, dass er mit einer Frau und zwei kleinen Töchtern wohl keine andere Wahl hatte, da er sie versorgen musste. Ihm war bekannt, dass jüdische Nachbarn ihre Wohnungen verloren und eines Tages verschwanden, aber er kannte ihr endgültiges Schicksal nicht. Er offenbarte sich mir gegenüber: er habe sich immer unwohl in seiner Untätigkeit gefühlt, besonders als er alles erfuhr, was mit den Juden passiert war. Er war so erfreut darüber, dass seine Familie nun die Chance hatte, mich in ihr Haus und ihr Leben aufzunehmen, und ich versicherte ihm, dass ich es verstehen würde – und ich glaube, ich verstand es wirklich – wenn auch nicht das Gesamtbild, die Vernichtung des europäischen Judentums, so doch das kleine Bild von einem anständigen Mann und seiner Familie. Ich habe Herrn Schmidt nie verurteilt. Ich habe mich oft gefragt, was ich an seiner Stelle getan hätte, und jedes Mal komme ich zu dem Schluss, dass ich es einfach nicht weiß.

Ich verurteilte keinen Deutschen, den ich traf, obwohl ich mich darauf vorbereitete, dass sie mich dafür verurteilen würden, dass ich Jüdin bin. Tatsächlich machte ich diese Erfahrung nie, wohl aber einige meiner Mitschüler. Über die Jahre entwickelte ich eine Technik, die ich in dem Fall anwenden würde, wenn ich auf eine solche Person treffen würde. Zum Beispiel begann ich immer, wenn ich in Deutschland Zug fuhr, ein Gespräch mit den Mitreisenden in meinem Abteil. (Ich muss zugeben, dass ich ihre Überraschung genoss, als sie feststellten, dass ich keine Muttersprachlerin war; ich war stolz auf mein Deutsch!) Wenn einer der Passagiere alt genug aussah, um den Zweiten Weltkrieg als Erwachsener mitgemacht zu haben, erwähnte ich immer gleich zu Beginn des Gesprächs, dass ich jüdischen Glaubens sei und eine Besucherin aus Amerika. Ich baute darauf, dass ich jegliche antisemitische Äußerung abwehren könnte, die von irgendjemandem kommen könnte, aber tatsächlich hörte ich nie eine.

1958 hatte ich zwei Gastfamilien, die Schmidts in Bielefeld und die Ecksteins in Esslingen. Herr Eckstein war Malermeister; Frau Eckstein war eine pummelige, fröhliche Frau, die die wunderbarsten regionalen Spezialitäten kochte, auch mein Lieblingsgericht Spätzle. Wie die Schmidts so waren auch die Ecksteins erfreut, mich zu Gast zu haben, und sie verhalfen mir im Hinblick auf das Judentum in Deutschland zu einer Erfahrung, die ich nie vergessen habe. Sie organisierten für mich ein Treffen mit dem einzigen jüdischen Ehepaar, das sie wahrscheinlich kannten, es waren Ladeninhaber im Ort. Der Mann und die Frau waren beide polnische Überlebende, die sich im Konzentrationslager kennengelernt hatten. Sie luden mich mehrere Male zu sich nach Hause ein, und bei einem meiner Besuche zeigten sie mir die Nummern auf ihren Armen. Ich wusste von den Nummern, hatte sie aber nie gesehen. Sie nahmen mit einer großen Intensität Kontakt zu mir auf, bei der ich mich unwohl fühlte. Sie hatten einen Sohn, und vielleicht stellten sie sich mich als künftige Schwiegertochter vor. Obwohl sie in Deutschland nicht glücklich waren, schienen sie nicht die Möglichkeit zu haben, an einen anderen Ort zu ziehen. Ihre Bitterkeit und ihre Abgesondertheit gegenüber der deutschen Gemeinde, in der sie lebten, besorgten mich sehr. Ich fühlte schreckliches Mitleid mit ihnen, aber wenn ich bei ihnen war, wollte ich nur zurück zu den Ecksteins. Mein Leben war einfacher bei den deutschen Gastfamilien als bei den gepeinigten Überlebenden.

Etwas früher, im gleichen Sommer, hatte ich auf Anfrage einer der Stadtväter aus Herrn Heggens Heimatstadt Paderborn eine kleine Geschichte der jüdischen Gemeinde ins Englische übersetzt. Ich erinnere mich daran, dass ich weinte, als ich die letzten Absätze dieses Dokuments bearbeitete, weil sie die Vernichtung der jüdischen Gemeinde durch die Nationalsozialisten beschrieben. In Bielefeld und Esslingen, später in Berlin und anderen deutschen Städten wurde die Not der Juden real für mich: Ich sah die Häuser und Geschäfte, die früher ihnen gehört hatten, und die Orte, an denen ihre zerstörten Synagogen gestanden hatten. Über all die Jahre richteten es meine deutschen Freunde immer so ein, dass ich mir diese Orte anschauen konnte und die Denkmäler, die nach dem Krieg errichtet worden waren. Diese Orte verfolgen mich, und zugleich bin ich so froh, dass sie da sind, um das Andenken für künftige Generationen zu bewahren.

TOUR IM GARTEN DER ZERBROCHENEN STATUEN, HALT 4: BERLIN

Die Stadt Berlin, die ich schon früher - vor, während und nach der Mauer - besucht hatte, ist zu einem gigantischen und gut dokumentierten Symbol geworden, einem Garten voller Museen, Monumente und historischer Stätten. Als ich im Mai 2000 zu einer Konferenz nach Berlin zurückkehrte, versuchte ich ein paar Stadtansichten mit meiner Kamera einzufangen. Die Neue Wache, ein Denkmal aus dem 19. Jahrhundert an der Straße Unter den Linden, wurde gebaut, um Deutschlands kaiserlichen Ruhm zu feiern, sie hat nach 1989 eine neue Gedenktafel bekommen, die detailliert aufeinander folgende Generationen von Opfern von der Zeit des Nationalsozialismus bis zur Sowjetära aufführt.

In einem anderen Teil der Stadt machte eine deutsche Freundin mit meinem Mann Harvey und mir einen Spaziergang in einem ruhigen und gepflegten Viertel, in dem viele Juden gelebt hatten. Der Künstler Gunter Demnig hat im Straßenpflaster vor den Eingängen einiger Häusern Stolpersteine eingelassen, die entweder die Stadt oder engagierte Bürger finanziert haben. Auf diesen Stolpersteinen lasen wir die Namen von Familienmitgliedern, die in dem Haus gelebt hatten, das Datum, an dem die Gestapo sie abholte, und das Konzentrationslager, in dem sie starben. In der Nähe befinden sich die „Orte des Erinnerns" im Bayerischen Viertel, hier hängen Schilder an den Lampenpfosten, jedes mit einem Text der „anti-jüdischen Gesetze" von 1933-1939, versehen mit dem Datum, wann das Gesetz in Kraft getreten ist: „Jüdische Ärzte dürfen nicht mehr praktizieren. 25.7.1938."

Auf dem Bebelplatz vor der ehemaligen Bibliothek der Humboldt-Universität, in der „Kommode", wurde in den Jahren 1994 - 1995 von dem Künstler Micha Ullmann das Mahnmal „Versunkene Bibliothek" errichtet, das an die Bücherverbrennung durch die Nationalsozialisten im Mai 1933 erinnert. Ich hatte es sehr schwer, ein Foto von diesem einzigartigen Denkmal zu machen, weil ich den Winkel nicht hinbekam. Es handelt sich bei dem Denkmal um ein Loch im Boden, das mit einer Glasplatte abgedeckt ist. Dadurch kann man darunter in eine Kammer tief in der Erde schauen, die mit leeren Bücherregalen ausgestattet ist. Die Gedenktafel zitiert eine bekannte und vorausschauende Strophe eines Gedichtes, das Heinrich Heine 1820 schrieb:

Das war ein Vorspiel nur, dort
Wo man Bücher verbrennt,
Verbrennt man am Ende auch Menschen.[15]

Im Herbst 1959 fand ich mich mit sechs weiteren Studenten in einem Seminarraum der University of Chicago wieder, versteckt in der dritten Etage des Gebäudes der Altertumswissenschaften. Dort umfingen mich die Laute des Russischen, als ich mich abmühte, die Verben und den Klang des Buchstabens Щ zu beherrschen, in unser Alphabet übertragen ein „schch". Meine erste Russisch-Lehrerin war eine eindrucksvolle junge blonde Emigrantin aus der Sowjetunion, die mit einem gutaussehenden Amerikaner verheiratet war: so romantisch, dachte ich. Sie lehrte uns, dass wir den Buchstaben wie in „fresh cheese" aussprechen sollten, und ich verbrachte das erste Wochenende meines ersten Vierteljahres an der Universität mit dem Auswendiglernen des kyrillischen Alphabets, indem ich die Buchstaben wieder und wieder aufschrieb und dabei „fresh cheese" murmelte.

Wie geplant kehrte ich im Sommer 1960 zum dritten Mal in Folge nach Deutschland zurück und verbrachte die ersten sechs Wochen damit, Jensens „*Myth and cult*" („*Mythos und Kult*") zu übersetzen. In der ersten Woche hielt ich mich in einem kleinen Hotel in Frankfurt auf und traf mich mit Professor Jensen und seinem Assistenten im Büro des Professors an der Frankfurter Universität. Dann fuhr ich weiter nach Esslingen, einer charmanten mittelalterlichen Stadt

---

[15]Heine, Heinrich: *Almansor*, in: Sämtliche Werke, Band 2 (München: Winkler Verlag, 1969) S. 859.

in der Nähe von Stuttgart, wo ich während des ersten Sommers in Deutschland bei den Ecksteins gewohnt hatte. Dieses Mal wohnte ich bei Stefan, einem meiner engsten Freunde, seiner Mutter und seinem jüngeren Bruder Wolfgang. Seit meinem ersten Sommer in Deutschland, als er der Leiter der Gruppe war, die unsere Gruppe in Esslingen betreute, war Stefan ein Schulmädchen-Schwarm für mich gewesen. Kein Wunder: Er war groß, blond, hatte blaue Augen und war gutaussehend. Ich bin froh, berichten zu können, dass unsere Freundschaft meine Schwärmerei überstanden hat, und wir auch heute noch Freunde sind.

Es stellte sich heraus, dass Esslingen für mich ein wundervoller Ort zum Leben und Arbeiten an dem Buch war. Die Familie stand jeden Morgen sehr früh, um kurz vor fünf, auf und verließ das Haus, um zur Arbeit und zur Schule zu gehen. Ich frühstückte mit ihnen und saß um fünf an meiner Schreibmaschine. (Ich glaube, dass Stefan eine Royal für mich gemietet hatte.) Ich arbeitete ununterbrochen bis Mittag, dann verließ ich das Haus für einen Spaziergang und ein Mittagessen – ich kaufte mir Käse, Wurst und ein schönes Brötchen in den Läden in der Nachbarschaft. Am Ende des Sommers hatte ich meine sehr rudimentären Kenntnisse des metrischen Systems verbessert und viele leckere belegte Brötchen probiert. Meine Gastgeber kamen später, am Nachmittag, nach Hause zurück und wir verbrachten gemütlich den Rest des Tages. Ich erinnere mich daran, wie ich zusammen mit Stefans Mutter Marmelade einkochte und Wolfgang mir alles über die neuesten deutschen Automodelle beibrachte; er war ein besonderer Fan von Mercedes und BMW. Der Juni und der Juli gingen glücklich und produktiv vorüber: harte Arbeit, abgemildert durch Würstchen, Käse, Autos, Spaziergänge durch das historische Esslingen und harmloses Flirten. Ich vervollständigte den größten Teil des ersten Entwurfs meiner Übersetzung und fuhr dann los, um meine Familie auf Meinem *Großen Abenteuer* zu treffen: August auf dem anderen Planeten.

Mama, Papa, Susan und ich trafen uns in Prag, und dort verbrachten wir die ersten Tage unseres Monats, in dem wir Russland, Polen, Ungarn und Jugoslawien besuchten und dabei einen kurzen

Zwischenstopp in der DDR einlegten. Mein Vater organisierte in diesen Ländern Treffen mit Gelehrten in neun Städten. Moskau war unser zweiter Stopp, gefolgt von Warschau und Krakau, Ost-Berlin, Budapest, Belgrad, Zagreb und Ljubljana. Überall kamen wir bei Ethnologen unter, und überall sog ich die Atmosphäre auf und rang darum, jedes einzelne Land auf unserer schwindelerregenden Tour zu verstehen.

Das meiste wusste ich über Russland und die Sowjetunion – ich hatte ein Jahr Russisch-Studium im Gepäck und hatte darüber hinaus einiges gelesen – aber ich wusste schmerzhaft wenig über seine Sprache und Kultur. Glücklicherweise wurde ich meiner Ignoranz auf Schritt und Tritt mehr bewusst. (In Deutschland zu leben, hatte mir in dieser Hinsicht Demut beigebracht!) Und ich wusste genug über die Nachkriegsgeschichte, dass es keine gute Idee war, Russisch oder Deutsch – die Sprachen, die ich außer Englisch am besten konnte – in diesem Teil der Welt zu sprechen. Ich machte mir insbesondere Sorgen darüber, dass ich die Polen und die Ungarn mit diesen zwei Sprachen beleidigen könnte, denn diese empfanden – soweit ich wusste – keinerlei Zuneigung zu einem dieser Länder, weil sie vor kurzer Zeit von einem oder beiden Ländern besetzt worden waren – und das sowjetische Militär war immer noch in Budapest. Aber was sollte man tun, wenn ein Pole kein Englisch konnte? In zögerlichem Russisch fragte ich einen unserer polnischen Gastgeber, und er versicherte mit einem warmen Lächeln, dass jede Sprache besser sei als gar keine, und von da an sprachen wir Russisch miteinander.

Vier Jahre nach dem fehlgeschlagenen Aufstand gegen die Sowjets umgab Budapest die Atmosphäre einer besetzten Stadt. Wir sahen eine Frau, die hinter dem Rücken eines sowjetischen Soldaten ausspie, und hier und da trafen wir auf kleine Schreine, die gegen Mauern mit Einschusslöchern gelehnt waren. Zu meinem Glück sprachen die meisten Ungarn, denen ich begegnete, zumindest ein bisschen Englisch, aber auch hier passierte es mir, dass ich in das Russische oder Deutsche zurückfiel, wenn ich mich verständigen wollte.

All diese Städte, die wir besichtigten, faszinierten mich, aber für mich war Moskau das Juwel in der sozialistischen Krone und der exotischste Ort, den ich mir vorstellen konnte. Zu dieser Zeit gab es nur sehr wenige Amerikaner in Osteuropa und ganz gewiss nicht viele in Moskau. Obwohl ich ein wenig Erfahrung mit dem anderen Planeten an der Grenze zwischen den beiden Deutschland und in Ost-Berlin gesammelt hatte, fühlte sich unser Flug nach Osten so an, als ob ich durch den Orbit brausen würde und dabei unseren Planeten vollkommen hinter mir zurückgelassen hätte, um am Ende in Moskau, der Hauptstadt des anderen Planeten zu landen, einem spannungsgeladenen Ort voller Geheimnisse und Sorgen.

Während mein Vater Sitzungen besuchte, wurden meine Mutter, Susan und ich mit den Familien der anderen Kongressteilnehmer auf Besichtigungstour geschickt. In dieser Woche bekam ich zum ersten Mal Moskaus Wunder zu sehen: den Roten Platz, die Basilius-Kathedrale, den Kreml, die Moskauer Staatliche Universität, das Bolschoi-Theater, die Tretjakov-Galerie, das große Kaufhaus GUM aus dem neunzehnten Jahrhundert und das Lenin-Mausoleum.

Wir wohnten im erst kürzlich fertiggestellten *Hotel Ukraina*, einem der sieben Hochhäuser im Zuckerbäckerstil, die in Moskau unter Stalin erbaut worden waren. Wenn wir einmal unsere Zimmer verlassen hatten, versuchten wir an diesem Tag, so lange wie möglich draußen zu bleiben, weil das Zimmer unserer Eltern in einem der oberen Stockwerke lag und unseres in einem anderen, und es nur zwei unglaublich langsame und unzuverlässige Aufzüge gab. Wenn man einmal nach unten oder nach oben gekommen war, blieb man dort, solange es eben ging.

Wir verließen uns auf mein bruchstückhaftes Russisch, und so gingen Susan und ich aus, um allein – ohne Begleitung – die Stadt zu erkunden. Intourist missbilligte dieses Verhalten, denn die staatliche Reiseagentur war eigentlich damit beauftragt, die Besucher zu überwachen, aber wir taten es einfach. Das Wetter in diesem August war herrlich. Wir flanierten durch die Straßen. Unsere Schuhe und unsere Kleidung zeigten eindeutig, dass wir Ausländerinnen waren, und so zogen wir dauernd Blicke auf uns, nicht gerade mit einem Lächeln aber nicht unfreundlich.

Abb. 13: Tretjakov-Galerie

Eines Tages gingen wir hungrig in eine Cafeteria im Erdgeschoss eines Gebäudes und füllten unsere Teller an den verschiedenen Stationen eines Buffets. Als wir am Ende ankamen, streckten wir eine Handvoll Rubelscheine hin. Ich kann mich nicht erinnern, ob jemand das Geld von uns nahm oder ob wir letzten Endes umsonst zu Mittag essen konnten. Ich kann heute rekonstruieren, dass wir in einer Arbeiterkantine in einer Art Institut waren, das in diesem Gebäude lag, und sie wahrscheinlich gar kein Bargeld für ihr Essen angenommen haben. Wie auch immer, es war warm, schmeckte gut, und es ging viel schneller als bei den Mahlzeiten, die wir zusammen mit unseren Eltern in einem formaleren Rahmen einnahmen.

Eine Mahlzeit mit der Familie blieb uns besonders im Gedächtnis haften, es war ein Abendessen im altehrwürdigen *Hotel Nacional* in der Nähe des Roten Platzes. Jedes Gericht, das wir von der gigantischen Speisekarte zu bestellen versuchten, wurde mit einem abschlägigen „Nein" eines unfreundlichen und unwilligen Kellners beschieden, der den ganzen Abend damit verbrachte, beharrlich unseren flehentlichen Blicken auszuweichen. „*Das haben wir nicht*", verkündete er jedes Mal, wenn wir fragten, in einem gelangweilten Ton. Zu guter Letzt merkten wir, dass es überhaupt nur zwei Gerichte gab, und davon bestellte jeder von uns eines. Unser Vater, der unverbesserliche Optimist, wagte es, nach Apfeltaschen zu fragen, die auf der Speisekarte hervorstachen, und der Kellner nickte. Wir waren begeistert und freuten uns auf das Dessert.

Die Mahlzeit, das Dessert nicht eingerechnet, dauerte ungefähr drei Stunden, die überwiegend damit verbracht wurden, auf die Getränke, die Suppe, den Salat und das Hauptgericht zu warten, das dem widerstrebenden Kellner regelrecht abgebettelt werden musste. Ich amüsierte mich dabei, meinen Vater zu beobachten, der normalerweise ein extrem ungeduldiger Mann war, aber diese Situation wie ein Ethnologe meisterte: es war Feldarbeit. Meine Mutter, die all die Jahre lang diese Erfahrungen mit ihm geteilt hatte (und von sich aus eine geduldige Person war), verhielt sich stoisch. Susan und ich kicherten so leise und unauffällig wie wir konnten. Wir hatten bereits etwa eine halbe Stunde auf die Apfeltaschen gewartet, als sich der Kellner an uns heranpirschte und hochnäsig verkündete, dass es keine Äpfel gab. Auf dem Russischen Planeten verbrachten wir unsere Tage unter Außerirdischen, die so aussahen wie wir, aber ihre Welt war gewiss nicht unsere. Wenn ich darüber nachdenke, kommt mir das Moskau dieser Jahre ein bisschen so wie Disneyland vor: Alle Aktivitäten wurden für die Besucher von den allgegenwärtigen Intourist-Reiseführern organisiert, von Männern und Frauen, die Sprachen gut beherrschten und von der offiziellen Reiseagentur damit beauftragt wurden, Ausländern das Land zu zeigen. Später erfuhr ich, dass sie im Hinblick auf ihre Zuverlässigkeit und Loyalität dem Staat gegenüber sorgfältig überprüft worden waren, und man sich darauf verlassen konnte, dass sie gegenüber den Außerirdischen einen gebührenden Abstand wahren würden, während sie nach Außen ein freundliches Gesicht zeigten.

Die Kulisse, vor der die Führer ihre Inszenierung gaben, war prunkvoll und betörend für das Auge: Stalins sieben imposante Hochhäuser als Punkte am Horizont, der Rote Platz, vollständig mit dem Lenin-Mausoleum und einer Ehrenwache der Roten Armee in Paradeuniform, die atemberaubende *Technicolor*-Kulisse der Basilius-Kathedrale. Disneyland ist zwar schön, aber man weiß, dass es keine reale Welt ist. Man muss schon den *Magic Kingdom* verlassen, um die finsteren Blicke auf den Gesichtern der Leute und den Abfall auf den Straßen von Anaheim in Kalifornien zu sehen, wo das Original Disneyland liegt. Intourist zeigte uns nicht das reale Moskau: Außerhalb des malerischen, bunten Zentrums erstreckten sich Kilometer um Kilometer schäbige Mietshäuser, Geschäfte mit leeren Regalen und Menschen mit ernsten Gesichtern.

Abb. 14: Der Kreml, im Hintergrund Stalins Wolkenkratzer im Zuckerbäckerstil

Mein erster Freund in der Sowjetunion war Vladimir, ein gutaussehender, ziemlich flotter junger Ethnologe, den ich während unserer Woche in Moskau traf. Ein junger Kollege von niemand anderem als meinem Ethnologen aus Philadelphia, bekannt durch die Episode mit „*Krieg und Frieden*", Vladimir war um die Vierzig und in meinen Augen, den Augen einer Achtzehnjährigen, die romantische Verkörperung des *Älteren Mannes*. Er kam aus Leningrad, wo er lebte, nach Moskau, um am Sechsten Internationalen Kongress für Anthropologie und Ethnologie teilzunehmen. Er wurde uns zugewiesen, um uns herumzuführen, obwohl ich zu der Zeit naiverweise dachte, dass er sich nur an der Gesellschaft unserer Familie erfreuen würde, besonders an der von Susan und mir. Er war Afrikanist wie sein Professor, und Vladimir hatte seinen Doktortitel an der Leningrader Staatlichen Universität erworben. Sein Englisch war recht fließend, aber als er mitbekam, dass ich Russisch studierte, verstand er es gut, mich darin zu bestärken, es zu sprechen. Mit Achtzehn suchte ich das Gefühl von Romantik in ihm - einem Helden, der der russischen Literatur entsprungen schien: mit dunklen Haaren, gefühlstief, ein bisschen melancholisch. Ich glaube, er war verheiratet gewesen und war geschieden. Zu dieser Zeit kannte ich nur sehr wenige geschiedene Leute, und das wertete seine exotische Aura auf. Wie ich mich erinnere, hatte er ein oder zwei Gold- oder Silberzähne, die seine fremdartige Erscheinung verstärkten. (Bis dahin hatte ich noch nichts von den Schrecken der sowjetischen Zahnmedizin gehört und dachte damals, dass Metallzähne cool seien.)

Als wir aus Moskau abreisten, gab Vladimir mir eine kleine Ikone und bat mich eindringlich, sie niemandem zu zeigen, da solche Gegenstände nicht aus dem Land gebracht werden durften. Diese Ikone bereitete mir den ersten von vielen inneren Kämpfen mit meiner Furcht, die ich beim Umgang mit dem sowjetischen – und später dem russischen – Zoll erlitt, aber ehrlich gesagt hatte ich nie Schwierigkeiten an den Flughäfen, wohl aber andere Mitreisende. Ich brachte die Ikone nach Hause und behielt sie jahrelang, aber nun kann ich sie nicht mehr finden, wir haben sie vielleicht weggegeben. Ich habe keine Ahnung, ob sie alt, wertvoll oder in irgendeiner Weise besonders war, aber sie hat mich immer an Vladimir erinnert.

Zurück in Chicago baute ich einen Briefverkehr zu ihm auf, ich erfand kleine Geschichten im Stil von Tschechow für ihn (mein russischer Lieblingsautor) und schickte sie ihm. Er war ein ausgezeichneter und feinfühliger Herausgeber, der meine Fehler korrigierte, ohne mich zu beleidigen, und er spendete mir exakt so viel Lob, dass ich weitermachte. Ich wünschte, ich hätte unsere Korrespondenz und die Geschichten aufbewahrt, aber sie sind alle verloren, sie wurden bei einem Hausputz entsorgt. Ich besitze kein Foto von Vladimir, aber ich sehe ihn klar vor mir, obwohl ich mir wegen seiner Metallzähne nicht sicher bin, es könnte sein, dass ich ihn in dieser Hinsicht mit dutzenden, vielleicht sogar hunderten von anderen Männern verwechsele, die ich später gesehen habe.

Aber die Briefe und Feldnotizen von Papa – eng zusammengedrängte Absätze, jeder Zentimeter jeder Seite des Hotelbriefpapiers gefüllt – erwähnten Vladimir und was mit ihm geschah. Es gibt da ziemlich viel zu Vladimir, das meiste in den Briefen von Papas Reise 1963, als er einige Tage in Leningrad verbrachte und dort auch für ein paar Stunden mit Vladimir zusammenkam. Als ich sie las, war ich bekümmert über die Fakten, die mir damals nicht viel oder gar nichts sagten. Papa erfuhr von einem der älteren Kollegen, dass Vladimir beruflich in Schwierigkeiten geraten war. Er hatte seine Beherrschung verloren und sein Partei-Komitee auf einer Sitzung beschimpft, als sein Antrag auf eine Reise nach England nicht bewilligt worden war. Ich kann mich nicht mehr an meine Reaktion erinnern, als ich das erste Mal von diesem Vorfall las, aber ich bin mir sicher, dass mir seine Bedeutung nicht klar war. Im Juni 1963 sollte ich eigentlich genügend über das Leben in der Sowjetunion gewusst haben, um zu verstehen, wie ernst es war. Wenn ich diese Worte heute lese, nach einer ganzen Lebensspanne, in der ich mich damit beschäftigt habe, füllen sich meine Augen mit Tränen. Armer, ungeduldiger Vladimir! Da gingen seine Chancen dahin, ins Ausland zu fahren, fest am Institut angestellt zu werden und insgesamt ein besseres Leben zu führen. Einige Jahre später erfuhr ich, dass er an einem Herzinfarkt gestorben war, und ich trauerte um ihn. Ich werde immer einen Platz für Vladimir in meinem Herzen haben.

Gegen Ende dieses bemerkenswerten Monats verbrachte ich einige Tage mit meiner Familie in der Nähe von Wien auf der Burg Wartenstein, einem mittelalterlichen Schloss, das sich im Besitz der Wenner-Gren-Stiftung befand, Papas Geldgeberin für die Zeitschrift „*Current Anthropology*“. Nachdem ich mich dort erholt hatte, nahm ich einen Zug nach Esslingen, um dort ein paar weitere Wochen zu verbringen. Mama und Papa besuchten mich dort, und Stefan half mir, meine Eindrücke von der Reise in die Sowjetunion und durch Osteuropa aufzuschreiben und sie in dem Jugendmagazin „*Ja und Nein*“ zu veröffentlichen. Wenn ich heute auf den Text schaue, winde ich mich ein bisschen: Ich schrieb damals mit der Sicherheit und Arroganz der Jugend. Apropos Arroganz der Jugend: Stefan brachte ich noch mehr Löffel für seine Sammlung mit, die ich mir auf meinen Reisen durch Osteuropa und die Sowjetunion beschafft hatte – alles Staatseigentum. Ich atmete immer tief durch vor Erleichterung, wenn ich erfolgreich den Zoll passiert hatte und die Löffel unangetastet blieben. Soweit ich weiß, sind das die einzigen Verbrechen, die ich jemals in den kommunistischen Ländern verübt habe.

Die Reisen nach Osteuropa und in die Sowjetunion mit meiner Familie fanden inmitten des Kalten Krieges statt, wenngleich auch schon in der ein Jahrzehnt währenden Tauwetterperiode, die nach Stalins Tod 1953 einsetzte. Die Tauwetterperiode begann im Februar 1956, als Stalins Nachfolger, Nikita Chruschtschow, eine Geheimrede vor den Delegierten des Zwanzigsten Parteitags der KPdSU hielt und darin offiziell Stalins Verbrechen vor ihnen offenlegte. Ich war zu unwissend, um die Signale des Tauwetters zu deuten, als wir in Russland waren, obwohl ich heute weiß, dass sie für die Sowjetbürger sichtbar und spürbar waren. Über die nächsten Jahre begann ich das Tauwetter zu verstehen, als ich mein Studium am College und später in den höheren Semestern fortführte und dabei tief in das Russisch-Studium eintauchte. Ich erinnere mich an die Aufregung unter meinen Dozenten, viele von ihnen waren Emigranten, die die Sowjetunion vor der Tauwetterperiode erlebt hatten. Sie waren von den Veränderungen begeistert, die dort im Geistesleben stattfanden, und sie steckten ihre Klassen mit ihrer berauschenden Begeisterung an. Ältere Studenten aus den höheren Semestern, die sich auf dem Weg nach Moskau oder Leningrad befanden, um dort ein Semester zu verbringen, freuten sich darauf, in einem freundlicheren, offeneren Klima zu leben.

Ich vermute, dass sich die wenigsten Amerikaner überhaupt um die Tauwetterperiode auf dem anderen Planeten kümmerten und noch nicht einmal davon Kenntnis nahmen. Wir bauten fleißig unsere Highways, Vorstädte, Einkaufszentren, Fabriken – und Luftschutzkeller. Wir waren reich und sicher, aber zur selben Zeit waren wir mächtig besorgt, wie die Kommunistische Welt zu zügeln sei. Der Koreakrieg war vorbei, der Vietnamkrieg war an unserem Horizont sichtbar. Aber die Handvoll Slavisten und die sich ihnen solidarisch anschließenden Wissenschaftler nahmen Anteil daran. Wir sahen mit großem Interesse und Begeisterung, dass Alexander Solschenizyn erlaubt wurde, seine Erzählung „*Ein Tag im Leben des Iwan Denissowitsch*" über das Leben eines Gulag-Gefangenen zu veröffentlichen, und das zu der Zeit, in der die echten Gefangenen gerade aus dem Gulag zurückkehrten, entlassen von den höchsten Behörden.

Aus unserer Perspektive in Chicago – und in New York, Boston und Berkeley, überall, wo es Slavisten gab, konnten wir alle möglichen Veränderungen sehen, in jedem Bereich des Lebens, aber alle erschienen zerbrechlich. Wir hatten Angst davor, dass der Ballon platzen könnte. Letzten Endes blieb die Kommunistische Partei an der Macht. Und tatsächlich hörte es 1964 auf, als die Hardliner alles übernahmen und der Boden wieder zufror. Seitdem fühle ich immer dann, wenn ich das Wort Tauwetter, egal in welchem Zusammenhang, höre oder lese, einen melancholischen und bittersüßen Moment: Vor meinem inneren Auge sehe ich, wie das Tauwetter kommt, der Baumsaft steigt hoch, die Leute sind begeistert, dann friert der Boden wieder zu und die Stagnation setzt ein. Es ist alles vorbei.

Meine Woche in Moskau und die drei Wochen in Osteuropa waren unglaublich intensiv: Ich fühlte mich, als ob ich über ein Jahr lang weg gewesen wäre. Ich hatte ein akademisches Jahr lang Russisch studiert, ich war wirklich in Russland gewesen, hatte mit den Einheimischen geredet, egal wie unbeholfen. Und sie hatten mich tatsächlich verstanden! Als die Reise vorbei war, stürzte ich mich in meine Studien. Ich war süchtig und schwebte glückselig auf einer Wolke der Liebe zu Russland. Die Dozentin in meinem zweiten Jahr des Sprachstudiums war ebenfalls eine Emigrantin, eine winzige, nicht mehr ganz junge Frau mit schönem schwarzen Haar und funkelnden Augen. Ich verehrte sie. Sie war elegant, charmant und kultiviert. Ihr Akzent im Englischen war bezaubernd, und sie war besonders darum bemüht, ihr Russland vor der Zeit der Sowjetunion mit uns zu teilen. Im ersten und zweiten Jahr arbeiteten wir uns durch die Kurzgeschichten von

Puschkin, Lermontow, Tschechow und Tolstoi, alle auf Russisch. Ich war gefesselt davon – das war etwas anderes, als „*Krieg und Frieden*" gekürzt auf Englisch zu lesen. Mein Ohr und mein Gaumen nahmen den Rhythmus der russischen Sprache auf, und die Geräusche, die zunächst so fremd geklungen hatten (dieses *Ш* zum Beispiel), fingen an von meiner Zunge zu perlen. Die Figuren mit ihren Doppelnamen – Ivan Ivanovič, Natalja Fedorovna – und ihre Kosenamen – Vanja, Nataša – wurden alte Freunde.

Die einzige jüdische Muttersprachlerin unter meinen Sprachlehrern unterrichtete mich im dritten Jahr Russisch. Wie die anderen war sie eine Emigrantin, aber ich fühlte eine besondere Zuneigung zu ihr, sie hätte meine Tante sein können. Sie teilte uns mit, dass wir Anna Karenina – natürlich auf Russisch – lesen müssten, um die russische Seele wirklich zu verstehen, und wir sollten darüber schreiben. So schrieben wir holprige Essays auf Russisch und versuchten, zu unserer russischen Seele vorzudringen.

Nachdem ich in der Lehrveranstaltung Geisteswissenschaften I in Tschaikowskys Violinkonzert eingeweiht worden war, pflegte ich stundenlang zuhause auf dem Boden vor zwei riesigen Magnavox-Lautsprechern zu sitzen und ließ mich davontragen, dabei beachtete ich das ständige Kratzen der LP-Aufnahme nicht. Von dieser Zeit an lauschte ich sämtlicher russischer Musik, die ich finden konnte – Klassik, Volksmusik, dem Chor der Roten Armee sowie orthodoxer Kirchenmusik – währenddessen arbeitete ich mich durch meine russischen Erzählungen, memorierte Nomen, kämpfte mit Verben und tauchte für meinen Kurs in russischer Zivilisation in russische Geschichte und Kultur ein. Im ersten Quartal verliebte ich mich in die Bylinen, russische Heldenlieder aus dem zehnten und elften Jahrhundert und entwickelte eine Faszination zum Zaren Iwan dem Schrecklichen (besser übersetzt als der *Angsteinflößende* oder der *Furchterregende*). Für den Rest des Jahres war Thomas Riha mein Dozent, ein junger Gelehrter, geboren in der Tschechoslowakei. Als Semesterarbeit führte er seine Studenten in die Übersetzung kleiner Stücke ein, später wurden sie als „*Selected Readings in the History of Rus-*

sian Civilization"[16] veröffentlicht. Er leitete auch den Russischen Chor der Universität, in dem ich sang.

Mein Anteil an der Semesterarbeit war ein Auszug aus den Memoiren eines russischen Arztes, der die Belagerung von Leningrad überlebt hatte und leidenschaftslos über ihre Schrecken schrieb. Es war eine unheimliche Erfahrung, dieses Stück zu übersetzen, und ich lernte dabei alles, was man wissen muss, wie es ist, langsam an Hunger zu sterben. Im Gegensatz dazu war der Chor eine große Freude. Bevor er an die University of Chicago kam, hatte Riha den Russischen Chor in Yale geleitet, einen viel berühmteren Chor als unseren. Wir gaben Konzerte auf dem Campus, und als ein unvergessliches Ereignis sangen wir die österliche Mitternachtsliturgie in einer der russischen Kirchen von Chicago, das war eine herrliche und erhebende Erfahrung.

Einige Jahre später verschwand Riha auf dramatische und merkwürdige Weise. War er ein Opfer des sowjetischen Geheimdienstes geworden? War er ein Spion? Angeblich hatte man ihn hinter dem Eisernen Vorhang gesehen. Ich glaube nicht, dass dieses Rätsel jemals gelöst wurde, obwohl seine geschlossene Akte vielleicht im Büro eines Geheimdienstes irgendwo auf der Welt liegt.

Als ich mein Grundstudium im August 1962 beendet hatte und mein Hauptstudium begann, hatte ich mich fest im russischen Himmel niedergelassen, innig und wohlig der russischen Seele verpflichtet.

Zur gleichen Zeit heiratete ich. Gemeinsame Freunde hatten Harvey Choldin und mich im Dezember 1960 miteinander bekannt gemacht. Er war, nachdem er das Grundstudium an der University of Chicago im Frühjahr zuvor beendet hatte, für das Hauptstudium nach Princeton gegangen. Im Sommer 1960 verbrachten wir viel Zeit zusammen. Zu Beginn des folgenden Herbstsemesters entschloss er sich, Princeton zu verlassen und für den PhD-Abschluss in Soziologie zur University of Chicago zurückzukehren. Im Sommer 1962 heirateten wir im Garten meines Elternhauses in der Woodlawn Avenue.

---

[16]Riha, Thomas (Ed.): *Readings in Russian Civilization* (Chicago: University of Chicago Press, 1964).

Abb. 15: Die Hochzeit von Marianna und Harvey (28. August 1962)

Doch während ich fröhlich in meinem Bad der russischen Kultur vor 1917 planschte, fühlte ich auch die sowjetische Frostigkeit. Wir Studenten wussten einiges über die Verbrechen Stalins; unsere Dozenten, die Emigranten waren, erzählten uns Geschichten darüber. Mein Dozent in sowjetischer Literatur war George Bobrinskoy, Mitglied einer alten russischen Adelsfamilie, der 1923 in die Vereinigten Staaten gekommen war. Bobrinskoy war sowohl Professor für Sanskrit als auch Professor am Institut für Slavistik und ließ uns die Klassiker des Sozialistischen Realismus lesen, die „*Cement*" („*Zement*") und „*Kak zakaljalas stal*" („*Wie der Stahl gehärtet wurde*") umfassten, sowie Interpretationen auf Russisch verfassen. Es war nicht einfach, diese Werke zu lesen, ich musste mich auf Stalins Welt einlassen und seine Realität verstehen. *Das Kollektiv über dem Individuum. Verherrlichung der Arbeit und der Arbeiter. Absolute Loyalität gegenüber der Partei und ihrem Vorsitzenden.* Sollte es eine Poesie in diesen Werken gegeben haben oder eine schöne Sprache und einprägsame Figuren, so ist mir dies alles entgangen. Ich sehnte mich nach Tschechow, Tolstoi, Puschkin.

Es war frisch in unserem Gedächtnis, dass in der Zwischenzeit, im wirklichen Leben, der Satellit Sputnik 1957 ins All geschossen wurde– bevor wir, die mächtigen Vereinigten Staaten einen Satelliten an den Start bringen konnten! Wir amerikanischen Studenten profitierten von der Verlegenheit unseres Landes. Großzügige Stipendien wurden an uns vergeben, die von unserer Regierung und privaten Stiftungen finanziert wurden. Wir wurden gedrängt – verführt von diesen Stipendien, und in meinem Fall genährt von meiner Liebe zu Russland – unsere Studien weiterzuführen und uns im Hinblick auf Geschichte, Politikwissenschaft, Wirtschaft, Soziologie und Anthropologie sowie Sprachen und Literaturen der von der Sowjetunion beherrschten Regionen zu vertiefen. Mein Stipendium mit dem Zuschuss für Familienangehörige verhalf Harvey und mir dazu, in einem komfortablen Studentenwohnheim für Verheiratete zu leben.

Ich hatte mich in das Russland der Zaren verliebt und widmete mich seiner Sprache, Literatur und Geschichte. Diese erste Reise 1960 in die Sowjetunion hatte mich überwältigt und verkomplizierte meine Liebe dadurch, dass sich ihr ein Gefühl von Angst beimischte, aber es hielt mich nicht von ihr ab. Meine nächste Reise dorthin fand erst 1978 statt, dem Jahr, in dem wir nach Leningrad fuhren, um dort für die Bibliothek der University of Illinois tätig zu werden. Zwei Jahre in Bangladesch, überraschende Zwillingsbabys, Aufenthalte an zwei Universitäten, eine unerwartete Karriere als Osteuropa-Bibliothekarin und eine noch unerwartetere Verbindung zur russischen und sowjetischen Zensur hatten mich bis dahin davon abgehalten. Aber seit dieser Woche in Leningrad 1978 gab es immer Gründe, in die Region zu fahren. Und ich erhielt eine dauerhafte Finanzierung, um dorthin zu kommen, und danach begann ich regelmäßig nach Moskau und an weitere Orte zu fliegen.

Die Welt hatte sich so drastisch verändert. Ich hatte die Sowjetunion und den Westen immer als entfernte Planeten betrachtet, deren Umlaufbahnen sich nicht kreuzen würden, es sei denn auf gewaltsame Weise, und solange ich mich erinnern kann, glaubte ich das. Dann – Wunder über Wunder – begannen sich die Umlaufbahnen in den späten 1980er Jahren zu verschieben, zunächst zögerlich und dann mit schwindelerregender Geschwindigkeit. Nach dem Zusammenbruch der Sowjetunion Ende 1991 und im ersten Jahrzehnt des postsowjetischen Russland reiste ich zwischen den beiden Planeten beziehungsweise Ländern drei- bis viermal im Jahr hin und her. Danach verlangsamte sich das Tempo, aber ich machte immer noch ein oder zwei Reisen im Jahr und setze das auch heute noch fort. Besonders in den 1990ern und in den ersten Jahren des neuen Jahrhunderts brachte mich jede Reise in ein verändertes Land, als ob jemand ein gigantisches Kaleidoskop geschüttelt hätte.

Was war so aufregend an Russland zu Beginn meiner Liebesgeschichte? Sicherlich die Sprache, zu der ich gerade erst vordrang. Ich liebte ihre Kadenzen und ihr Alphabet, vertraut und exotisch zugleich. Mit ganzer Willenskraft wollte ich sie beherrschen, und der Seminarraum, in dem ich mich erprobte, war weit entfernt von den Straßen Moskaus, auf denen ich entlanggestolpert war. Was für eine Herausforderung! Manchmal, wenn ich meinen Mund öffnete, kam Deutsch dabei heraus, oder eine Mischung aus Deutsch und Englisch, durchsetzt mit einigen spanischen Wörtern aus meiner frühen Kindheit, oder ein bisschen Französisch aus meinem Unterricht mit Barbara Hutchins oder etwas Jiddisch, und so hatte ich zu kämpfen, um russische Wörter aus dieser Suppe hervorzubringen. Das Bemühen, die intensive Konzentration, die es erforderten, brachten mein Adrenalin in Fluss. Seltsamerweise war ich nicht frustriert, nur dynamisiert, und seitdem habe ich immer die elektrisierende Verbindung zur russischen Sprache wertgeschätzt, die bei jedem Besuch wiederkehrt.

Mein Herz setzte aus, als ich zum ersten Mal die Basilius-Kathedrale erblickte, diese wild gefärbte, bunt gemusterte Fassade der Zwiebeltürme am Roten Platz. Ich konnte meine Augen nicht davon abwenden: Ich hatte so etwas noch nie zuvor gesehen, und Bilder können ihr nicht gerecht werden. Genauso wenig fangen Bilder die massive Eleganz des Kremls ein, seine schiere Größe und das warme Gold seiner Kuppeln. Moskaus Straßen sahen nicht wie die Straßen von Chicago aus: so wenige Autos – das war etwas Unbekanntes für mich, die meisten davon Lastwagen, khakifarbene Militärfahrzeuge mit großen schwarzen Nummern auf den Seiten.

Und die Leute, die sich an schönen Augusttagen auf den Straßen drängten, sahen nicht so aus wie die Amerikaner, die sich im August auf meinen Straßen in Chicago drängten. Sie sahen nicht so aus wie Deutsche, die ich ebenfalls kannte. Sie kleideten sich anders als wir, sie lächelten nicht viel, und diejenigen, denen wir als Verkaufspersonal in den Geschäften oder als Servierkräfte in den Restaurants begegneten, zeichneten sich durch ihre völlige Gleichgültigkeit gegenüber den Kunden aus. Für mich als Kundin des Chicagoer Kaufhauses *Marshall Field and Company*, wo das Motto galt: *„Gib' der Lady, was sie möchte"*, war die für Russland so typische vollständige Ablehnung meiner Person, der eifrigen Konsumentin, wie ein Schlag ins Gesicht.

Ich amüsierte mich über all die Unterschiede, und ich fand es beschwingend, mich in einer Umgebung zu befinden, die so anders war als Amerika oder Westeuropa. Ich vermute, dass ich etwas von der ethnologischen Grundhaltung meines Vaters übernommen hatte. Er erzählte oft von einem hypothetischen Ethnologen vom Mars, der uns Erdenwesen neutral und mit einem nicht unsympathischen Blick beobachten und sich bemühen würde zu verstehen, was es mit uns auf sich habe. Und hier war ich, eine Besucherin von meinem Planeten, die den anderen Planeten einige Tage beobachtete.

Susan wurde wie unser Vater Ethnologin. Ich wurde Slavistin, Osteuropa-Bibliothekarin und vielleicht Ethnologin durch Osmose, durch die tiefe Verbindung zu Papa. Viele Jahre später, als ich das *Mortenson Center for International Library Programs*[17] gründete und mit Bibliotekaren und ihren Communities in Russland und überall auf der Welt arbeitete, wurde ich von seinen Aktivitäten um seine Zeitschrift *„Current Anthropology"* und von seiner *Aktionsanthropologie* beeinflusst – es ist sein Verdienst, dieses Forschungsfeld begründet zu haben. In der Aktionsanthropologie hilft der Wissenschaftler

---

[17] Das "Mortenson Center for International Library Programs" wurde 1991 an der University of Illinois in Urbana-Champaign von Marianna Tax Choldin gegründet. Sie war zugleich Gründungsdirektorin und Professorin für Internationale Bibliotheksprogramme. Ziele des Mortenson Centers sind internationale Bildung, Völkerverständigung und Frieden, vgl. http://cms.library.illinois.edu/export/mortenson/index.html

einer Gemeinschaft, ihre eigenen Ziele zu erreichen, gleichzeitig studiert er die Gemeinschaft. Der Aktionsanthropologe führt Grundlagenforschung durch – studiert die Kultur einer Ethnie, sammelt Daten, stellt Theorien auf, genauso wie es ein normaler Ethnologe macht – und zur gleichen Zeit hilft er dieser Ethnie, an den Zielen zu arbeiten, die sie als wichtig definiert. Diese zwei Aspekte der Arbeit des Aktionsanthropologen sind gleichermaßen wichtig, und sie verstärken einander. Es gibt keinen Konflikt zwischen rein und angewandt, im Gegenteil: es sind zwei Seiten einer Medaille.

Abb. 16: Bibliothek für Ausländische Literatur Moskau (Inostranka)

1992 machte mich Katja Genieva mit dem post-sowjetischen Russland und der Bibliothek für Ausländische Literatur vertraut. Sie ermunterte mich, meine Forschung zur Zensur fortzusetzen. Dies fiel in die Zeit, in der ich mit ihr daran arbeitete, Bibliothekare der ehemaligen Sowjetunion dabei zu unterstützen, ihre neuen post-sowjetischen Ziele zu erreichen. Das beinhaltete auch ein Ziel, das viele noch nicht einmal als etwas wahrnahmen, das in Zukunft wichtig sein würde, nämlich die Anerkennung von Toleranz und geistiger Freiheit.

Katja hat Papa nur einmal getroffen, und sie bewunderten sich gegenseitig. Hätten sie die Gelegenheit gehabt, sich wirklich kennenzulernen, würden sie entdeckt haben - davon bin ich überzeugt - dass sie Seelenverwandte sind. In den letzten zwanzig Jahren habe ich mit Katja als Partnerin *Aktions-Russisch-Studien* durchgeführt.

Abb. 17: Statue von Katja Genieva
vor der Bibliothek für Ausländische Literatur

TOUR IM GARTEN DER ZERBROCHENEN STATUEN, HALT 5: BUCHENWALD

Buchenwald liegt auf malerischen Hügeln in der Nähe von Goethes schöner Stadt Weimar, die nach dem Ersten Weltkrieg Gründungsstadt der kurzlebigen Weimarer Republik war.

Die Lage selbst ist hervorzuheben: Weimar liegt im östlichen Teil von Deutschland und befand sich so in der sowjetischen Besatzungszone, später in der Deutschen Demokratischen Republik. Die Mauer um die DDR, die wir Ostdeutschland nannten, fiel 1989 zusammen mit der Berliner Mauer. Einige Symbole des DDR-Alltags blieben entlang der ehemaligen Grenze zwischen den beiden Deutschland isoliert stehen.

Unser Freund Stefan, der in der Bundesrepublik Deutschland aufwuchs, übernahm im August 1998 die Reiseleitung für Harvey und mich. Er hatte in den vergangenen Jahren in der ehemaligen DDR gearbeitet und wusste, wo diese Symbole zu finden waren. Als wir in Stefans Auto Weimar erreichten, wies er auf der stark befahrenen Autobahn in der Nähe von Eisenach auf einige von ihnen hin: ein Mast, der früher mit riesengroßen Scheinwerfern bestückt war, ein Wachhäuschen und ein Wachturm, in den nicht ganz so entfernten alten Tagen bemannt mit jungen Soldaten, die mit den Visieren an ihren Gewehren Menschen aufs Korn nahmen, die aus der DDR zu fliehen versuchten. Das Niemandsland, das zu DDR-Zeiten die beiden Deutschland trennte, ist nicht mehr sichtbar, wir mussten es uns vorstellen. Es gibt keine historischen Markierungen.

Buchenwald ist ein Museum und ist es seit den DDR-Zeiten. Das macht es so faszinierend für mich: die komplexen Schichten der Geschichte – aus der Zeit des Nationalsozialismus, der DDR- und der Sowjetzeit, aus dem post-sowjetischen Deutschland – jede Zeit mit ihrer eigenen Interpretation „der Fakten". Wir betreten Buchenwald durch einen Torbogen mit der brutalen nationalsozialistischen Aufschrift „Jedem das Seine". Nach einer kurzen Wanderung erreichen wir den Zellenblock, der für Besucher restauriert worden ist. Die Zellen entlang des engen Korridors sind so möbliert, wie sie einst waren: enge Feldbetten, kleine Tische. An der Mauer, unter vergitterten Fenstern befinden sich Gedenktafeln für die Gefangenen, die hier lebten und starben, so wie der protestantische Pastor Paul Schneider, der versuchte, Juden und andere zu schützen und dafür gefoltert und hingerichtet wurde.

Wir gehen weiter zu einem Vorraum des Krematoriums, dutzende Urnen ordentlich unter einem Fenster gestapelt, im Vordergrund Blumengestecke. Draußen verbringen wir einige Minuten an einem Denkmal an der Stelle der jüdischen Baracken, ein offener Platz, bedeckt mit Steinbrocken, Gedenkkerzen und Kieseln (die traditionell auf jüdischen Gräbern liegen), abgelegt von Trauernden oder Vorübergehenden.

Dann gehen wir zu einer großen, flachen, runden Vertiefung im Boden, die von gesund aussehendem, samtig-grünem Gras bedeckt wird, das kurz geschnitten ist, ein idyllischer Platz – bis wir bemerken, dass das schöne Gras die Asche von zahllosen Körpern zudeckt. Hinter der Aschegrube ragt außerhalb der Lagermauer ein massiver Ziegelturm in den Himmel, der von Statuen des sozialistischen Realismus flankiert wird, ein DDR-Denkmal im sowjetischen Stil mit einem Text, der von der Geschichte dieses Ortes in sowjetisch-verzerrter Manier erzählt.

Als Deutschland wiedervereinigt wurde, willigte die Bundesrepublik Deutschland ein, die DDR-Monumente, so wie sie waren, dauerhaft zu bewahren. Gut, sage ich: wir müssen die Symbole jeder Schicht sehen, so wie sie damals waren, und wir brauchen Erklärungen dafür, wie die Symbole in diese Schicht einzuordnen sind. Das Nachwende-Museum in Buchenwald macht dies in beispielhafter Weise; wir können all diese Schichten überprüfen und die Geschichte dieses Ortes im Licht der neuesten historischen Forschung sehen.

Eine für mich atemberaubende und unter die Haut gehende Ausstellung in Buchenwald war noch im Aufbau, als ich mich dort aufhielt und die historische, archäologische und kriminaltechnische Forschung noch im Gange war. Ich spreche vom Waldfriedhof, einige Schritte vom Lager entfernt, wo Opfer des Speziallagers Nr. 2 (auf Russisch „speclager") begraben liegen. Gleich nach dem Krieg, so erfuhr ich, übernahmen die Sowjets die Einrichtungen von Buchenwald und bauten ihr eigenes Lager als Teil des Gulag-Systems auf. Das Lagerpersonal verrichtete sein Handwerk im Geheimen: Ihre Gefangenen wurden hingerichtet und in nicht-gekennzeichneten Massengräbern begraben, diese wurden erst nach dem Zusammenbruch der Sowjetunion aufgedeckt. Die Forschung dauerte noch an, als ich Buchenwald besuchte, und geht auch heute noch weiter. Wenn Leichen entdeckt werden, wird jede davon mit einer polierten Stahl-Stele markiert, ein schlichtes aber dramatisches Symbol im Stil der deutschen Moderne, sodass ein düsterer Wald-im-Wald in dieser schönen, idyllischen Umgebung entsteht. Als wir im Wald herumwanderten, schritten wir über wer weiß wie viele tote Körper.

KAPITEL 3

Bangladesch und Babys

Ich hatte immer angenommen, dass ich meine Dissertation[18] in einigen Jahren fertigstellen würde, ganz bestimmt bis Mitte der 1960er Jahre. Zuerst würde ich meinen Mastergrad erwerben – alles, was fehlte, war eine Hausarbeit – und dann würde ich meine Dissertation über ein Thema aus der russischen Literatur schreiben. Harvey und ich würden irgendwo Stellen an einer Universität bekommen. Aber das Abenteuer klopfte an unsere Tür, und wir nahmen eine zwei Jahre dauernde Auszeit (1964 - 1965), die uns von allen Orten der Welt ausgerechnet nach Ost-Pakistan, in das heutige Bangladesch, führte, zu jener Zeit die kleine, arme Stiefschwester West-Pakistans auf der anderen Seite des gigantischen Indiens. Harvey hatte sein Promotionsexamen abgelegt und schrieb seine Dissertation, die überhaupt keinen Bezug zu Ost-Pakistan hatte.

Er folgte dem Rat des Betreuers seiner Doktorarbeit und willigte ein, für zwei Jahre eine Arbeit als Forscher an einem kommunalen Entwicklungsprojekt an der Pakistanischen Akademie für Ländliche Entwicklung anzunehmen.

Ich machte mir wegen der Unterbrechung meiner Pläne keine Sorgen. Ich würde die Hausarbeit, die ich für meinen Master-Abschluss brauchte, in Ost-Pakistan schreiben; ich packte die Bücher ein, von denen ich glaubte, dass ich sie brauchen würde, und plante, mehr davon von der Buchhandlung Victor Kamkin aus Washington D.C.

---

[18]In Marianna Tax Choldins Fall handelt es sich um eine Ph.D.-Arbeit. Der Ph.D. ist in englischsprachigen Ländern der wissenschaftliche Doktorgrad in fast allen Fächern und der höchste Abschluss des Postgraduiertenstudiums. In diesen Ländern ist der Ph.D.-Abschluss in aller Regel mit der Berechtigung verbunden, an einer Universität selbstständig und alleinverantwortlich zu lehren.

zu bestellen, die mein regulärer Lieferant war. Wir würden 1965 in die Vereinigten Staaten zurückkehren, und dann würde ich die Dissertation schreiben. Ich war einundzwanzig Jahre alt, und ein Aufschub von zwei Jahren erschien da unbedeutend. Während ich mich auf Ost-Pakistan vorbereitete, hatte ich Zeit, an einem Bengali-Sprachkurs an der Universität teilzunehmen. Ich würde dann das Material dieses Kurses mitnehmen und mir einen Lehrer vor Ort suchen. Bei unserer Rückkehr würde ich dann auch Bengali in der Tasche haben. Vielleicht würde ich auch eine Verbindung zwischen Bengali und Russisch entdecken: wer weiß? Wenn mir jemand erzählt hätte, was wirklich vor mir lag – 1965 die Frühgeburten von Zwillingen, 1967 der Mastergrad, 1979 der Doktortitel – hätte ich es einfach nicht geglaubt.

Wir verließen Chicago am 14. Dezember 1963, und dann sah ich zwei Jahre keinen Winter mehr. Unsere Eltern begleiteten uns zum Flughafen. Mamas letzter Ratschlag für mich lautete, als wir durch das Gate gingen, um an Bord des Flugzeugs zu gehen: *„Gebrauche dein Köpfchen."* (In unserer Familie bedeutete *„sein Köpfchen gebrauchen"*, dass man Vorsicht und gesunden Menschenverstand walten lassen sollte.) Mama und Papa rieten uns als erfahrene Veteranen des Lebens im Hochland von Guatemala und in Mexiko, unser Trinkwasser abzukochen, auf den Verzehr roher Früchte und auf Gemüse zu verzichten, das nicht geschält werden konnte, und gaben uns viele weitere weise Ratschläge.

Sie schlugen außerdem vor, dass wir mit leichtem Gepäck reisen und versuchen sollten, so wie die Einheimischen zu leben. Ich muss leider sagen, dass wir diesen letzten Ratschlag ignorierten und einen anderen Weg einschlugen. Der Population Council, Harveys Arbeitgeber, folgte der US-Regierung und dem Modell der Ford-Stiftung: Nimm alles mit, was du benötigst, um dein Leben dort wie in den USA aufzubauen, und wir bezahlen die Überfahrt für die Fracht. Und so packten wir sehr viel ein und verschifften es. Unsere Kisten saßen wochenlang an den Docks verschiedener tropischer Häfen fest und warteten auf den Weitertransport. Natürlich regnete es heftig auf diese Kisten herab. Als sie uns Wochen, nachdem wir schon angekommen waren, erreichten, waren viele Haushaltsgegenstände, Kleidungsstücke – und am allerschlimmsten – Bücher von einer widerlich süßlich riechenden, dicken weißen Paste überzogen, die von dem feuchten Reinigungsmittel „Tide" herrührte, das in den Häfen eingesetzt wurde.

Wir flogen von Chicago nach Tokio, wo wir eine herrliche Woche in Frank Lloyd Wrights *Imperial Hotel* verbrachten. Dann weiter nach Taiwan, um ein Projekt zur Familienplanung zu besuchen, es folgten drei Tage Hong Kong, eine Woche Bangkok, damals eine verschlafene und entzückende Stadt fast ohne Autoverkehr, und einige Stunden auf dem Flughafen in Rangun in Burma. Wir durften den Flughafen nicht verlassen, aber wir nutzten die Zeit dort gut: Ich kaufte einige *Rangoon Specials*, Zigarren, die ein Kommilitone an der University of Chicago so liebte, und ich schickte sie ihm per Post vom Flughafen. Kurz nach Neujahr landeten wir endlich in Ost-Pakistan, unserem Zuhause für die nächsten zwei Jahre.

Es konnte keinen Ort geben, der sich mehr von Russland und der Sowjetunion unterschied, von meinem Studium und von dem gesamten Lebensweg, auf den ich mich – wie ich annahm - begeben hatte. Noch ein anderer Planet? Nein, eher eine Zeitreise, zurück zu einem Außenposten von Britisch-Indien. Mir gefiel es dort sehr, ich sonnte mich in der Hitze des tropischen Regenwaldes, versunken in das leuchtende Grün der Reisfelder. In der Nähe unseres Hauses standen die buddhistischen Ruinen von Mainamati, die ein riesiges Gebiet in der Lalmai-Hügelkette umfassten. Eine große pakistanische Militärbasis oder ein Armee-Quartier lag in der Nähe, aber man konnte frei in den ausgegrabenen Partien von Mainamati umherlaufen, und wenn man so romantisch wie ich veranlagt war, sich träumerisch zurückversetzen in das sechste bis dreizehnte Jahrhundert und sich das eigene Leben an diesem Ort der Kultur und Schönheit vorstellen.

Anders als Russland, ja. Irrelevant? Absolut nicht, so stelle ich heute fest. Ich lernte eine andere Sprache, Bengali, und wurde nach und nach immer besser darin, so wie mit dem Deutschen. Ich ließ mich darauf ein, in einer anderen Kultur zu leben, in einer Kultur, in der das Leben der Frauen so verschieden von meinem war. Einige Stunden am Tag nahm ich an ihrem Leben teil und versuchte, ihr Verhältnis zu den Männern und ihre Lebenswelt zu verstehen - wenn auch nicht zu akzeptieren. Ich gewöhnte mich daran, dass ich überall, wohin wir gingen, angestarrt und zum Objekt der Neugierde wurde. Ich gewöhnte mich auch an den Anblick völliger Armut. Ich übte die Kunst des sehr, sehr zugewandten Zuhörens. Ich kultivierte ein Poker-Face in jenen Situationen, in denen mich etwas schockierte oder ich etwas komisch fand.

Als kleines Mädchen war ich vom Islam fasziniert und kaufte mir den Koran (natürlich in englischer Sprache), den ich sorgfältig las. Da ich nun in einem muslimischen Land lebte, lernte ich den Islam in seiner ost-pakistanischen Variante aus erster Hand sehr genau kennen. Eines der Dinge, die wir feststellten, als wir dort lebten, war, dass die Religionen nicht in einem Vakuum existieren; die Völker, die sie ausüben, praktizieren sie in ihrer Kultur und in ihrer Geschichte, in diesem Fall die Jahrhunderte der Hindu-Kultur, die sie umgaben. Der Islam war ein Neuling auf dem indischen Subkontinent, er erreichte Nordindien im zwölften Jahrhundert, der Hinduismus war bereits Jahrtausende lang dort. Als ich mich wieder den Russisch-Studien zuwandte, brachte ich eine neue Sensibilität für die Komplexität von Religion, Kultur und Geschichte mit.

Außerdem wurde mir erst durch Fehlschläge bewusst, dass es manchmal das Beste ist, etwas zur Seite zu legen, und erst später wieder darauf zurückzukommen. Als wir in Ost-Pakistan waren, begann ich mit einem Fehlstart bei meiner Master-Arbeit, in der ich versuchte, über die Erzählungen einer sowjetischen Autorin namens Vera Panova zu schreiben. Vielleicht lag es daran, dass ich zu weit von meinen Quellen und von meinem Professor Hugh Maclean entfernt war oder daran, dass ich Panova nicht sonderlich mochte oder daran, dass ich von meinem neuen Leben abgelenkt wurde – aus welchem Grund auch immer verfasste ich einen sehr schlechten Entwurf, hämmerte ihn auf unserer kleinen mechanischen Schreibmaschine heraus und schickte ihn an Maclean, der höflich vorschlug, dass ich abwarten solle, bis ich wieder daheim sei, und es dann nochmal mit einem anderen Thema probieren solle. Mit Erleichterung packte ich die Arbeit zur Seite. Als ich 1966 wieder zurück in den Vereinigten Staaten war, schrieb ich glücklich und mit leichter Feder über eine Trilogie – „*Von der Liebe*", „*Der Mann im Futteral*" und „*Die Stachelbeeren*" – von einem anderen Autor, den ich damals wie heute aufrichtig liebe: Anton Tschechow.

Befreit von meiner Master-Arbeit legte ich vorübergehend Russisch auf Eis und ging ganz in unserem Leben im neuen Heim und der akademischen Gemeinde auf. Die Akademie stand auf dem neuen Campus in Kotbari, der von dem bekannten griechischen Architekten Konstantinos Doxiadis[19] entworfen wurde. Der Campus lag acht Kilometer entfernt von der Stadt Comilla. Kotbari war ungefähr achtzig Kilometer von der Hauptstadt Dhaka mit dem Auto entfernt, aber man konnte mit dem Auto allein nicht hinkommen. Ost-Pakistan bestand größtenteils aus Wasser, es liegt am Ganges-Brahmaputra-Delta, wo zwei große Flüsse zusammenfließen und in den Golf von Bengalen münden. Wenn wir in unserem grau-beigen VW-Käfer unterwegs waren, der uns vom Population Council zur Verfügung gestellt worden war, mussten wir die Flüsse auf zwei Fähren überqueren, auf einer größeren und einer erschreckend schmalen und klapprigen Fähre mit Lücken zwischen den Bodenplanken, so dass man das strudelnde Wasser darunter sehen und den alten Lastwagenmotor hören und sehen konnte, der die Fähre antrieb. Die Fahrt von Kotbari nach Dhaka dauerte zwischen vier und fünf Stunden. Oder wir konnten mit dem Zug fahren, dem „Grünen Pfeil", und dann dauerte es noch länger, weil sich die Gleise mäandernd um die Flüsse herum schlängelten.

Unser Transportmittel der Wahl war der „Luftbus", eine Flotte robuster alter Douglas DC-3-Flugzeuge[20], die der Fluggesellschaft „Pakistan International Airlines" gehörten (das Werbemotto lautete:

---

[19]Konstantinos Apostolos Doxiadis (1913 – 1975) war ein griechischer Architekt, Städteplaner und Theoretiker. Er ist als Hauptarchitekt der pakistanischen Hauptstadt Islamabad bekannt.

[20]Douglas DC-3 - Der Rosinenbomber, der bei der Berlin-Blockade eingesetzt wurde, war vom gleichen Typ, dem Arbeitspferd der amerikanischen Luftflotte.

„*Dead on Time!*"). Diese unermüdlichen kleinen Maschinen waren den „China-Hump" geflogen – die Frachtroute zwischen Indien und China während des Zweiten Weltkriegs – sie waren für den Dschungel gebaut und starteten und landeten auf unserem lokalen Flugfeld. Zu der Zeit, als wir dort waren, hatte der Dschungel das Flugfeld bis auf eine Piste zurückerobert, und sogar auf dieser grasten Ziegen. Unsere Flugzeuge flogen bis auf den Dienstag nach Dhaka, am Dienstag flogen sie nach Kathmandu in Nepal. Wir hatten immer vor, an einem Dienstag nach Kathmandu fliegen, aber immer kam etwas anderes dazwischen, und so kamen wir nie dahin. Ich träume noch heute davon.

Unser Lieblingsflugzeug in der kleinen Flotte war vom Bug bis zum Heck aus zwei Flugzeugen zusammengeflickt. Im Inneren waren Wand und Decke auf der einen Seite grün und auf der anderen Seite rosa gestrichen. Von Zeit zu Zeit flogen wir auch mit der Königin der Flotte, einer Fokker Friendship, in der die Kabine unterhalb der Flügel angebracht ist. Der Flug war zwar schneller, aber dennoch bevorzugte ich unsere farbenfreudige, etwas angeschlagene kleine DC-3. Die Flüge verliefen selten ruhig – wir flogen nicht sehr hoch, und die Winde konnten ziemlich stark sein, besonders in der Monsun-Zeit – aber obwohl uns oft flau war, hatte ich nie Angst. Und wir flogen nah am Boden!

Etwa einmal im Monat reisten wir nach Dhaka, um unsere neuen amerikanischen Freunde zu besuchen, die über einen Vertrag der Ford-Stiftung für die University of California arbeiteten. Unser Hauptvergnügen in der Stadt, abgesehen von gelegentlichen Kinobesuchen, war der Einkauf von Lebensmitteln, die wir schmerzlich vermissten; wir liebten bengalisches Essen und wir aßen es sehr gerne, aber ab und zu sehnten wir uns nach heimischen Genüssen, zum Beispiel nach Käse, der nicht auf dem bengalischen Speiseplan auftaucht. Manchmal kauften wir auf dem Markt in Dhaka ein, manchmal in einem Laden, der als „Whispering Willie's" bekannt war, und dessen Waren-Lager, so munkelte man, von den Lastwagen gefallen war, die Lieferungen für im Ausland arbeitende Amerikaner transportierten, und die dann in Willies Regalen landeten.

Mit dem Konserven-Käse aus Dänemark buk ich in meinem kleinen Kerosin-Ofen Pizzen für uns und für die kleine Gruppe der Freiwilligen des Friedenskorps[21], die in Comilla und Kotbari lebten und arbeiteten. Dank der Trockenhefe-Päckchen, die mir Mama in den Briefen aus Chicago schickte, machte ich meinen eigenen Teig. Der Teig ging in Minutenschnelle auf, wenn ich die Schüssel auf einen Stuhl in die tropische Sonne stellte. (Einmal machte ein streunender Hund kurzen Prozess mit meinem Teig, und ich musste einen weniger gut erreichbaren sonnigen Ort finden.) Ich formte die Pizzen auf Aluminium-Topfdeckeln, das waren die einzigen Koch-Utensilien, die klein genug waren, um in den Ofen zu passen. Es dauerte lange, genügend Pizzen für uns zu backen, aber es machte uns nichts aus.

Die Friedenskorps-Freiwilligen wurden unsere engen Freunde, wir waren alle ungefähr im gleichen Alter. Es gab eine Krankenschwester, eine Bibliothekarin, einen Molkerei-Experten aus Vermont und einen jungen Mann, der *Werkstatt* an einer örtlichen Schule unterrichten sollte. Da jedoch keine Elektrizität für die Elektrowerkzeuge vorhanden war, die vom Hilfsprogramm bereitgestellt worden waren, ging es bei ihm nur schleppend voran. Die einzigen anderen Amerikaner in der Nähe waren eine Baptisten-Missionars-Familie, Nonnen, die eine Schule leiteten, und ein älteres Ehepaar, das für ein Projekt der Ford-Stiftung tätig war. Eine Engländerin mittleren Alters leitete ein Alphabetisierungs-Programm, und es gab zwei japanische Reisexperten. Es gab natürlich viele Ausländer in Dhaka, wir befreundeten uns mit einer amerikanischen Familie und übernachteten bei ihnen, wenn wir in der Stadt waren. Aber in Comilla und Kotbari waren wir eine kleine Minderheit, und das war gut so.

Wenn wir eine richtige Auszeit benötigten und über Dhaka hinaus wollten, flogen wir zur nächstgelegenen Metropole, nach Kalkutta, was wir alle paar Monate machten. Als echte Stadtmenschen vermissten

---

[21]Das Friedenskorps (Peace Corps) wurde 1961 als Unabhängige Behörde der USA gegründet, um das gegenseitige Verständnis zwischen den Amerikanern und den Einwohnern anderer Länder zu beleben. Im Kalten Krieg wurde das Friedenskorps dazu eingesetzt, der sowjetischen und chinesischen Einflussnahme auf andere Staaten etwas entgegenzusetzen.

wir das Gefühl, in einer großen Stadt zu sein sehr. Kotbari war absolut ländlich geprägt, und Dhaka erschien uns als ein zu groß gewordenes Dorf. Bei einer Reise nach Kalkutta musste man die Grenze von Indien nach Pakistan überqueren, was ein größeres Flugzeug erforderlich machte. Wir fühlten uns wie auf einer Auslandsreise, was genau das war, was wir brauchten. Und wir verliebten uns in Kalkutta, eine wunderbare Stadt, die uns ein wenig an Chicago erinnerte: Sie hatte dieselbe Betriebsamkeit, dieselbe urbane Energie. Wir aßen üppige Mahlzeiten bei *Firpo's*, wo ein halbes Dutzend Kellner im Turban beim Abendessen bereit standen und wie ein Luchs auf uns aufpassten, nur für den Fall, dass einem die Serviette vom Schoß rutschte. Für bescheidenere und lockere Mahlzeiten gingen wir in den *Blue Fox*, der hell in meiner Erinnerung aufleuchtet als der Ort, wo ich zum ersten und wahrscheinlich letzten Mal in meinem Leben bei einer Verlosung gewann. Mein Preis, eine Thermoskanne, erinnerte mich an Oma, das einzige andere Familienmitglied, das jemals bei einer Verlosung etwas gewonnen hatte; ihr Preis war ein Toaster gewesen, den wir jahrelang benutzten. Die Thermoskanne nahmen wir mit zurück nach Kotbari.

Ich setzte mit der Frau eines Kollegen von Harvey meine Stunden in Bengali fort. Beide, der Mann und die Frau, wurden enge Freunde von uns. Obwohl sie einwandte, dass sie es nicht verstünde, Sprachen zu lehren, antwortete ich, dass ich sehr gut wisse, wie man Sprachen lernt und ich sie anleiten würde. Zusammen machten wir einen ganz passablen Job, und zu der Zeit, als ich Ost-Pakistan verließ, konnte ich ziemlich fließend Bengali lesen und verstehen. Mein gesprochenes Bengali war nicht perfekt, aber ich konnte damit zurechtkommen.

Doxiadis hatte komfortable Bungalows für das Lehr-Personal der Pakistanischen Akademie für Ländliche Entwicklung in Kotbari entworfen, mit kleineren Bungalows für die Angestellten und noch bescheideneren Reihenhäusern für die Handwerker. Unser Bungalow war noch nicht fertig, als wir ankamen, und so lebten wir die ersten acht Monate in zwei zusammenhängenden Räumen in einem Wohnheim, die für uns in ein kleines aber funktionales Apartment umgebaut wurden. Ein Schlafzimmer wurde unser Wohnzimmer, und das dazugehörige Bad wurde in unsere Küche umgebaut. Es war ein seltsamer, fensterloser Raum, in dem immer noch die von einem flachen Stück Holz abgedeckte Toilette stand.

Unsere Wohnheim-Nachbarn waren Staatsbedienstete aus ganz Ost-Pakistan, die in unterschiedlichen Intervallen anreisten, um Kurz-Lehrgänge zu besuchen. Wir lernten diese Männer und Frauen, die kamen und gingen, nicht kennen – ich habe mich oft gefragt, was sie von uns, dem jungen amerikanischen Paar in ihrem eigenartigen Apartment, hielten – aber nach und nach wurden wir enge Freunde von Harveys Fakultätskollegen. Die meisten Männer und die eine unverheiratete Frau hatten einen Master-Abschluss von britischen oder amerikanischen Universitäten. Keine der Ehefrauen dieser Männer hatte im Ausland studiert, obwohl eine ganze Reihe von ihnen Bachelor- oder Master-Abschlüsse an Colleges oder Universitäten in Pakistan erworben hatten.

Obwohl sie recht westlich wirkten, merkten wir bald, dass sich diese Ehepaare in erheblicher Weise von uns unterschieden. Die meisten Ehen waren arrangiert, und Männer und Frauen pflegten keinen Umgang miteinander. Ich verbrachte die meiste Zeit mit den Ehefrauen der Fakultätsmitglieder, mit denen wir zusammenlebten. Sie nahmen mich liebenswürdigerweise in ihre Kreise auf, und – ein großes Kompliment – sie ignorierten mich behutsam, wenn sie sich um ihre Freundschaften kümmerten. Mein Bengali verbesserte sich rasch in den Stunden, die ich mit den Frauen verbrachte, und bald schaffte ich es, ein wenig zu sprechen. Als ich es tat, waren sie so stolz auf mich! Und als unser Bungalow fertig war, veranstalteten die Frauen eine echte bengalische Einweihungsfeier für uns. Sie malten meine Füße mit Henna an und brachten typische Süßigkeiten mit, sie sangen und unterhielten sich. Wir Frauen versammelten uns an dem einen Ende des Wohnzimmers, während die Männer sich an dem anderen Ende zusammendrängten. Wir waren endlich als Mitglieder der örtlichen Gemeinschaft etabliert.

Ich liebte diesen Bungalow. Wir möblierten unser Heim liebevoll, genauso wie unsere Nachbarn, indem wir handgefertigte Möbel in den Werkstätten in Comilla kauften, zu denen sie uns führten. Wir lehnten es ab, eine Klimaanlage einzubauen, obwohl uns Harveys Arbeitgeber dazu drängte. Unsere Nachbarn halfen uns, unseren einzigen Diener anzuleiten, einen Jungen namens Abdul, den wir auf Rat der Engländerin angestellt hatten, die das örtliche Alphabetisierungs-Projekt leitete. Abdul war ein recht guter Koch, sobald er merkte, dass wir echtes bengalisches Essen haben wollten und nicht etwas, das er *englisch* nannte, fade Kost ohne Geschmack, die wir nur einige Tage lang herunterwürgten. Er hatte sich sehr gut in der Badezimmer-Küche angestellt und war jetzt froh, seine eigene echte Küche zu haben. Manchmal schlief er auf dem Boden dieser Küche.

Abdul kaufte jeden Tag auf dem Markt ein – das war Männerarbeit, und nur manchmal waren dort ausländische Frauen zu sehen – und er brachte lebende Hühner und alle Arten von Obst und Gemüse mit nach Hause, manche davon sahen für uns vertraut aus, andere fremdartig. Außer der Gewohnheit, dass Abdul Hühner für das Abendessen tötete, während wir zu Mittag aßen – ich konnte das Gekreisch nicht aushalten und verbot es ihm – und seiner anfänglichen Unwilligkeit, die Toiletten zu reinigen, kamen wir wunderbar mit ihm aus. Ich erklärte ihm, dass ich in meinem Land die Toiletten selber reinigen würde und zeigte ihm, wie man es machte. Von da an verstanden wir uns. Wie unsere Nachbarn beschäftigten wir nur einen Diener und einen *dhobi*, einen Hindu, der sich um die Wäsche kümmerte und einmal in der Woche kam und die Kleidung mitnahm, um sie zu waschen und zu bügeln. Wir waren amüsiert, als er uns um Weihnachtsgeld bat, und wir erklärten ihm, dass er ein Hindu sei, wir seien Juden und wir würden alle miteinander in einem muslimischen Land leben. Natürlich schenkten wir ihm trotzdem eine Kleinigkeit.

Ich gewöhnte mir an, einen Sari zu tragen, ich zog ihn über meinen Kopf und war damit anständig und unsichtbar gekleidet, wenn ich unterwegs war, und Harvey trug Baumwollhosen und -hemden genau wie seine Kollegen. Einige von ihnen trugen die Kleidung der Einheimischen, ein weiter Baumwoll-Pyjama und ein langes, lockeres weißes Baumwoll-Oberteil, das Punjabi genannt wird. Harvey trug seinen nur zu besonderen Gelegenheiten. Mit unserem dunklen Haar und meiner traditionellen Kleidung sahen wir für die Einheimischen eher wie ein Ehepaar aus dem Nordwesten Indiens oder aus dem Nahen Osten aus, wo die Menschen größer sind und hellere Haut als die Bengalis haben. Wir fanden heraus, dass einige vom akademischen Mitarbeiterstab uns „*die ägyptischen Geschwister*" nannten, weil wir Seite an Seite gingen und nicht Harvey vorweg, wie es der gängige Brauch war. Wir aßen ausgezeichnet und hatten uns in die bengalische Küche verliebt, und wir nahmen begierig so viel Kultur auf wie wir konnten. Genau zu dieser Zeit hörten wir eine neue Gruppe im Kurzwellen-Auslands-Sender von *Radio Australia*: die Beatles.

Während unseres ersten Jahres kam mein Vater auf Stippvisite. Er war in unserem Teil der Welt für seine Zeitschrift „*Current Anthropology*" unterwegs und brachte uns eine koschere Salami aus Chicago und frischen Käse aus Dänemark mit, wo er umgestiegen war. Er traf Akhter Hameed Khan, den charismatischen Leiter unseres Gemeinde-Entwicklungs-Projekts, und war richtig begeistert von dem, was sich in Comilla bewegte.

Wir sollten eigentlich zwei Jahre in Ost-Pakistan bleiben, aber ich wurde im September 1964 schwanger, und das Leben nahm eine plötzliche Wendung, wie es häufig der Fall ist. Meine Freundin, die auch meine Bengali-Lehrerin war, war einige Monate vor mir schwanger geworden, und unsere Ärzte waren beide in Dhaka. Sie würde in einer Geburtsklinik für die bengalische Oberschicht entbinden. Ich war die Patientin von Schwester Luke, einer amerikanischen Ordensschwester, die Geburtshelferin am Hospital zur Heiligen Familie war, einem Missionsorden mit medizinischem Auftrag aus Philadelphia. Schwester Luke war streng aber freundlich, mit einem runden Gesicht, das ab und zu von einem warmen Lächeln erhellt wurde. Sie machte sich große Sorgen über werdende Mütter mit Übergewicht, und sie bestand darauf, dass ich während meiner Schwangerschaft dreißig Pfund abnehmen sollte. Sie ängstigte mich mit ihren Geschichten darüber, wie gefährlich es für Mutter und Kind sein würde, wenn die Mutter übergewichtig wäre, und mir graute vor den monatlichen Gewichtskontrollen. So aß ich sehr vorsichtig, reduzierte das Salz und nahm nicht eine Unze während meiner Schwangerschaft zu, sonst hätte ich mit Schwester Lukes Stirnrunzeln rechnen müssen.

In meiner frühen Schwangerschaft machten wir eine Reise nach West-Pakistan, um Freunde zu besuchen, ein etwa gleichaltriges Ehepaar, das wir an der University of Chicago kennengelernt hatten. Als sie damals nach Lahore zurückreisten, baten sie uns eindringlich, sie während unseres Aufenthaltes in Ost-Pakistan zu besuchen. Ich nenne sie Achmed und Aischa, und sie waren ein schönes Paar. Aischa trug exquisite Saris und *shalwar-kameez*-Kleidung (locker sitzende Hosen mit einer langen Tunika darüber und eine *duppata*, einem Schal über den Schultern) und goldenen Schmuck. Sie sprachen ein schönes britisches Englisch mit leichtem Akzent, das wir später als die Sprache gebildeter Pakistanis und Inder identifizierten.

Achmed und Aischa holten uns am Flughafen in Lahore ab und zeigten uns ihre Geburtsstadt, auf die sie sehr stolz waren – genauso wie wir auf Chicago stolz waren. Wir wohnten für einige Tage in ihrem gut ausgestatteten Haus und brachen dann zu einer Autoreise auf, die Harvey und ich nie vergessen werden. Wir waren ungefähr eine Woche lang unterwegs, wir fuhren nach Norden und nach Westen nach Rawalpindi und Peschawar, mit einem Abstecher zum Swat-Tal, das zu jener Zeit ein autarkes Gebiet innerhalb Pakistans war. Unsere Freunde erzählten uns, dass Swat eines der weltweit größten Zentren für Smaragd-Minen sei, und ich stelle mir vor, dass ich einen ungeschliffenen Smaragd in meinen Händen hielt. Ich bin mir sicher, dass wir keine Smaragde kauften, aber wir haben einen hübschen kleinen Webteppich aus Swat, und immer, wenn ich ihn mir anschaue, denke ich an diesen exotischen Ort.

Wir verbrachten einen denkwürdigen Tag auf dem wahrscheinlich größten Flohmarkt der Welt, in Landi Kotal am Chaiber-Pass, in der Nähe der Grenze zu Afghanistan. Man konnte dort alles kaufen oder verkaufen: Teppiche, große und kleine Elektrogeräte, große und kleine Waffen. Es wurden keine Fragen nach der Herkunft gestellt, und es wurde viel gefeilscht. Wir kauften einen Teppich als Hochzeitsgeschenk für meine Schwester, und dann erzählte uns Achmed, dass einer von den Einheimischen, schwer bewaffnet mit Gewehren und Messern, wie sie alle waren, etwas gegen mich einzutauschen wollte. Ich kann mich nicht erinnern, wie die Handelsbedingungen waren, aber vor der Idee schauderte mich. Möglicherweise war es ein Scherz; ich werde es nie erfahren. Aber wenn ich heutzutage Bilder von Männern im Nordwesten von Pakistan und in Afghanistan sehe, bis zu den Zähnen bewaffnet wie 1964, fühle ich diesen Schauder noch einmal.

Wir übernachteten in staatlichen Raststätten (*dak*-Bungalows) an der Straße und wir hielten an, um mit den Verwandten unserer Gastgeber zu essen. Es waren alles Militärs, die in der Gegend stationiert waren. Die *dak*-Bungalows waren komfortabel, und die Familien wunderbar gastfreundlich. Momente auf dieser Reise, an die ich mich erinnere: wie ich nach Rauch schmeckende, auf einem Holzfeuer erwärmte Milch hinunterstürze, um mein Versprechen einzuhalten, das ich Schwester Luke gab – zwei Becher Milch am Tag - keine Ausnahmen, den besten Kebab, den man sich denken kann, von einem Verkäufer in der Nähe des Chaiber-Passes, all diese Waffen, und dieser Mann, der mich kaufen wollte.

Wir kamen zurück nach Ost-Pakistan, und im Verlauf der Schwangerschaft wurde ich immer nervöser, ich wünschte, ich hätte Mama um mich. Wir kommunizierten nur über Briefe – interkontinentale Telefonate waren fast unmöglich und die Verbindungen schwach – und sowieso wollte ich sie nicht beunruhigen. Ich wusste, dass sie schon jetzt vor Angst verrückt sein musste. So machte ich meine Ängste dann auch überwiegend mit mir alleine aus und wollte noch nicht einmal meinen Mann damit behelligen. Was wäre, wenn ich nicht rechtzeitig in Dhaka sein konnte, wenn es Zeit wäre zu entbinden? Was wäre, wenn das Flugzeug ausgerechnet an diesem Tag nicht fliegen würde? Was wäre, wenn alles schneller gehen würde als erwartet und dann noch in der Nacht? Wollte ich wirklich in einer katholischen Klinik entbinden? In jedem Zimmer hing ein großes Kruzifix an der Wand; vielleicht würden sie mein Baby – gegen meinen Willen oder falls ich im Kindbett sterben sollte – taufen. Ich weiß, es war lachhaft, aber ich konnte die nagende Furcht nicht abschütteln. Sicherlich – es gab das Militär-Krankenhaus in Kotbari. Harvey war dort einige Tage Patient gewesen, als er an einem hohen Fieber erkrankt war, nachdem er, gegen sein eigenes besseres Wissen, an einem Essen mit Mitgliedern der Fleischer-Innung teilgenommen hatte. Die Militärärzte behandelten ihn auf Malaria, so wie sie es mit jedem taten, der an hohem Fieber litt, und verordneten ihm kalte Bäder. Er wurde gut behandelt, und einige Soldatenfrauen entbanden ihre Babys dort, aber weder wir noch unsere bengalischen Freunde waren überzeugt, dass es für mich der ideale Ort für eine Entbindung sei. Wir kannten auch Dr. Moheddin, einen jungen ortsansässigen Arzt in Comilla, der einen sehr netten Eindruck machte, aber ihm stand keine spezialisierte Geburtsklinik zur Verfügung.

Ich fand meinen Frieden im Bücherschrank des Friedenskorps, den unsere Freunde, die Freiwilligen des Korps, freundlicherweise mit uns teilten. Dr. Spock war dort in den Regalen zu finden, doch dazu später, von unmittelbarem Interesse war Dr. Frederick W. Goodrich Jr., ein amerikanischer Gynäkologe, der mich mit der natürlichen Geburt bekannt machte und mit dem britischen Gynäkologen, Dr. Grantly Dick Read, den er den Vater der natürlichen Geburt nannte. Dr. Dick Read hatte ein bahnbrechendes Buch geschrieben „Childbirth without Fear" („Entbindung ohne Angst"), der Vorgänger von Dr. Goodrichs eigenem Buch für Amerikaner „Natural childbirth: A Manual for Expectant Parents" („Die natürliche Geburt: Ein Handbuch für werdende Eltern"). Ich denke, ich hatte ein Exemplar von „Childbirth without Fear" in der Hand, weil ich mich klar daran erinnere, über eine Diskussion werdender Mütter in Großbritannien im Zweiten Weltkrieg während des Luftangriffs Blitz gelesen zu haben. Diese Frauen beflügelten mich. Ja, dachte ich bei mir, wenn sie ihre Babys sicher in den Luftschutzkellern zur Welt gebracht hatten, kann ich es sicherlich auch in Kotbari schaffen! Ich studierte Dr. Goodrichs Text so sorgfältig wie alles, was ich bisher an der Universität gelesen hatte. Ich prägte mir alle Übungen für die natürliche Geburt ein und führte sie mit religiösem Eifer durch. Harvey lernte seine Helferrolle mit. Wir würden auf alles vorbereitet sein, so schwor ich mir.

An einem regnerischen und windigen Tag Anfang März, im siebten Monat der Schwangerschaft, fing ich an zu bluten, und alle meine ärgsten Alpträume wurden wahr. Es war ein Kathmandu-Tag für den Flieger. Aus irgendeinem Grund fuhr der „Green Arrow"-Zug nicht. Es blieb nichts anderes übrig, als mich mit dem Auto zum Hospital zur Heiligen Familie zu bringen. Dr. Moheddin riet mir, ich solle flach auf dem Rücken liegend reisen, aber das war in unserem VW-Käfer nicht möglich. Harvey bat die Nonnen von der Ordensschule, uns ihren Kleinbus zu leihen, sie sagten bereitwillig zu und liehen uns auch noch ihren Fahrer. Dr. Moheddin kam mit und bereitete eine Morphin-Injektion für mich vor, falls sie gebraucht werden würde. Er und Harvey fertigten eine improvisierte Trage für mich an und trugen mich zum Kleinbus. Und das war das letzte Mal, dass ich unseren schönen Bungalow sah.

Ich kann mich nicht mehr an vieles auf der Reise erinnern, außer dass mich die Angst fest im Griff hielt. *Was wäre wenn? Was wäre wenn?* Schwester Luke traf uns im Hospital zur Heiligen Familie und untersuchte mich. Möglicherweise könnte ich an einer Plazentalösung erkrankt sein, einer sehr ernsten Krankheit, bei der die Gebärmutter zu dicht am Gebärmutterhals liegt. Wenn die Blutungen wiederkämen, würde ich sofort einen Kaiserschnitt benötigen. Ob ich bis zur Geburt in Dhaka bleiben konnte, fragte Schwester Luke. Unmöglich: wir konnten unsere amerikanischen Freunde nicht so lange Zeit in Anspruch nehmen, und Harvey musste in Kotbari sein. Daraufhin empfahl sie, dass ich so schnell wie möglich zurück in die Vereinigten Staaten fliegen sollte. Alles sah normal aus, es gab eine winzige Möglichkeit, dass Zwillinge unterwegs waren, aber es war so unwahrscheinlich, dass wir gar nicht darüber nachdenken sollten. Und so dachten wir auch nicht darüber nach.

Der Population Council buchte mir großzügigerweise einen Platz auf einem Flug der Pakistan International Airlines nach Kalkutta, und ein Ticket erster Klasse auf einem SAS-Flug von Kalkutta nach Kopenhagen und von Kopenhagen über Montreal nach Chicago. Wir blieben einige Tage bei unseren Freunden, die für die Ford-Stiftung arbeiteten, und dann war ich für den Flug bereit. Ich hatte keine Umstandskleidung, aber unsere Gastgeber hatten ein Exemplar des *New Yorker*, das schon einige Monate alt war, mit einer Reklame von einem Umstandsmodengeschäft. Wir statteten einer Näherin einen Besuch ab, die innerhalb eines Tages Kopien von zwei abgebildeten Kleidungsstücken für mich anfertigte. Als wir uns aufmachten, um zum Flughafen zu fahren, öffnete sich ein Schultersaum, und meine Freundin musste mich in das Kleid einnähen, das ich für den Flug gewählt hatte. Ich hatte keine Schwangerschafts-Strumpfhose, und so flog ich mit nackten Beinen, ich trug nur die komfortablen bengalischen Sandalen, in denen ich seit meiner Ankunft immer gesteckt hatte. Aber meine Beine waren voller Moskito-Stiche. Mama musste nach Luft ringen, als sie mich sah. Ich war dünn, hatte dank Schwester Luke fast dreißig Pfund verloren und trug unauffällig das Baby (die Babys) in mir.

Ich sah nicht aus wie eine Schwangere im siebten Monat, was sicherlich gut war, ich glaube nicht, dass die Fluggesellschaft sonderlich erfreut gewesen wäre, mich um die halbe Erde zu befördern, obwohl es legal war. Aber wenn wir gewusst hätten, dass ich nur fünf Wochen vor der Entbindung stand, wäre die ganze Reise höchstwahrscheinlich abgeblasen worden. Schwester Luke hatte die Anweisung gegeben, dass ich an jeder Station mit einer Trage oder einem Rollstuhl erwartet und direkt zu dem nächstgelegenen Krankenhaus gefahren werden sollte, falls die Blutungen wieder einsetzten. Harvey kam mit nach Kalkutta und setzte mich in das SAS-Flugzeug. Und dann, am 14. März 1965, begann das, was ich als Höllentrip in Erinnerung habe. Ich kann mich nicht mehr an alle Stationen erinnern, aber ich bin mir ziemlich sicher, dass wir in Karachi, Teheran, Beirut und Frankfurt landeten – ich hatte Stefan ein Telegramm geschickt, um ihm mitzuteilen, dass ich ihn vielleicht bitten müsse, nach Frankfurt, Zürich oder sogar nach Kopenhagen zu kommen. Bei jeder Landung fragte mich eine Stewardess, wie es mir ginge. Ich wusste nicht, was ich antworten sollte: erschöpft, betäubt und ängstlich. *Können Sie mir bitte Mama bringen? Fast alle halbe Stunde schaute ich nach, ob ich blutete. Alles ist soweit gut, aber schaffe ich es über die nächste Stadt hinaus? Bitte, lieber Gott, lass' es mich über die nächste Stadt hinaus schaffen!* Alle paar Minuten, so schien es, servierten sie mir ein elegantes skandinavisches Menü und boten Wein an; trotz allem flog ich ja erster Klasse. Aber es war reine Verschwendung! Ich rührte kaum etwas an, mir war schlecht, die Tritte im Bauch taten weh und die Moskito-Stiche juckten unerträglich. In Kopenhagen stieg ich in ein anderes Flugzeug um und flog weiter nach Montreal und Chicago. Ich kann immer noch den spanischen Geschäftsmann vor mir sehen, der auf dem Flug nach Montreal neben mir saß, und dessen tadellosen Anzug ich ruinierte während ich nach dem Spuckbeutel tastete.

In Chicago wankte ich aus dem Flugzeug. Ich stelle mir vor, dass ich einen verzweifelten Anblick bot, so nett wurde ich von den Offizieren der Einwanderungsbehörde und dem Zoll behandelt, und so schnell kam ich durch die Kontrollen. *Wenn diese wild aussehende junge Frau hier zusammenbricht oder explodiert, lass' es lieber jemand anderen abbekommen*, so stellte ich mir ihre Gedanken vor.

Papa und Mama trafen mich, als ich durch den Zoll kam, und brachten mich gleich zum Chicago Lying-In, um dort einen Gynäkologen aufzusuchen, den sie für mich ausfindig gemacht hatten. Dr. Harrod war groß und ruhig, Vater von fünf Kindern und unerschütterlich. Die Blutungen hatten aufgehört und waren nicht wieder gekommen. *„Mit Ihnen wird alles in Ordnung sein", sagte er. „Sie erwarten einen Jungen von acht Pfund in etwa elf Wochen".*

Er war der erste in Chicago, der diese Vorhersage machte, aber nicht der letzte. Zuhause schaute mich Oma von allen Seiten an und verkündete die Volksweisheit: *„ein Junge".* In dieser Nacht, der ersten Nacht daheim, fiel ich erschöpft ins Bett und weinte mich in den Schlaf. Was passierte mit mir? Ich vermisste meinen Mann, meinen Bungalow, die Tropen. März in Chicago: rau und kalt. Dieser fürchterliche Flug nach Hause. Mein Umstandskleid, aus dem mich Mama herausschnitt. Und das Baby trat und trat. Im Laufe der nächsten fünf Wochen wunderte ich mich darüber, wie ein kleines Baby mit zwei Armen und zwei Beinen, eine so große Fläche auf einmal bearbeiten konnte.

Vaters Bruder Archie, unser inoffizieller Familienarzt, kam von Milwaukee herunter gefahren, er schaute mich an und sagte, *„Ein Junge, acht Pfund".* Mama ging mit mir in ein Kaufhaus, und wir kauften ein paar normale Umstandskleider. Wir kauften nichts für das Baby, Mama und Oma erklärten mir, dass das Unglück für das werdende Kind bedeute. (Ich nehme an, dass dieser Aberglaube weit verbreitet und nicht auf die Juden aus Osteuropa begrenzt ist.) Ich verbrachte meine

Tage damit, mich wieder an das amerikanische Leben zu gewöhnen, ich besuchte meine Freunde, ich schrieb Luftpostfaltbriefe an Harvey. Ich vermisste die Tropen, meine Saris und Sandalen, das intensive Sonnenlicht, den glänzend-grünen Dschungel, die vielen Bananen-Arten und die Mangos, meine bengalischen Freunde und Harvey. In der Rückschau merke ich mit gemischten Gefühlen, dass ich damals monatelang überhaupt nicht an Russland gedacht habe. Natürlich überdeckte mein persönliches mein berufliches Ich. Marianna, die Ehefrau und werdende Mutter, verdrängte Marianna, die Russisch-Studentin, von der Bildfläche. Das Zwischenspiel in Ost-Pakistan, das Drama der Schwangerschaft und die Heimreise verdrängten Russland aus meinen Gedanken. Ich merkte es damals nicht, aber ich wurde Juniorpartnerin in der Schwesternschaft „Ehefrauen, die außer Hauses arbeiten und sich deshalb Sorgen machen". Ich war noch nicht besorgt, aber ich würde es sein, und zwar schon bald.

1965 begann das Passahfest am Freitag, dem 16. April. Ich habe nicht mehr viel von unserem Seder in Erinnerung über die Tatsache hinaus, dass es ein kleines, stilles Fest in unserem Haus war, aber ich kann mich erinnern, dass Nelly an diesem Tag für einen kurzen Besuch aus Ohio kam. Nelly war unsere Freundin vom Friedenskorps, sie war Krankenschwester, und war nach Beendigung ihres Aufenthalts in Ost-Pakistan nun zuhause, und ich war sehr erfreut sie zu sehen, sie stellte eine Verbindung zu Kotbari und Harvey dar. Jedoch wachte ich an diesem Samstagmorgen klatschnass auf. Wie peinlich! Als ich es Nelly erzählte, lächelte sie mich an.

„*Ruf' den Arzt*", riet sie mir.

„*Was*", rief ich. „*Das kann doch noch nicht das Baby sein, oder? Es ist sechs Wochen zu früh! Es kann nicht sein!*". Aber ich rief an, und Dr. Harrod beruhigte mich. Manchmal würde das Wasser früh kommen, und ich müsste mich im Krankenhaus durchchecken lassen, um mich vor einer Infektion zu schützen. Ob ich Wehen hätte?

„*Wie fühlen sich denn Wehen an?*", fragte ich.

„*Wenn Sie fragen müssen, haben sie keine gehabt*", antwortete er. „*Bleiben Sie in Verbindung*".

Wir verbrachten einen ruhigen Tag. Samstagabend feierten wir einen kurzen zweiten Seder, nur Mama, Papa, Oma, Nelly und ich. Dr. Harrod rief an, um sich zu erkundigen, wie es mir ginge.

„Nicht sehr hungrig", sagte ich *„und ich fühle mich irgendwie komisch".*

„Ich treffe Sie im Krankenhaus", entgegnete er, *„nur für den Fall."*

„Aber ich fühle mich noch nicht reif dafür", protestierte ich in Anwesenheit von Nelly und meinen Eltern. Sie lachten. Um acht Uhr abends wurde ich ins Krankenhaus gebracht. Mama kam statt des sonst üblichen Ehemanns mit, und ich ließ mich nieder, um etwas zu lesen, bis etwas passieren würde, falls etwas passieren würde. Meinen Roman hatte ich erst kürzlich gekauft, John Barths *„The Sot-Weed Factor"* *(„Der Tabakhändler")*, als ich mit dem Lesen anfing, stellte ich fest, dass es um ein Zwillingspaar ging.

Die Wehen fingen um elf Uhr abends an, stark und ohne aufzuhören. Mama wischte meine Stirn mit einem feuchten Tuch ab und feuerte mich an. Papa tigerte durch den Flur und ließ sich im Wartezimmer nieder, wahrscheinlich, um zu arbeiten. Fortlaufend kamen Zweiergruppen in meinen Raum – Medizinstudenten, Assistentsärzte, Krankenschwestern – und hielten ihre Stethoskope auf meinen Bauch, um die Herztöne abzuhören; mittlerweile hatte man die Möglichkeit, dass es Zwillinge sein könnten, ernsthaft in Erwägung gezogen. Ich wusste nicht warum und war auch zu beschäftigt, um mich darum zu kümmern. Mir war kaum bewusst, dass sie anwesend waren, weil ich so hart presste, ich konzentrierte mich auf Dr. Dick Reads Übungen zur natürlichen Geburt, und dachte an die tapferen, englischen Mütter während des *Blitz*, und versuchte dabei so zu sein wie sie.

Während der Nacht lobte mich manchmal eine Krankenschwester, dass ich die Übungen so gut beherrschte und fragte mich, ob ich einen Kurs belegt hätte. Keinen Kurs, erklärte ich, ich habe es mir selbst aus einem Buch beigebracht. Meine Güte, war sie überrascht! Wir hatten durchgängig Begleitmusik aus dem Nachbarraum, ein Gekreisch, dass in voller Lautstärke an- und wieder abschwoll, und in den kurzen Pausen hörten wir eine besänftigende Stimme, die der Leidenden vernünftig zuredete und sie ermahnte: *„Nun, Mrs. Smith,* *lassen Sie uns so nicht weitermachen. Das ist ihr achtes Baby! Sie wissen doch jetzt, wie es geht!"*

Als die Dämmerung anbrach, kam eine erfahrene Entbindungsschwester herein, als das letzte Team der Bauchlauscher schließlich zwei Herztöne identifizierte. Sie horchte selber und verkündete: *„Es könnten mehr als zwei sein. Seien Sie bereit!"*

„Das kann nicht Ihr Ernst sein!", rief ich.

Sie nickte weise. Sie rollten mich in den Kreissaal, wo Dr. Harrod schon wartete.

„Doktor", flehte ich ihn an, *„ich bin sehr erschöpft, ich habe die ganze Nacht hart gepresst. Können Sie mir bitte etwas geben?"*

„Sie haben es fast geschafft", sagte er. *„In einigen Minuten können Sie pausieren. Lassen Sie uns mal sehen, was wir hier haben."*

Kate kam zuerst, drei Minuten später gefolgt von Mary. (Tatsächlich waren sie zu diesem Zeitpunkt Choldin Baby 1 und Choldin Baby 2.) Eine Krankenschwester legte sie für einen Moment auf meinen Bauch und brachte sie dann schnell weg in den Brutkasten. Ich kann mich daran erinnern, dass ich mich erleichtert fühlte, zerschlagen und erschöpft, aber auch triumphierend, dann versank ich in einen gnädigen Schlaf.

„Zwei Mädchen", erklärte Dr. Harrod meiner fassungslosen Mutter und schwebte aus der Tür des Kreissaals, *„und sie sind gesund – sie brauchen keinen Sauerstoff, aber wir behalten sie auf der Intensivstation bis sie größer sind."* Für die Chroniken: Kate wog 1.980 Gramm, und Mary 1.620 Gramm, somit ergab sich ein Gesamtgewicht von 3.600 Gramm, so dass all diese „Acht-Pfund-Raterei" nicht weit entfernt davon war, nur die Anzahl und das Geschlecht der Babys war falsch.

Ich erwachte in einem Doppelzimmer mit einem Osterkorb an meinem Bett und einem großen Feiertags-Frühstück mit Matzen, die ich mir gewünscht hatte und die den Osterhasen auf meinem Tablett ersetzten. Als Papa ein wenig später kam, erzählte er mir, dass er Harvey zwei Telegramme geschickt hätte, die die Ereignisse dieser Nacht verkündeten, eines an unseren Bungalow und eines an unsere Freunde in Dhaka. Harvey berichtete, dass ein paar Fakultätsmitglieder ihn getröstet hätten, weil er Mädchen bekommen hatte: *„Es ist OK"*, sagten sie. *„Die ersten Kinder des Propheten waren Mädchen".*

Wie es damals üblich war, blieb ich einige Tage im Krankenhaus. Jeden Tag hatte ich Unterricht im Baden von Babys – sie gaben mir eine Puppe von der Größe eines Kindes, weil mir nicht erlaubt war, meine Töchter zu berühren, und meine Zimmernachbarin, die gerade ihr drittes Kind entbunden hatte, ließ mich an ihrem Baby üben. Der Kinderarzt, der Susan und mich als Kinder betreut hatte, Dr. Calvin, kümmerte sich nun um die Zwillinge. Er erklärte mir, dass Flaschennahrung am besten sei, weil die Ärzte die Zusammensetzung anpassen konnten und sehen würden, was am schnellsten bei den kleinen Körpern zu einer Gewichtszunahme führen würde. Ich hatte gehofft, dass ich stillen könnte und fing an zu weinen, als die Milch einschoss, aber ich vertraute Dr. Calvin und seinem Team im Krankenhaus und protestierte nicht.

Ich verstand jetzt, was Dr. Harrod meiner Mutter an der Tür zum Kreissaal gesagt hatte – meine Babys waren gefährdet – aber ich war nicht beunruhigt: sie waren schließlich am besten Ort. Ich erlaubte mir nicht, darüber nachzugrübeln, was hätte passieren können, wenn ich in Ost-Pakistan geblieben wäre: das war alles in allem zu beängstigend. Dr. Moheddin? Das Militär-Krankenhaus? Selbst das Hospital zur Heiligen Familie erschien mir aus jetziger Sicht nicht mehr so wunderbar zu sein. Ja, alles hätte gut gehen können, aber ich wollte nicht darüber spekulieren, was hätte sein können. Es war besser, meinem üblichen Motto zu folgen: immer optimistisch vorwärts, nie rückwärts schauen.

Die Höhepunkte meiner Tage waren meine Gänge in die Neonatologie. Eine Krankenschwester schob zwei Brutkästen zum Fenster herüber, und ich schaute auf diese winzigen Lebewesen, völlig gleich bis auf die Größe (Kate war 340 Gramm schwerer als Mary, ein wesentlicher Unterschied, wenn man bedenkt, dass ihr Gewicht zusammen nur unter 3.600 Gramm lag). Ich beobachtete, wie die Ärzte, die Krankenschwestern und die Medizinstudenten mit den Mädchen kuschelten, behutsam ihre winzigen Arme und Beine auf und ab bewegten und sie fütterten. Als ich meine Nase gegen das Glas drückte und meinen Hals reckte, um besser sehen zu können, spürte ich zum ersten Mal die vielen ambivalenten Gefühle, die zur Elternschaft dazugehören. Ich wollte sie unbedingt selber halten. Ich sehnte sie mir herbei. Aber zugleich war ich erleichtert, dass sich Profis um diese gefährdeten kleinen Lebewesen kümmerten, und dass ich nicht für sie verantwortlich war.

Ehrlich gesagt hatte ich Angst. Meine Erfahrung mit kleinen Kindern war begrenzt auf die wenigen Gelegenheiten, bei denen ich mit elf in der Wohnung über uns ein paarmal auf die Babys aufgepasst hatte – die Kinder schliefen immer und gaben mir damit Zeit zu lesen. In einem Sommer unterstützte ich meine ältere Cousine in Chicago einige Wochen lang, als ihre Tochter gerade geboren worden war. Ich glaube nicht, dass ich dieses Baby mehr als ein halbes Dutzend Mal berührt habe, hauptsächlich machte ich Besorgungen für meine Cousine. Und hier war ich, mit zwei winzigen Frühgeburten, für die ich verantwortlich war. Hilfe! Das Krankenhaus war der richtige Ort für sie, solange sie hier bleiben konnten.

Als ich entlassen wurde, fuhr mich Papa jeden Tag zum Krankenhaus, um meine Babys zu besuchen, die dort bleiben mussten, bis jedes von ihnen 2.500 Gramm wog. Kate brauchte vier Wochen, um das Ziel zu erreichen, und nachdem sie nach Hause gekommen war, fuhr ich jeden Tag zum Krankenhaus, um Mary zu besuchen, die noch eine weitere Woche brauchte. „Ich werde sie wirklich vermissen", sagte die Krankenschwester zu mir, als sie sie entließ. „Sie war meine beste Esserin!".

Nachdem ich dann mit beiden Töchtern daheim war, dachte ich, dass ich mich ohne Probleme auf die neue Situation einstellen könne. Was konnte so schlimm daran sein, mit den beiden Babys durch die Nacht zu kommen? Das Schlimmste war vorbei, nicht wahr? Ich hatte sie sicher von Kotbari bis Chicago in meinem Körper getragen und sie in einer guten Klinik entbunden. Ich hatte einige Zeit zum Ausruhen gehabt und den Schock verkraftet, Zwillinge zu haben. Kate war schon eine Woche zuhause, und wir hatten das ganz gut geschafft, Mama, Papa und ich – es war nicht einfach, aber ich war überzeugt, dass ich es schaffen würde. Nun war auch Mary zuhause, und wir waren alle zusammen in dem Haus an der Woodlawn Avenue. Alles würde gut werden.

Aber schon nach einer einzigen schlaflosen Nacht, kapitulierte ich. Es scheint, dass Kinder jede Menge Geräusche machen, während sie schlafen, einige davon recht alarmierend, und ich schoss jedes Mal hoch, wenn ich eines hörte. Und in den seltenen Momenten, wenn weder die eine noch die andere ein Geräusch machte, wurde ich unruhig. Atmeten sie noch? Ich musste aufstehen und nachsehen, dabei legte ich eine Hand auf jedes der winzigen Brustkörbe. Und dann wachten sie natürlich hungrig auf – nicht gleichzeitig – alle zwei oder drei Stunden und mussten gefüttert werden. Die Milchflaschen waren unten im Kühlschrank in der Küche und mussten aufgewärmt werden. Unsere Schlafzimmer lagen im ersten Stock.

Am Morgen nach dieser schlaflosen Nacht als Mutter von Zwillingen machten Mama, Papa und ich einen Schlachtplan. Wir würden die Mädchen in der Nacht trennen, eine würde bei mir schlafen und eine bei ihnen, und wir würden die Babys jede dritte Nacht austauschen. Dieser Plan ging auf. Papa und ich fütterten das uns anvertraute Baby, wenn es hungrig aufwachte. (Mama schlief und sparte ihre Energie für die Tagesschicht auf.) Papa und ich trafen uns oft mitten in der Nacht oder, wenn die Dämmerung kam, auf der Treppe, einer von uns ging nach unten, um eine Flasche zu holen, der andere ging nach oben mit der Flasche in der Hand. Wir setzten uns ins Arbeitszimmer, während wir die Mädchen fütterten, und schauten uns Filme im Fernsehen an. Damals sah ich zum ersten Mal „Dr. Seltsam oder wie ich lernte, die Bombe zu lieben". Ich habe seither immer die dunkle Verrücktheit des Films mit dem süßen Milchgeruch eines Babys im Arm und den nahen, kameradschaftlichen Stunden mit Papa assoziiert.

In den Morgenstunden ging Papa ins Büro, obwohl er wirklich gerne einige Tage zuhause geblieben wäre. Mama und ich schufteten den ganzen Tag, während Oma zufrieden zusah und mit Wonne gurrte. Wir kämpften darum, die Babys im Drei-Stunden-Rhythmus zu füttern, und falls es notwendig war, sogar eins aufzuwecken. Wir hofften, dass wir, während sie schliefen, ein kleines Nickerchen einlegen konnten, aber ich schaffte es nur selten.

Bei den seltenen Gelegenheiten, an denen beide Babys zur gleichen Zeit schliefen, schrieb ich Harvey und trottete dann an die Ecke, um meinen Brief in den Kasten zu werfen. An milden Tagen fuhren wir die Mädchen in ihrem riesigen Kinderwagen aus, der kaum auf die normalen Bürgersteige passte, und man konnte damit nur mit Mühe durch Türen kommen. Familie und Freunde kamen auf Besuch vorbei, kleine Wellen im Meer meiner Routine, die mein Leben ausmachte. Ich war zu erschöpft, um glücklich oder unglücklich zu sein: Ich schlug mich durch die Tage und Nächte hindurch, tat, was ich tun musste und wartete auf Harveys Rückkehr, um unser Leben wieder aufzunehmen.

Vier Monate später kam Harvey zurück und wir zogen nach East Lansing in Michigan, wo er seinen ersten Lehrauftrag an der Michigan State University hatte. Wir ließen uns in einem kleinen Haus in der Nähe des Campus zur Miete nieder und nahmen neue Gewohnheiten auf, so abonnierten wir einen örtlichen Windelservice. Harvey lernte es, ein Junior-Professor zu sein: Er unterrichtete Studienanfänger, arbeitete in Ausschüssen, tauschte sich mit Kollegen aus und forschte. Ich lernte, wie man all das machte, was ich vorher gemacht hatte, nur ohne Papas Hilfe in der Nacht und Mamas bei Tag. Harvey sprang ein, so gut er konnte, aber die Hauptlast, wenn man es so nennen kann, trug ich.

Alles andere schob ich für ein Jahr auf und versuchte, eine perfekte Zwillingsmutter zu sein. Aber ich war dreiundzwanzig Jahre alt und völlig überfordert; wenn ich zurückschaue, frage ich mich, wie unsere kleine Familie den doppelten Schock eines ersten Lehrauftrags und von Zwillingsbabys überleben konnte, 320 Kilometer entfernt von unserer hilfsbereiten Familie und unseren guten Freunden. Zum Glück waren gerade unsere besten Freunde aus Kotbari, meine Bengali-Lehrerin, ihr Mann und ihr kleiner Sohn, auf dem Campus angekommen – der Mann kam dorthin, um zu promovieren – und wir begannen einen Freundeskreis von Kollegen aus Harveys Abteilung aufzubauen.

Wir bekamen alles mit Mühe und Not hin, aber am Ende unseres ersten Jahres in East Lansing merkte Harvey, dass ich drauf und dran war, die Wände hochzugehen, und er überredete mich, mein Russisch-Studium wieder aufzunehmen. Was für ein Held er doch war! Er suchte einen Babysitter und fand eine Mutter von Zwillingen, und dann noch eine zweite Babysitterin – niemand geringeren als eine Kindergarten-Erzieherin im Ruhestand! – die bei den beiden Mädchen sein würden, während ich in der Öffentlichen Bibliothek von East Lansing saß und meine Master-Arbeit über die Tschechow-Erzählungen schrieb, die einzige Arbeit, die ich für meinen Abschluss noch erledigen musste.

Danach ging ich auf Harveys Rat (und auf sein beharrliches Drängen) zu Professor Arthur Adams, einem Historiker der russischen Geschichte, der für Osteuropa-Studien an der Michigan State University zuständig war. Art war sehr erfreut, mich kennenzulernen, in der Tat sprang er fast über seinen Schreibtisch, um mich zu begrüßen. Er hatte seit langem darauf gewartet, dass jemand wie ich durch seine Tür kommen würde, sagte er, und er erklärte, dass er und Dick Chapin, der Direktor der Universitäts-Bibliothek mich dringend als Slavistik-Bibliographin brauchen würden. Ich protestierte, ich sei zwar eine eifrige Bibliotheksnutzerin, aber ich wüsste nichts über die Arbeit an einer Bibliothek. Das würde nichts ausmachen, versicherte Art, Dicks Leute würden mir alles beibringen, was ich wissen müsste. Und zu meinem Erstaunen verhielt es sich genauso. Ich wurde Osteuropa-Bibliothekarin und arbeitete halbtags, weil die Zwillinge noch so klein waren. 1969 bekam Harvey ein Angebot von der Universität von Illinois in Urbana-Champaign – ein Ort mit einer ausgezeichneten Bibliothek – und ich konnte meine neue Karriere in der dynamischsten und aufregendsten Bibliothek des Landes fortsetzen. Was für ein Glückstreffer!

Im Rückblick erscheint mir das Jahr mit den Babys, genauso wie meine Zeit in Ost-Pakistan, nicht nur als ein Umweg. Diese drei Jahre waren wichtig für meine Entwicklung als Slavistin, als Bibliotheksaktivistin und als fürsorglicher Mensch. Es war gut für mich, dass ich von meiner Reise auf Autopilot zum Ph.D. aufgerüttelt wurde; es war gut, in eine fremde Kultur und Sprache einzutauchen; es war gut durch die Elternschaft humanisiert zu werden (Vaters Konzept); und es war gut, ein bisschen erwachsener zu werden, verankert zu sein bei anderen Menschen und nicht nur an sich selbst zu denken. Ich begann wieder ein berufliches Leben, doch auf einem neuen Weg. Tschechow und die anderen Größen der russischen Literatur liebte ich immer noch. Aber nun wollte ich etwas über die Gesellschaft lernen, in der sie lebten und arbeiteten, und ich wollte es als wissenschaftlich arbeitende Bibliothekarin tun.

Abb. 18: Bibliothek der University of Illinois in Urbana-Champaign

KAPITEL 4

Mein Bibliotheksleben

Ich liebte meine Arbeit vom ersten Morgen in der Bibliothek der Michigan State University an. Ich bekam einen Schreibtisch in der Erwerbungsabteilung, wo ich von der in aller Regel genialen, in den meist Fällen netten und manchmal doch skurrilen Berufsgruppe umgeben war, mit der ich die nächsten fünfunddreißig Jahre meines Lebens verbringen würde, zunächst in East Lansing und dann in Urbana. Der Raum erschien mir gewaltig groß, die Wände waren mit Regalen durchzogen, die mit Büchern vollgepackt waren. Alle Schreibtische, und es gab Dutzende davon, waren überhäuft mit Stapeln von Büchern und Papier, sogar zwischen den Schreibtischen waren Bücher auf dem Boden aufgetürmt. Die Fortbewegung im Raum erforderte ein gewisses Geschick. Es war ein lichterfüllter, fröhlicher und unordentlicher Ort. Zimmerpflanzen und Familienfotos ergaben eine heimelige Atmosphäre. Man hörte immer ein leichtes Stimmengewirr und leises Gelächter. Regelmäßig veranstalteten wir Partys, um Geburtstage zu feiern, oder einfach nur so zum Spaß, und Kollegen verschiedener Herkunft brachten wundervolle Gerichte aus ihren Heimatländern mit. Wir versammelten uns um die Schreibtische und um einige größere Tische, und gewaltige Essensmengen verschwanden innerhalb kürzester Zeit.

Als ich später mit Bibliothekaren auf der ganzen Welt arbeitete, merkte ich, dass ich einen Bibliothekar oder eine Bibliothekarin überall erkennen konnte, obwohl ich es nicht wirklich verstehe. Ich denke, es hat etwas zu tun mit der spezifischen Intensität, Ausdauer und Leidenschaft, Information zu organisieren und Antworten auf schwierige und abseitige Fragen zu finden, egal wie lange die Suche dauert. Bibliothekare sind besonders gut im Kreuzworträtsel-Lösen, und sie lieben Herausforderungen. Wo auch immer ich in der

Welt hinfuhr, fühlte ich mich sofort in ihren Bibliotheken und an ihren Arbeitsplätzen heimisch. Ich genieße die Kollegialität verwandter Seelen, tauche in den Geruch ihrer Bücherregale (muffig vom verfallenden Papier) ein und finde alte Vertraute unter ihren Nachschlagewerken.

Bibliothekare aus der Erwerbungsabteilung, die für Westeuropa zuständig waren, berichteten mir von „Blanket Order"[22], einem Fachbegriff, der neu für mich war: ein Händler, der auf Veröffentlichungen aus einem bestimmten Land oder aus einer Region spezialisiert war, schloss eine Übereinkunft mit unserer Bibliothek ab und lieferte dann die Bücher und Zeitschriften, die zu dem Profil passten, das wir erstellt hatten. So mussten wir nicht alle Titel einzeln auswählen, ein ansonsten sehr arbeitsintensiver Prozess, für den viele Bibliotheken, auch meine, nicht ausreichend Personal hatten. (In unserem Land hatte zu dieser Zeit nur Harvard Personal, das individuell selektierte, was ungewöhnlich war, die meisten anderen wissenschaftlichen Bibliotheken mit großen Sammlungen im Bereich Slavistik und Osteuropawissenschaft nutzten Blanket Order für die aktuellen Publikationen.) Einer meiner neuen Kollegen hörte von einem Händler in München, Kubon & Sagner, der Blanket Order aufstellte, die unseren Bedürfnissen entgegenkommen würden. Professor Adams organisierte ein Treffen zwischen mir und „meinen" Fakultätsangehörigen - den Professoren, die auf slavische Sprachen und Literatur, Geschichte, Politik und Wirtschaft spezialisiert waren - wir erstellten gemeinsam unsere Profile, feilten sie zusammen mit Kubon & Sagner aus, und schon kamen regelmäßig die Bücherkisten aus München bei uns an.

---

[22]Der Begriff „Blanket Order" steht für Rahmenverträge oder Blankoaufträge, die die Bibliotheken an Buchhändler vergeben, damit diese zum Profil der Bibliothek passende Publikationen liefern. In den USA ist eine solche Zusammenarbeit seit Anfang der 1970er Jahre an wissenschaftlichen Bibliotheken üblich. Praxis sind auch an deutschen Bibliotheken formale Erwerbungsprofile: „Blanket Order" für Monografien, „Standing Order" für Zeitschriften oder monografische Reihen, Fortsetzungen. Inhaltlich definierte Erwerbungsprofile, die zwischen Bibliotheken und Buchhandel ausgemacht werden, werden in Deutschland als „Approval Plan" bezeichnet und sind hier weniger verbreitet als in den USA.

Warum aus München und von Kubon & Sagner, und nicht direkt aus Moskau, Warschau, Budapest und so weiter? Weil, so lernte ich, das Geschäft mit Büchern auf dem anderen Planeten nicht so funktionierte wie bei uns. Es gab keinen kommerziellen Buchhandel wie bei uns. Alle Bücher wurden dort vom Staat herausgegeben. Ohne harte Währungen des Weltmarktes, wie Dollar, Mark oder Yen, und ohne offene Grenzen konnte man dort keinen Buchhandel im Sinne der westlichen Welt betreiben. Den Herausgebern und Buchhandlungen war es verboten, direkt mit Kunden von unserem Planeten zu verhandeln. Anstelle dessen wurde in jedem Land eine Spezial-Agentur eingerichtet. In der Sowjetunion hieß sie *Meždunarodnaja kniga* (*Internationales Buch*). Einige wenige Buchhändler auf unserem Planeten (normalerweise einer pro Land) wurden Agenten von *Mežkniga*, wie es genannt wurde, und ihren Schwesteragenturen in den anderen Ländern dieses Planeten, und diese Händler konnten dann ihre eigene Blanket Order auf Bücher des anderen Planeten ausstellen. Unsere Bibliotheken bezahlten diese Händler, die Händler rechneten mit den offiziellen Agenturen ab, und die Bücher strömten zu uns.

Meine Lernkurve stieg steil nach oben. Zu Beginn mussten mir meine Kollegen an der Michigan State University absolut alles beibringen, was man als Bibliothekarin wissen musste, und sie vermittelten dies mit großer Güte und viel Geduld. Niemand schien es mir zu verübeln, dass ich keine Bibliotheksausbildung hatte. Ja, sie empfingen mich sogar im Gegenteil mit offenen Armen, weil ich sie davon erlöste, sich mit den Veröffentlichungen aus der Sowjetunion und Osteuropa beschäftigen zu müssen, die in unbekannten Sprachen und merkwürdigen Alphabeten gedruckt waren. Die Mehrzahl davon verströmte den starken, sauren Geruch des sowjetischen Papiers, der viel penetranter war als der von europäischem oder amerikanischem Papier. (Offenkundig hatte der andere Planet seine eigene Methode der Papierherstellung.) Ich kannte natürlich den Geruch aus meinem Studium, aber nun lebte ich beruflich damit, und er blieb an meiner Haut und an meiner Kleidung haften. Ich merkte damals nicht, wie viel dieser Geruch heraufbeschwören oder wie viel Symbolik ich damit verbinden und er in meine Fantasie einsickern würde.

Die Mitglieder der Fakultät für Russland- und Osteuropa-Wissenschaften an der Michigan State University waren genauso freundlich und geduldig zu mir. Sie waren auch erfreut, dass ich bei ihnen war, weil sie nun nicht länger selber als Bibliothekare fungieren mussten, indem sie versuchten, die Sammlungen aufzubauen, die sie für ihre Lehre und Forschung brauchten, während sie gleichzeitig lehrten und forschten. Ich traf mich in regelmäßigen Abständen mit jedem einzelnen, um herauszufinden, was er oder sie brauchen könnte und, um sie zu ermuntern, mir zu helfen. Sie hatten Verständnis dafür, dass es einige Zeit brauchen würde, bis ich Fahrt aufnehmen konnte und übten keinen Druck auf mich aus. Die Kombination Slavistik und Bibliothekswesen gefiel mir äußerst gut, und ich war sehr zufrieden mit meiner Rolle als Verbindungsstelle zwischen meiner Fakultät und der Bibliothek. Ich entwarf von mir selbst das Bild einer Forschungs-Bibliothekarin in spe.

Als ich im September 1969 an die University of Illinois in Urbana-Champaign kam, lernte ich den anderen Kanal kennen, über den Bücher und Zeitschriften flossen. Wenn eine Universitäts- oder Spezial-Bibliothek ältere, vergriffene oder neue wissenschaftliche Veröffentlichungen von akademischen Institutionen des anderen Planeten benötigte, wurden sie üblicherweise durch ein ausgefeiltes Tauschsystem bezogen. So wie wir Schwierigkeiten hatten, Veröffentlichungen von ihnen zu kaufen, so konnten sie nicht direkt bei uns kaufen, weil die Bibliotheken dort nur sehr begrenzten Zugang zu harter Währung hatten. Um dieses riesige Problem zu umgehen, entwickelten wir gemeinsam ein Tauschsystem, so dass man für einen Dollar auch Bücher im Wert von einem Dollar bekam und die osteuropäischen Bibliotheken trotzdem keine Dollar ausgeben mussten.[23] Die Bibliotheken auf dem anderen Planeten hatten eine

---

[23]Der Hintergrund ist hier, dass die Bücher in Russland und ganz Osteuropa subventioniert waren und die sozialistischen Regierungen nicht bereit waren, dem Westen die Bücher zum (subventionierten) Ladenpreis zu verkaufen. Sie haben deshalb einen sogenannten Bücherrubel eingeführt, der bei etwa 1 Rubel : 7 DM lag, für den Dollar entsprechend. Das Tauschsystem, von dem Marianna Tax Choldin berichtet, hat dazu geführt, dass man für

große Anzahl von Exemplaren von ihren eigenen Publikationen. Auch wenn sie keine harten Währungen hatten, so konnten sie doch Bücher und Zeitschriften kostenfrei an uns senden, weil der Staat die Frachtgebühr für sie zahlte. Wir schickten Bücher und Zeitschriften, die von unseren Universitäten und der Fachpresse veröffentlicht wurden. Die Bücher der Universitätsverlage waren für uns kostenlos oder wurden von unseren Universitäten zu geringen Kosten überlassen. Die Fachpresse gewährte uns hohe Rabatte. Der Tausch war ein großartiges Geschäft für die Bibliotheken auf beiden Planeten während der Jahre des Kalten Krieges.

An einigen der großen Bibliotheken in den Vereinigten Staaten, auch in Illinois, ähnelten einige der Tauschabsprachenwege den Blanket Order. Beispielsweise erstellten wir Profile für die neuen Materialien, die wir von der Akademie der Wissenschaften in Leningrad bekommen wollten. Wir sandten Anfragen auf individuelle Stücke älteren Datums, das von amerikanischen Wissenschaftlern benötigt wurde – z. B. Segmente von bestimmten Zeitschriften und Zeitungen. An großen wissenschaftlichen Bibliotheken wie der von Illinois bauten wir Sammlungen nicht nur für unsere eigene Fakultät und unsere Studenten auf, sondern waren auch Dienstleister für Wissenschaftler im ganzen Land und für den Rest unseres Planeten.

Für die sowjetischen und ost- und mitteleuropäischen Bibliotheken waren die Tauschbeziehungen nahezu der einzige Weg, um Veröffentlichungen von unserem Planeten zu beziehen, und daher waren sie ungeheuer wichtig. Die Bibliotheken auf dem anderen Planeten bauten so wie wir Profile auf und stellten individuelle Anfragen, so wie wir es machten. Sie zählten auf uns, um alle möglichen Arten von Publikationen zu bekommen: Lehr- und wissenschaftliches Material aus vielen Bereichen sowie klassische und moderne Belletristik. Wir trafen Vereinbarungen mit unserer Universität und der Fachpresse, um das zu beschaffen, was die Partner bei uns erfragten. Viele, vielleicht sogar die meisten der Publikationen, die wir verschickten,

---

einen Dollar auch Bücher im Wert von einem Dollar bekam und die osteuropäischen Bibliotheken trotzdem keine Dollars ausgeben mussten. Durch das Tauschsystem konnten die Bibliotheken den Bücherrubel umgehen.

wanderten sofort in den Giftschrank – in die spezielle, geschlossene Sammlung – aber immerhin waren sie dann dort im Land, und die Wissenschaftler, die ihre Zuverlässigkeit und die Notwendigkeit beweisen konnten, dass sie das Material einsehen mussten, hatten eventuell eine Chance, es zu lesen.

Ich war immer erstaunt, dass tausende von Bücherkisten aus hunderten von Bibliotheken von beiden Planeten in beide Richtungen verschifft wurden, indem sie irgendwie unterhalb des Radars segelten. Während der Ära des Kalten Krieges erfuhren von Zeit zu Zeit US-Kongressabgeordnete etwas von diesem regen Verkehr und knurrten, wir würden zulassen, dass wertvolle Information an den Feind fließen würde, und ich nehme an, dass dieselben Ängste auch auf dem anderen Planeten hochkamen, aber der Strom ebbte nicht ab. Wir ächzten unter den endlosen Kisten, die mit den gesammelten Werken der Diktatoren ankamen – Albaniens Enver Hodscha, Rumäniens Ceaucescau, Marx, Engels, Lenin, Stalin und so weiter und so weiter bis in alle Unendlichkeit – aber wir wussten, dass das der Preis war, den wir zahlen mussten, um das wirklich gute Material in die Bibliotheken auf beiden Planeten hineinzubekommen.

In Illinois fand ich Unterstützung, um mein Hauptziel zu erreichen: Wissenschaftler mit dem Material, das sie benötigten, zu versorgen, egal wo die Wissenschaftler waren und wo die Materialien nachgewiesen werden konnten. Ich war eine der Organisatoren des *Summer Research Laboratory on Russia and Eastern Europe* (kurz: *Summer Research Lab, Sommer-Forschungslabor zu Russland und Osteuropa*)[24] ein ausgeklügeltes Programm, das 1973 ins Leben gerufen wurde und Wissenschaftler und Doktoranden aus aller Welt in den Sommermonaten auf unseren Campus zog. Hier fanden sie einen Ort, an dem sie sich austauschen, kostenlos wohnen und die Privilegien von Fakultätsmitgliedern in unserer großen Bibliothek genießen konnten. 1976 wurde ich die erste Direktorin eines anderen innovativen Programms, des *Slavic*

---

[24]Das *Summer Research Laboratory on Russia and Eastern Europe* wurde inzwischen inhaltlich erweitert und findet nun als Summer Research Laboratory on Russia, Eastern Europe and Eurasia statt.

Reference Service (*Auskunftsdienst Slavistik*)[25], der es Wissenschaftlern ermöglichte, weltweit Material zu lokalisieren, d. h. einen Standort in einer anderen Bibliothek herauszufinden und das zu erhalten, was sie für ihre Forschung benötigten (und das vor den Zeiten des Internets). Obwohl nur wenige Jahre vergangen sind, kann man sich kaum daran erinnern, was Recherche vor dem Internetzeitalter bedeutete. Wissenschaftler benötigten alle Hilfe, die sie von Leuten wie meinen Kollegen aus den Osteuropa-Bibliotheken und mir bekommen konnten. Wir telefonierten in den Bibliotheken im ganzen Land miteinander, um herauszufinden, wo es einen Bestand gab. Wir schrieben Briefe an Kollegen außerhalb Nordamerikas. Wir sandten Fernschreiben an Bibliothekare in der Sowjetunion und in Osteuropa mit Anfragen zu Mikrofilmen von Zeitungsnummern, die ein Wissenschaftler hier brauchte. Wir ließen nicht locker, bis wir gefunden hatten, was wir suchten. Nur ganz selten gaben wir auf.

Das *Summer Research Lab* und der *Slavic Reference Service* basierten auf drei Stärken: unseren reichhaltigen Sammlungen, unserem Können und dem Willen, sie mit den Wissenschaftlern überall zu teilen, und unserem unglaublich starken Bibliothekars-Team, das die akribische Arbeit ausführte, Forschungsmaterial zu lokalisieren und von anderen Bibliotheken in aller Welt zu beschaffen. Diese beiden Programme machten unsere Bibliothek berühmt, und dort zu arbeiten machte mich stolz und glücklich. Hunderte Wissenschaftler, denen wir halfen, vertrauten uns und verließen sich auf uns; sie warteten geduldig, manchmal jahrelang, bis ihre Sendung eintraf. Und wenn es dann ankam und wir sie anrufen oder ihnen schreiben konnten, dass wir gute Neuigkeiten hatten, war die Aufregung und Begeisterung größer als alles, was ich je erlebt hatte.

Meine Kolleginnen und Kollegen an der University of Illinois waren überwiegend gebürtige Amerikaner, aber wir wurden bei unserer Arbeit von Emigranten aus Osteuropa und von vielen Sowjet-Emi-

---

[25] Der *Slavic Reference Service* wird auch heute noch mit demselben Aufgabenzuschnitt von der Bibliothek der Universität von Illinois in Urbana angeboten, nähere Informationen dazu: http://www.library.illinois.edu/spx/srs.htm.

granten der *Dritten Welle*, unterstützt. Unter ihnen befanden sich viele Juden oder mit Juden Verheiratete, die die Sowjetunion in einem Zeitraum zwischen den frühen 1960er Jahren, mit Höhepunkten in den 1980er und 1990er Jahren, verlassen hatten. (Die *Erste Welle*, zu der auch meine Großeltern gehörten, war vor dem Antisemitismus geflohen, die *Zweite Welle*, in der es weniger Juden gab, war vor dem Kommunismus nach der Revolution von 1917 geflohen, und die *Dritte Welle* floh wieder vor dem Antisemitismus.) Viele aus der *Dritten Welle*, die in der Nähe von Universitäten gelandet waren, suchten dort Beschäftigung, und ziemlich viele wurden von den Bibliotheken mit osteuropäischen Sammlungen angezogen. An der University of Illinois und an den Universitäts- und Spezialbibliotheken in ganz Nord-Amerika und Westeuropa, stellten wir Emigranten als Osteuropa-Bibliothekare an unseren Bibliotheken ohne Rücksicht auf ihren Hintergrund an: sie konnten Russisch, das zählte.

Für mich waren die Emigranten auch ein wichtiges Bindeglied zum anderen Planeten. Ich fühlte mich mit ihnen verbunden, fast als ob sie zur Familie gehörten – die jüdischen Cousinen, Nichten und Neffen, von denen ich getrennt wurde, als meine Großeltern emigrierten. Während meiner Jahre in Champaign-Urbana stellte ich viele von ihnen an oder arbeitete mit einer Reihe von ihnen. Einige wurden gute Freunde, aber als neue Amerikaner, nicht als Sowjetbürger. Wie so viele neue Amerikaner wollten die meisten sich einfach nur anpassen, sie wollten so werden wie wir und nicht darüber sprechen, wo sie herkamen. Sie arbeiteten in der Osteuropa-Abteilung der Bibliothek, weil ihr Englisch nicht gut genug war, um irgendwo anders zu arbeiten, aber sie schauten nach vorne, nicht zurück.

Bibliotheken sind ein Ort, an dem sich Menschen mit Fremdsprachenkenntnissen willkommen fühlen, und ich schrieb im Auftrag der *American Library Association*[26] Briefe für solche Leute, die als Bib-

---

[26]Die American Library Association (ALA) ist eine Organisation, die in den Vereinigten Staaten gegründet wurde und die Bibliotheken international fördert. Sie ist die älteste (gegründet 1876) und größte Bibliothekenverband der Welt. Die Organisation tritt entschieden gegen die Zensur von Bibliotheken ein. Sie veröffentlicht jährlich eine Liste der erfolgreichen

liothekare in der früheren Sowjetunion ausgebildet worden waren und nun Arbeit in amerikanischen Bibliotheken suchten. Ich studierte ihre Referenzen und schrieb jedem einen Brief: „Ihre Ausbildung, abgesehen von den politischen Kursen [die normalerweise die Namen Marx und Lenin in den Kurstiteln trugen und von der Substanz her komplett nutzlos waren], ist gleichwertig mit der Ausbildung an Fakultäten für Bibliotheks- und Informationswissenschaft in den USA." (In einigen Fällen waren sie nicht gleichwertig, ich musste ihnen mitteilen, dass sie sich mit einem zusätzlichen Studium in den USA als Bibliothekare qualifizieren mussten.)

Vielfach konnte ich den Emigranten helfen. Leider ging es in einigen Fällen nicht gut aus, und manchmal wurden meine Bemühungen ausgeschlagen. Oft waren deren Erwartungen gemessen an der Realität überzogen: ein Apotheker wollte nicht unter seinem Niveau einer untergeordneten Arbeit in einer Bibliothek nachgehen. Ich fühlte mit diesen Leuten mit, einige von ihnen waren nicht mehr jung, mussten aber ein neues Leben für sich und ihre Familien in einem neuen Land, und schlimmer noch in einer neuen Sprache, aufbauen. Über die Jahre sah ich einige ihrer Kinder aufwachsen und echte Amerikaner werden, oft helle und talentierte Köpfe, einige davon aktive Mitglieder der amerikanischen jüdischen Gemeinde. Aber mein Hauptaugenmerk lag immer auf dem Ursprungsland, aus dem sie kamen, aber die meisten der Emigranten teilten die Anziehungskraft, die für mich von diesem Ort ausging, nicht.

Dennoch waren meine Kollegen, die Emigranten waren, bereit, mit mir über ihre frühere Heimat zu sprechen, und ich erfuhr von ihnen eine Menge darüber, wie die Dinge in der Sowjetunion liefen und auch über sowjetische Kultur, indem ich ihnen zuhörte und sie beobachtete. Sie waren eine großartige Quelle für mich, wenn ich etwas nicht verstand oder eine These überprüfen wollte. So bat ich zum Beispiel, als ich in den frühen 1980er Jahren amerikanische Original-Literatur mit ihrer sowjetischen Übersetzung verglich, einige Freunde

---

und versuchten Entfernungen von Büchern aus Bibliotheken und ist Hauptsponsor der jährlich stattfindenden „Banned Books Week".

unter den Emigranten, Passagen zu lesen, zunächst auf Russisch, dann im englischen Original. Ohne Ausnahme waren sie erstaunt und erschrocken über die Änderungen, die am Text vorgenommen worden waren, und sie versicherten mir, dass sie von der Übersetzung niemals auf den Original-Text hätten schließen können. Als sie noch in der Sowjetunion lebten und die Übersetzung eines ausländischen Buches lasen, nahmen sie einfach an, dass sie korrekt war. Sie schätzten meine Arbeit, und das war sehr wichtig für mich.

Über die Jahre wurde ich eine Art fliegende Botschafterin für die Weltgemeinschaft der Osteuropaforscher und Osteuropa-Bibliothekare und arbeitete hauptsächlich für die Organisationen, die uns zusammenbrachten: in Nord-Amerika für die *American Association for the Advancement of Slavic Studies*[27] und für Organisationen von Osteuropa-Bibliothekaren in Großbritannien, Frankreich und in der Bundesrepublik Deutschland. Es war immer noch die Zeit des Kalten Krieges, und wir konnten mit unseren Kollegen auf dem anderen Planeten auf der Basis einer individuellen Beziehung von Bibliothek zu Bibliothek unterhalb des Radarschirms zusammenarbeiten, und viele von uns entwickelten ausgezeichnete Beziehungen, hauptsächlich über den institutionellen Tausch von Materialien, den ich beschrieben habe. Einige meiner amerikanischen und europäischen Kollegen reisten regelmäßig in die Sowjetunion und nach Osteuropa und waren der gesamten Gemeinschaft auf unserem Planeten nützlich, indem sie von ihren Reisen berichteten und die neuesten Gerüchte über die Bibliothekswelt auf dem anderen Planeten mit uns teilten.

Bis meine Töchter acht Jahre alt waren, arbeitete ich nur morgens in der Bibliothek, zu der Zeit, als ich eine Professur anstrebte, stockte ich auf einen Dreivierteltag auf - mit der Aussicht, eventuell Vollzeit

---

[27] *Die American Association for the Advancement of Slavic Studies* ist eine wissenschaftliche Gesellschaft, die zum Ziel hat, öffentliche und private Unterstützung für Forschung, Lehre und Veröffentlichungen und die Verbreitung von Wissen in Bezug auf das Themengebiet zu gewinnen sowie bei der Vernetzung von Personen, Organisationen und Institutionen zu helfen. Mehr zur „American Association for the Advancement of Slavic Studies": http://aseees.org/about.

zu arbeiten. Anfangs war ich wirklich besorgt, wie ich einen Weg finden könnte, meine Arbeit und meine Forschungstätigkeit damit zu verbinden, dass ich Mutter und Ehefrau war. Mein Vater war ein gutes Modell, abgesehen von der Tatsache, dass er eine Frau hatte, die nicht außer Hauses arbeitete und eine Schwiegermutter im Haus, die sich nützlich machte. Wo sollte ich eine Ehefrau hernehmen? Wie konnte ich all die Dinge erledigen, die Mutter und Großmutter machten, als ich aufwuchs: Wäsche waschen, einkaufen, den Haushalt in Ordnung bringen, Rechnungen bezahlen, die Kinder zum Arzt bringen und bei ihnen zuhause sein, wenn sie krank waren. Wenn ich nur daran dachte, wurde mir schwindelig. Aber wir schafften es, dank der flexiblen Zeitpläne an der Universität, der Hilfe beim Putzen und bei der Kinderbetreuung, inklusive einiger Babysitter, die auch wunderbare Köche waren und bei den Abendessen aushalfen, Harveys konstanter Mitarbeit und unseren bewundernswert selbstständigen Kindern. Doch: Es gab eine gewisse Spannung zwischen meinen beiden Leben, aber es wurde nie unerträglich.

Als ich meine Professur anstrebte, hatten Kate und Mary ihre Freizeitaktivitäten nach der Schule, so blieb ich an den Nachmittagen auf dem Campus, forschte und schrieb Artikel über russische Bibliographen des 19. Jahrhunderts. Ich war glücklich und zufrieden. Die University of Illinois und die Bibliothek unterstützten meine Arbeit und belohnten mich 1976 mit der festen Anstellung, und noch in demselben Jahr entschloss ich mich – auf Drängen Harveys hin – ein akademisches Jahr lang eine Auszeit ohne Bezahlung zu nehmen und meine Doktorarbeit an der University of Chicago zu schreiben.

Ich wusste, dass ich Slavistik mit Bibliothekswesen kombinieren wollte, und die „*Graduate Library School*" (das Gradiertenkolleg für Bibliothekswesen) an der University of Chicago nahm mich an und ermöglichte es mir, das zu machen, was ich vorhatte. Sie rechneten mir meine Masterarbeit in den slavischen Sprachen und Literaturen an und verlangten von mir, ein akademisches Jahr in Chicago zu verbringen, auf das umfangreiche Prüfungen folgen würden. Mein Vorhaben war es, ein Thema für meine Dissertation zu finden, einen Entwurf zu schreiben und ihn zu verteidigen, alles während eines akademischen Jahres. Im Sommer würde ich dann nach Champaign-Urbana und zu meiner Arbeit zurückkehren, einige Lektürekurse belegen und an meiner Dissertation arbeiten, wenn ich dazu kam, alles während ich Vollzeit arbeitete. Sicher ein ehrgeiziger Stundenplan, aber ich war jung und energiegeladen, das akademische Leben war das einzige Leben, das ich kannte, und jeder um mich herum arbeitete hart. Es begann im späten September 1976 und dauerte bis zur ersten Junihälfte 1977: Harvey setzte mich jeden Sonntag-Nachmittag an der Greyhound-Station ab, und ich fuhr nach Chicago, dabei arbeitete ich und hielt ein Nickerchen. Von der zentralen Busstation in Chicago aus nahm ich einen Bus nach Hyde Park und kam um die Abendbrotzeit herum in der Wohnung meiner Eltern an. Mama und Papa warteten immer auf mich, und Papa machte mir dann ein Omelett. (Er machte köstliche Omeletts und ich denke immer an ihn, wenn ich sie für Harvey und mich am Sonntag-Abend zubereite.) Was für eine merkwürdige und zugleich kostbare Zeit es doch war! Zuhause leben, von den Eltern versorgt werden, mein Mittagessen einpacken und dann jeden Morgen zur „Schule" gehen. Meine Mitschülerinnen waren meistens jünger als ich und kamen frisch vom College. Wir studierten zusammen und kämpften uns durch die vorgeschriebenen Statistik- und Computer-Kurse. Ich hatte als Bibliothekarin schon Praxiserfahrung, aber ich wusste wenig von dem, was außerhalb meiner Erfahrung im Bereich Slavistik und Osteuropa-Wissenschaften lag. Ich nahm alles in mich auf, das mir nützlich erschien und packte den Rest erstmal zur Seite, um ihn zur Examenszeit wieder herauszuholen.

Ich blieb bis Donnerstag- oder Freitag-Abend bei meinen Eltern, um dann mit dem Zug nach Hause zu fahren, manchmal mit einem Freund aus Urbana, der in der Stadt zu tun hatte, und uns beide mit dem Auto nach Hause fuhr. An den Wochenenden kochte ich daheim für Harvey und die Mädchen. In der Woche ließen sie meisten meine Hühnchengerichte in der Tiefkühltruhe und aßen außerhalb oder brachten sich Pizza mit und schauten *The Brady Bunch* oder *Barney Miller* im Fernsehen[28]. Sie waren alle froh, mich zu sehen, aber es sah

---

[28]Die Familienserie „The Brady Bunch", lief von 1969 bis 1974 in 117 Episo-

nicht so aus, als ob sie unendlich leiden würden, das war eine Erleichterung für mich. Meine Mutter machten sich Sorgen um sie, und ich war froh, sie beruhigen zu können.

Im Juni 1977 unterzog ich mich dann den umfangreichen Prüfungen und bereitete mich darauf vor, meinen Dissertations-Entwurf zu verteidigen. Das Thema meiner Dissertation hatte mich ganz unerwartet seinerseits selbst ausgesucht. Eines Tages im Herbst 1976, als ich für einige Tage in Urbana war, stieß ich mit einem Kollegen, Professor Maurice Friedberg, in der Bibliothek zusammen. Maurice war einige Jahre früher als ich von der Indiana University nach Urbana gekommen, und wir waren schnell Freunde geworden. Ein polnischer Jude, der den Holocaust in Polen überlebte – wie? er sprach nie darüber - war Maurice unter anderem ein Spezialist für sowjetische Übersetzungen westlicher Literatur, und er hatte zwei wunderbare Bücher über diesen Gegenstand geschrieben. Er sprach mühelos mehrere Sprachen und war weit und breit unter den Kollegen, auch unter denen in der Sowjetunion, dafür bekannt, die neuesten Sowjet-Witze zu kennen.

Maurice war gerade auf ein Buch in unseren Bibliotheksregalen gestoßen und machte mich darauf aufmerksam, eine normal aussehende Bibliographie aus der Zeit vor der Revolution mit dem Titel *„Alfavitnyi katalog sočinenij na francuzskom, nemetskom i anglijskom iazykach, zapreščennym inostrannoju cenzuroju ili dozvolennym k obraščeniju s isključeniem nekotorych mest, s 1856 po 1 ijulia 1869 goda"* *(„Alphabetischer Katalog von Werken auf Französisch, Deutsch und Englisch, verboten von der Zensur für Ausländische Literatur oder zugelassen bei Entfernung bestimmter Passagen, von 1856 bis zum 1. Juli 1869")*[29]. Das Buch war in drei Abschnitte einge-

---

den im US-Fernsehen, ab 1971 unter dem deutschem Titel „Drei Mädchen und drei Jungen" auch im deutschen Fernsehen (die markige, verschmitzte Haushälterin!). Die Polizeiserie „Barney Miller" lief in 170 Episoden von 1975 bis 1982 zunächst nur im US-Fernsehen, einige Folgen wurden 1982 in Deutschland unter dem Titel „Wir vom 12. Revier" ausgestrahlt und weitere Folgen ab 1990 unter dem Originaltitel.

[29] *Alfavitnyi katalog sočinenij na francuzskom, nemetskom i anglijskom iazykach, zapreščennym inostrannoju cenzuroju ili dozvolennym k obraščeniju s isključeniem nekotorych mest, s 1856 po 1 ijulia 1869 goda* (St. Petersburg: Tip. Ministerstva Vnutrennych Del, 1870).

teilt, einer für jede Sprache. Jeder Eintrag bestand aus einer guten bibliographischen Beschreibung – Autor, Titel, Erscheinungsort, Verleger, Erscheinungsjahr, Seitenzahl – und neben dem Eintrag war die Entscheidung der Zensurkommission für Ausländische Literatur vermerkt. Ein Werk konnte vollkommen verboten sein, dann hieß es *„für die Öffentlichkeit verboten"* oder aber nur für bestimmte Gruppen zugelassen sein: *„erlaubt für Ärzte"* oder *„für Protestanten";* oder es konnte *„mit Entfernungen"* zugelassen werden, wobei die zu entfernenden Passagen detailliert aufgelistet waren.

Was bedeutete dies alles? Ich wusste bisher nichts über diesen Gegenstand, aber ich wusste sofort eines – hier, auf diesen Seiten dieses eigenartigen, dünnen Bandes befand sich das perfekte Thema für mich: die Zensur von ausländischen Büchern im russischen Zarenreich. Maurice wusste es natürlich ebenfalls, und von diesem Augenblick an war er nicht nur mein Freund und Kollege sondern auch mein wissenschaftlicher Mentor.

Ich erinnere mich daran, wie ich die Seiten des alphabetisch geordneten Katalogs aufschlug, und innerhalb von wenigen Momenten fühlte ich den geheimnisvollen und wunderbaren Schock, den man hat, wenn alles zueinander zu passen scheint. In meinem Fall fühlt es sich wie eine Beschleunigung aller Sinne an: ich merke den Adrenalinstrom, das Glück und die Zuversicht, dass etwas Richtiges passiert ist. Mir fällt es leicht, Deutsch und Französisch zu lesen, und ich war immer schon an Zensur interessiert, aber wusste nur, dass sie im Zarenreich und in der Sowjetunion existierte; ich hatte überhaupt keine Ahnung davon, wie sie wirklich funktionierte. Ich wollte unbedingt mehr über diese Regierungsbehörde in Erfahrung bringen, die sich „Zensur-Kommission für Ausländische Literatur" nannte – und von der ich noch nie gehört hatte – und sehen, wie sie mit diesem Material umgegangen war.

Eine kleine Recherche brachte zu Tage, dass die Kommission 1828 in Sankt Petersburg gegründet worden war, in der Hauptstadt des Reiches, und Ableger in den anderen Städten des zaristischen Russland unterhielt. Jedes Büro der Kommission war damit beauftragt, Veröffentlichungen, die ins Reich kamen, zu überprüfen. Wie arbeiteten sie? Wer waren die Zensoren? Welche Art von Publikationen überprüften sie, und wie bewerteten sie sie? Was passierte mit den Werken, nachdem sie die Kommission passiert hatten? Und im Kern meiner Fragestellung: wonach genau suchten die Zensoren?

Ich schrieb einen Entwurf mit der Idee zu meiner wissenschaftlichen Forschung, der Methode, die ich anwenden würde, um die Recherchen durchzuführen, fügte eine Literaturliste hinzu und setzte ein Datum mit meinem Berater und der Dissertations-Kommission fest, das mein Berater und ich vorher besprochen hatten. Die Fragen, die sie mir stellten, waren angemessen, und die Mitglieder der Kommission schienen mit meinen Antworten zufrieden zu sein. Etwa nach einer Stunde schickten sie mich in die Eingangshalle, um über mein Schicksal beraten zu können – und da stand ich nun. Hatten sie mich vergessen? Nach etwa dreißig Minuten extremen Unbehagens klopfte ich ängstlich an die Tür. Die Mitglieder meiner Kommission drehten sich zerstreut zu mir um. Wer war diese Person? Dann lächelten sie, ebenfalls verwirrt. („*Oh, Sie sind es*", meinten sie damit.) „*Mit Ihnen ist alles in Ordnung*", sagte mein Berater in sachlichem Ton. „*Wir mussten über einige Angelegenheiten in unserer Abteilung sprechen und haben darüber vergessen, dass Sie da waren. Es tut uns leid!*"

Am nächsten Morgen fuhr ich nach Champaign zurück, um eine neue Lebensphase zu beginnen. Ich hatte zwei Lektürekurse auf dem Campus von Urbana abzuschließen, einer wurde von Maurice unterrichtet und der andere von einem russischen Historiker. Für die Kurse würde ich Credit Points an der University of Chicago bekommen. Ich war zurück in der Osteuropa-Bibliothek und wieder zuhause als Vollzeit-Ehefrau und -Mutter. Und wann immer ich dazu kam, entschlüpfte ich in mein Arbeitszimmer im vierten Stock der Bibliothek und schrieb an meiner Dissertation, alleine mit meinen Zensoren.

KAPITEL 5

Dissertation und Buch

Ich betrete das Magazin der Bibliothek der University of Illinois in Urbana, wo ich Fakultätsmitglied an der Bibliothek für Slavistik und Osteuropawissenschaft bin[30]. Es sind die Winterferien des Jahres 1976, und ich suche nach den drei deutschen Büchern aus dem 19. Jahrhundert, die ich in meinem alphabetischen Zensur-Katalog gefunden habe. Die Titel, nach denen ich suche, waren alle nur unter der Bedingung in Russland zugelassen, dass bestimmte Passagen entfernt würden. Neben jedem Eintrag finden sich präzise Hinweise darauf, wie man diese Passagen findet, z. B. Seite 29, sechs Zeilen von unten. Der Kartenkatalog der Universitätsbibliothek zeigt an, dass Illinois die drei Titel besitzt, nach denen ich Ausschau halte: zwei Bände der 13. Auflage der *Brockhaus-Enzyklopädie* und eine Welt-Geschichte[31]. Die Bibliothek der University of Illinois mit ihren reichhaltigen Sammlungen ist ein altes Gebäude; das Büchermagazin hat ein Erdgeschoss und vier Etagen, die in zehn Ebenen unterteilt sind, daher sind die Decken niedrig. Metall-Treppen, die Feuertreppen ähneln, verbinden die Ebenen. Reihe um Reihe von Metall-Regalen füllt den Raum vom Boden bis zur Decke. Die Beleuchtung ist gedämpft. Heute – wie es oft der Fall ist – bin ich die einzige Person in diesem Teil des Magazins.[32]

---

[30]In einigen Universitäts-Bibliotheken der USA haben wissenschaftliche Bibliothekare den Rang von Professoren, sind damit Mitglieder der Fakultät und werden somit – anders als deutsche Bibliothekare – direkt in die Entscheidungen des Fachbereichs einbezogen.

[31]*Brockhaus' Conversations-Lexikon.* 13., vollständig umgearbeitete Auflage (Leipzig: Brockhaus, 1882 – 1887). Jäger, Oskar: *Geschichte der neueren Zeit, 1517-1789* (Bielefeld: Velhagen & Klasing, 1888).

[32]Die Bibliothek in Urbana hat ein riesiges Freihandmagazin, das systema-

Ich finde meinen ersten *Brockhaus*-Band, überprüfe den Katalog der Zensoren nach Hinweisen für mich, und öffne den Band an der richtigen Stelle. Ich ringe nach Luft! Was ist das da in der linken Spalte, wo sich eigentlich meine zu entfernende Passage befinden soll? Was ist mit dem Druck passiert, und warum ist das Papier so dünn? Ich ziehe den zweiten *Brockhaus*-Band aus dem Regal, überprüfe meine Hinweise und öffne die angegebene Seite. Eine andere Stelle mit dünnem Papier, wo der Druck abgeschabt wurde! Was ist los? Ich klemme beide Bände unter meinen Arm, klettere hinauf zur Geschichte auf Ebene 10 und finde die deutsche Weltgeschichte, die auf meiner Liste steht, öffne das Buch - in meinem Kopf dreht sich alles. Unter dem Porträt der Kaiserin Elisabeth (die Tochter Zar Peters des Großen), bedeckt dicke schwarze Tinte die Bildunterschrift, und was wie Altpapier aussieht, wurde überklebt. Und es gibt vier weitere Beispiele in diesem Geschichtsbuch, entweder nur mit Tinte geschwärzt oder mit Papier überklebt.

Abb. 19: Porträt der Zarin Elisabeth mit geschwärzter Bildunterschrift in Oskar Jägers „Weltgeschichte"

tisch nach Dewey-Dezimal-Klassifikation aufgestellt ist. Das Regalsystem ähnelt den Lipman-Regalen, wie sie z. B. in der Staatsbibliothek zu Berlin eingebaut sind: die Leisten, in die die Regale eingehängt sind, ziehen sich vom Erdgeschoss hoch durch alle Geschosse und bilden so einen Teil der Statik.

Ich bin kein Anhänger von Horror-Filmen, aber ich kann nicht umhin zu denken, dass ich nicht allein auf Ebene 10 bin: ein gespenstischer russischer Zensor verfolgt mich und lacht heimlich dabei. Ich packe alle drei Bände unter meinen Arm, klettere hinunter zur Ebene 5 und verlasse das Magazin. Ich stürze in das Bibliotheksbüro, finde dort meinen Kollegen, der für die Sammlungen zuständig ist, und erzähle ihm meine Geschichte. Wir durchsuchen die Unterlagen und finden heraus, dass diese drei Bände im frühen 20. Jahrhundert in die Bibliothek kamen. Sie wurden von Professor Simon Littman aus Odessa mitgebracht, der in die USA auswanderte und Mitglied der Fakultät an der University of Illinois wurde. Die Bände gehörten zur Privat-Bibliothek seines Vaters und waren in der Tat durch die Zweigbehörde der Zensur-Kommission für Ausländische Literatur in Odessa gegangen; als ich sie näher untersuchte, fand ich den Stempel der Kommission.

Danke, Professor Littman, dass Sie mir erlauben, drei Methoden der Entfernung zu sehen: das Abkratzen von Druck auf einer Seite mit einem Rasiermesser, das Abdecken von Wörtern mit schwarzer Tinte und das Überkleben ganzer Passagen mit Altpapier. Später erfuhr ich, dass das Auftragen der dicken schwarzen Tinte im Jargon der Zensoren *Abdecken mit Kaviar* hieß.

Als ich meinen Dissertationsentwurf vorbereitete, entschied ich mich, mich auf den deutschen Abschnitt im alphabetischen Zensur-Katalog zu konzentrieren. Nachdem ich das Projekt mit meinem Kollegen an der Universität von Illinois und meinem gutem Freund Seymour Sudman, einem international anerkannten Spezialisten für statistische Stichproben, diskutiert hatte, nahm ich eine Stichprobe der gelisteten Veröffentlichungen und überprüfte dann die Veröffentlichungen, die sich in der Stichprobe befanden, eine nach der anderen. Als echte Optimistin nahm ich an, dass ich diese Bände an einer der beiden großen Bibliotheken, die mir zur Verfügung standen – Illinois und Chicago – finden würde und ich an die Ausreißer über die Fernleihe, des Wissenschaftlers beste Freundin, herankommen würde. Und ich fand fast alle der ca. dreihundert Stücke meiner Stichprobe, somit war mein Optimismus gerechtfertigt.

Neben meinem fantastischen Erlebnis mit den Odessa-Büchern, das mir die Augen öffnete, verliefen die Dinge reibungslos, und ich fühlte mich großartig, fast schon euphorisch. Was für wundervolle Orte doch Forschungsbibliotheken waren! Wie privilegiert ich doch war, hier an einem Projekt zu arbeiten, das ich so faszinierend fand! Die Büchermagazine waren ein verzauberter Ort, ein dichter Wald voller Bücher und ich ein gelehrter Entdecker, der sich zu einem großen Abenteuer aufgemacht hatte.

Ich muss trotzdem zugeben, dass vieles von dem, was uns Wissenschaftlern bei der Sammlung von Daten und in den Phasen der Analyse bei unserer Arbeit auffällt, anderen als wenig inspirierend, sogar langweilig erscheinen mag. Es gab noch kein Internet, wenigstens noch nicht für Zivilisten, und wir Wissenschaftler zogen uns viele Papier-Schnitte zu, indem wir mit dem Daumen durch die Karten-Kataloge fuhren, um nach den Titeln zu suchen, die wir brauchten. Wir beschmierten unsere Finger reichlich mit Tinte, wenn wir Papierformulare für die Fernleihanfragen ausfüllten! Unser Rücken ächzte, wenn wir über den Kopierern standen. Mitte der 1970er Jahre hatte sich die Zivilisation zum Glück zum Kopier-Zeitalter fortentwickelt, obwohl das Scannen noch in der Zukunft lag. Wir wuchteten große, schwere Bibliographien und Kataloge aus den Regalen, voll winziger Schrift und oft auch mit verwischtem Druck, und dann renkten wir uns den Nacken aus, um sie zurück an ihren Platz zu wuchten.

Wenn wir einmal im Magazin waren, dackelten wir geduldig kilometerlange Gänge entlang, vorbei an Regalreihen, oft unter sehr niedrigen Decken: Um mehr Platz für die Millionen von Büchern zu gewinnen, die in diesem Magazin aufbewahrt wurden, wurde jedes Stockwerk in unserem alten Gebäude in Urbana in zwei Geschosse aufgeteilt, und über Metall-Treppen konnte man von einem Geschoss in das andere gelangen. Die Harper-Bibliothek, das alte Bibliotheksgebäude der University of Chicago, war in der gleichen Weise gebaut wie damals überall wissenschaftliche Bibliotheken gebaut wurden. Die Fenster entlang der Außenseite des Gebäudes waren im Allgemeinen verdreckt – warum sollte man auch dafür bezahlen, Fenster zu putzen – zum Wohle der Bücher? (Ich sollte hinzufügen, dass die Fenster der

Fakultätsbüros genauso schmutzig waren!) Lampen waren dünn gesät und normalerweise spendeten sie nur wenig Licht. Wenn wir den Magazinteil gefunden hatten, den wir brauchten, strapazierten wir unsere Arme und Schultern, und unsicher betraten wir kleine Hocker, so genannte „Elefantenfüße", um schwere Bände auf hohen Regalen erreichen zu können, und wir atmeten beachtliche Mengen an Staub ein, wenn wir die zerbröckelnden Seiten dieser Bände umblätterten, die auf stark säurehaltigem Papier gedruckt waren. Häufig saßen wir auf der Erde, um die Bände eingehender zu studieren, dabei marterten wir unsere Körper, um in die engen Gänge zu passen. Und ich muss den Geruch erwähnen, den stark suggestiven Geruch von zerfallendem Papier, der den Wissenschaftlern überall vertraut ist.

Bücher im Magazin zu suchen, war ein einsames Unterfangen. Zwar waren meistens andere Wissenschafter irgendwo in meiner Nähe, aber bei zehn Magazin-Ebenen, die fünf Millionen Bände beherbergten, war es sehr wahrscheinlich, dass gerade zu dem genauen Zeitpunkt, wenn du da warst, niemand anderer in deiner Nähe sein würde … und so warst du die meiste Zeit alleine mit den zerfallenden Bänden, dem muffigen Geruch, dem schwachen Licht. Man musste zerbröselnde Bände durchforsten, um die korrekte Ausgabe zu finden, akribisch die Schriftzeilen einer veralteten Enzyklopädie zählen, über Passagen blumiger deutscher Prosa des 19. Jahrhunderts in Fraktur nachgrübeln: es war eine feuchte und staubige Arbeit, die den Nacken verkrampfen ließ. Ganz gleich, ich liebte es: den Staub, das gedämpfte Licht, den Wald voller Metall-Regale, die vor reifen Büchern überquollen, den Geruch, die Stille.

Die Szenerie für ein Melodrama oder einen Krimi? Solche Gedanken standen mir fern, aber tatsächlich, etwas Großartiges war geschehen: hier stieß ich zum ersten Mal konkret auf die Arbeit der zaristischen russischen Zensoren. Ich hatte mir vorgestellt, dass diese Phase meiner Recherche Routinearbeit sein würde, vorhersehbar, sogar langweilig, aber das bekümmerte mich nicht - tatsächlich dachte ich, dass akademische Forschung so laufen müsste. Es kam mir nie in den Sinn, dass ich ein echtes Abenteuer im Magazin erleben, und ich mich auf eine Reise in das dunkle Herz der Zensur aufmachen würde.

Ich war bewegt und verunsichert von meiner Begegnung mit den Büchern aus Odessa. Ich war überrascht, dass ich zitterte, als ich das Bibliotheksbüro verließ. Ich hatte soeben eine direkte Begegnung mit einem wirklichen russischen Zensor gehabt. In Wahrheit hatte ich ihn nicht in Form einer Gestalt aus Fleisch und Blut gesehen, aber ganz sicher hatte ich gleich um die Ecke seine Präsenz im zehnten Geschoss des Magazins verspürt. Als ich an diesem Tag Professor Littmans Bücher hoch in mein Arbeitszimmer trug, schwelgte ich ein wenig in meiner Fantasie. Was, wenn ein erfundenes Wesen sich in meinem Kopf eingenistet hatte? Was wäre, wenn ich nun meinen ganz eigenen inneren russischen Zensor hätte?

Dieser Gedanke verursachte mir äußerstes Unbehagen, aber ich konnte die Nützlichkeit einer solchen Verbindung erkennen. Ich hatte Angst vor dieser Kreatur, ich verachtete ihn, aber ich musste ihn in meiner Nähe behalten, damit er mir bei meiner Forschung half. Ich malte ihn mir als eine Art von niederem Dibbuk[33] aus, vielleicht war er ein unbedeutender Funktionär, ansässig in Odessa, kein hohes Tier, das in der Hauptstadt arbeitete. Eine verirrte Seele, die sich nun bei mir eingenistet hatte. Seit ich damals diese Bände entdeckte, war ich mit diesem einzigartigen Experten verbunden, diesem Geist im Magazin, der mir zeigte, wie es tatsächlich gemacht wurde. Ich hielt drei Bände in meinen Händen, die der Zensor einst bearbeitet hatte: Er hatte sie weder heute angefasst oder in meinem Bibliotheksmagazin, noch hatte er bei seinen Handlungen mich als seine auserwählte Leserin im Sinn, aber gleichwohl: sie waren hier in Urbana, in Illinois, in den USA. So unwahrscheinlich es schien, hier waren sie und legten Zeugnis von den erfolgreichen Mechanismen der russischen Zensur im Zarenreich und der unglaublichen Macht eines glücklichen Zusammentreffens ab.

Zu der Zeit meines Odessa-Abenteuers hatte ich einen Stapel Kopien von zensierten Passagen gesammelt und begann nach und nach, die

---

[33]Ein Dibbuk (auch „Dybuk" oder „Dybbuk" genannt; hebräisch קוביד = „Anhaftung") ist nach jüdischem Volksglauben ein meist böser Totengeist, der sich in den Körper eines Lebenden einnistet und bei diesem irrationales Verhalten bewirkt.

Themen und Bedenken der Zensoren zu erfassen. Nach diesen drei Bänden würde ich in anderen Bibliotheken suchen und Kopien anfordern müssen, so würde ich in der Lage sein, die Passagen zu untersuchen, die so kunstvoll und effektiv mit dicker, schwarzer Tinte, Rasiermesser und Altpapier in meinen Exemplaren unlesbar gemacht worden waren. Ich verstand nun auch, als ich diese zensierten Bücher in meinen Händen hielt, dass sie und ich *zusammen* Opfer waren. Sie waren entstellt, ihre Seiten waren verunstaltet worden. Mir wurden die Möglichkeit und das Recht vorenthalten, diese zensierten Passagen zu lesen. Der ganze Vorgang stand mir auf einmal lebendig vor Augen.

Von diesem Augenblick an saß ich mit Hilfe meines inneren Zensors in meinem Arbeitszimmer und begann so zu denken wie ein Zensor. Zugleich dachte ich wie jemand, der zensiert *worden* war. Als ich alleine über meinen Passagen brütete und sich die Muster allmählich zusammenfügten, ertappte ich mich dabei, die Rolle des Zensors zu verstehen. Aha! Dieser Satz muss gewiss fort! Ich würde rufen: Warum? Weil er so respektlos gegenüber dem russischen Zarentum ist, die Macht des Zaren in Frage stellt, die Religion verhöhnt oder weil Russen als *asiatische Barbaren*, wie ich es nennen würde, dargestellt werden. Und zur selben Zeit dachte ich an den Leser, vielleicht an einen Akademiker so wie mich, nur hundert Jahre vor meiner Zeit, und ich fühle seine oder ihre Frustration und Wut bei der Begegnung mit diesen verunstalteten Seiten.

Mein Mann, mein Vater, meine Mutter und Maurice Friedberg halfen mir alle vom ersten Moment an, als ich die Idee entwickelte, bei meiner Dissertation. Vater war seit der Grundschule bei allen Papieren, die ich jemals geschrieben habe, immer mein kritischer Leser und oft mein behutsamer Bearbeiter gewesen. Er stellte scharfsinnige Fragen, die unschuldig klangen, aber nur selten einfach zu beantworten waren. Und so kämpfte ich, und manchmal rieb ich mich auf, aber ich hielt durch, weil die Arbeit nachher immer besser war. Immer, wenn ich meinen Vater traf, bat er mich darum, das lesen zu dürfen, woran ich gerade arbeitete, und nach jeder meiner vielen Reisen befragte er mich dazu telefonisch oder persönlich. Wir sprachen darüber, was ich gesehen hatte, welche Fragen mich bewegten, was mich geärgert oder mich erfreut hatte. Er hörte mit seinem Ethnologen-Ohr aufmerksam zu, dann stellte er Fragen, die unausweichlich meine Erfahrung in ein neues Licht stellten. *„Erzähl' mir mehr von dieser Person, die dich jedes Mal frustriert, wenn du sie triffst. Hat er vielleicht Angst vor dir? Näherst du dich ihm in einer Weise, die ihn unbehaglich fühlen lässt? Gehen Menschen in seiner Kultur anders aufeinander zu? Wen kannst du dazu befragen?"*

Mein Vater starb im Januar 1995. Wie ich dieses Gegenlesen, diese Nachfragen vermisse! Aber ich höre manchmal seine Stimme, wenn ich in einem vollen Flugzeug sitze und herauszufinden versuche, was etwas bedeutet, das ich erlebt habe. Ich strenge mich an, seinen Standpunkt im Gespräch herauszuhören; seine Stimme ist ermutigend, und manchmal weiß ich intuitiv, was er sagen würde, wenn er neben mir sitzen würde.

Meine Mutter warf auch immer ein Auge auf meine, Vaters und Susans Abfassungen und auf Harveys, als er in unsere Familie kam. Im Sommer des Jahres 1965 las sie Harveys Dissertation Korrektur (Soziologie, University of Chicago) und gleichzeitig Susans (Ethnologie, Harvard). Ich saß ihr an ihrem Küchentisch gegenüber, die neugeborenen Zwillinge schliefen in der Nähe, und wir lasen uns gegenseitig vor, zuerst ein Kapitel von Harvey, dann eines von Susan. Mutter war der General, ich der Gefreite: es gab keinen Zweifel, wer der Boss war. Wie ich schon früher erwähnt habe, kam keiner aus der Familie mit nachlässig Geschriebenem oder salopper Sprache davon. Noch auf ihrem Totenbett, dem Koma nahe, richtete sie sich auf, um die grammatischen Bagatelldelikte der Familienmitglieder, die sich um sie versammelt hatten, zu korrigieren. Kate und Mary sprachen liebevoll von ihr als der *Grammatik-Polizei*, und dieser Titel ging auf mich über. Ich versuche, ihr ebenbürtig zu sein, aber von Zeit zu Zeit höre ich ihr zurechtweisendes Raunen.

Maurice Friedberg war ein anderer unschätzbarer Leser, Korrektor und Ratgeber für mich. Obwohl er Professor an der University of Illinois war, wurde er eingeladen, in meinem Dissertations-Prüfungsausschuss an der University of Chicago zu sitzen. Kein Mitglied der Chicagoer Fakultät besaß zu dieser Zeit genügend Kenntnisse der zaristischen russischen Zensur, und so arbeitete Maurice mit mir, während ich schrieb. Er gab außerdem einen Kurs für mich, den ich zur Anrechnung meines Studiums benötigte, und fuhr im Frühling 1979 mit mir und Harvey zu meiner mündlichen Verteidigung nach Chicago. Er sorgte auf dieser zweieinhalb Stunden dauernden Fahrt durch Mais- und Sojafelder mit seinem ununterbrochenen Ausstoß an Sowjet-Witzen dafür, dass sich die Spannung löste. Der richtig gute Sowjet-Witz ist eine bezaubernde Sorte Humor: vielschichtig und reichlich beißend, nur mit einem Unterton an Bitterkeit. Einer meiner Lieblingswitze ist der, den ich von meinem Vater hörte, Jahre bevor ich Maurice kennenlernte.

Frage: *Was passiert, wenn der Internationale Sozialismus Einzug in die Sahara hält?*

Antwort: *Fünfzig Jahr lang gar nichts, aber dann gibt es einen akuten Mangel an Sand.*

Die Verteidigung einer Doktorarbeit ist nie amüsant, am wenigsten für den Verteidiger. Ich habe später als Professorin bei einer ganzen Reihe von Disputationen im Ausschuss auf der anderen Seite des Tisches gesessen, und hin und wieder habe ich mich amüsiert, aber das vorherrschende Gefühl war immer meine Anteilnahme für den Kandidaten; mündliche Prüfungen sind schrecklich, und da sitzt du nun, verängstigt und nervös und wartest auf deinen Prüfungsaus-schuss.

Vor meinem Master-Examen in russischer Literatur wurde uns eine Literaturliste gegeben, auf der hunderte von Titeln aufgeführt zu sein schienen, die wir beharrlich alle lasen, von der Furcht getrieben, be-reiteten wir uns auf die eine Frage vor, die wir eventuell in einem Aufsatz beantworten mussten. Wenn man die tatsächlichen Fragen sah, zuckte man instinktiv zusammen und versuchte, es nicht zu zei-gen für den Fall, dass ein Mitstudent einen sieht und denkt, man ist schwach. Aber zuletzt bist du doch auf dich allein gestellt und hast Zeit, über deine Antworten nachzudenken, zu taktieren, dich durch-zumogeln und kleine Meisterwerke an ausweichenden Antworten zu schreiben.

Bei der mündlichen Master-Abschlussprüfung forderte mich der erste Prüfer, ein Linguist mit einem starken polnischen Akzent auf, alle slawischen Sprachen zu nennen. Ich erstarrte, mir fiel nicht eine einzige ein, noch nicht einmal Russisch. Ich hatte sie alle auswendig gelernt, sie dutzende Male wiederholt, und nun waren sie alle weg. Ein anderer Professor – er sei gesegnet! – half mir auf die Sprünge. „Russisch", sagte er freundlich, „Polnisch … " und nickte mir freundlich zu. Da schwappten sie alle heraus, und von da an lief alles gut für mich.

So schlimm wie die mündlichen Master-Abschlussprüfungen waren, sie waren doch nichts im Vergleich mit der Dissertations-Prüfung. Bis zu diesem Punkt warst du für einige Jahre Studentin am Fachbereich gewesen und wusstest, dass einige der Professoren in deinem Prüfungsausschuss wenig begeistert von deinem Thema und deiner Präsentation sind. Dazu kommen noch andere, die überhaupt kein Interesse an dir gezeigt und wahrscheinlich noch nicht einmal deine Abfassung gelesen haben. Darüber hinaus haben einige von ihnen schon jahrzehntelang über gegensätzliche Positionen auf dem Gebiet miteinander gerungen, und es ist gut möglich, dass sie sich hassen. Die Verteidigung von Dissertationen ist öffentlich, und andere Mitglieder des Fachbereichs und Doktoranden kommen möglicherweise, um diesem Initiationsritus zu beizuwohnen. Der Raum, in dem die Verteidigung stattfindet, ist das Kolosseum, du bist der Gladiator, die Massen erwarten Unterhaltung, und die Löwen schauen dich hungrig an. Normalerweise beginnt das Verfahren mit einem Statement, in welchem man den Inhalt der Dissertation kurz zusammenzufassen versucht. Du hast dein ganzes Herzblut in die Vorbereitung dieser Zusammenfassung gesteckt; du hast sie einstudiert, sie auseinander genommen und neu geschrieben, wieder eingeübt, sie verworfen und hast wieder von vorne angefangen, du hast Beweise vorbereitet, um deine Standpunkte zu belegen, du hast sie verworfen und neue vorbereitet. Du hast darüber nachgegrübelt, was du anziehen sollst und dich gefragt, ob deine Stimme versagen wird. Soll ich vor der Verteidigung eine Mahlzeit zu mir nehmen? Du hast erlebt, dass du dachtest: vielleicht meine *letzte Mahlzeit*?

Maurice stellte die erste Frage. Ich erinnere mich klar daran: „*Haben Sie etwas Gutes über Zensur zu sagen?*". Das gab mir die Möglichkeit, einige der Methoden zu beschreiben, die russische Autoren anwandten, um die Zensur zu umgehen, zum Beispiel die so genannte äsopische Sprache (ein Schriftsteller schreibt in Wirklichkeit über das zeitgenössische Russland, aber seine Geschichte ist im Alten Griechenland angesiedelt). Es machte Spaß, darüber zu reden, und ich entspannte mich, womit Maurice gerechnet hatte. Nach zwei Stunden hatte ich alle Fragen beantwortet, sowohl die freundlich als auch die feindlich gesinnten; ich nahm die Verbesserungsvorschläge mit all der Güte an, die ich aufbringen konnte, und stritt mich behutsam um einige wenige Punkte. Am besten ist es, wenn du es schaffst, es hinzubekommen, dass sich die Mitglieder des Ausschusses untereinander streiten, und sie dich ein paar gesegnete Augenblicke lang alleine lassen.

Endlich war meine Prüfung vorbei. Außer dem Urteilsspruch, der noch ausstand. Ich verließ den Raum und tigerte durch die Halle während sich das Gericht, mein Prüfungsausschuss, beriet. Was wird dieses Mal passieren? Die Geschichte wiederholt sich nicht, sagt man. Jemand kam aus dem Raum und holte mich hinein: Bestanden! Nachdem ich von meinem Ausschuss beglückwünscht worden war und sie mir sagten, welche Änderungen ich vornehmen sollte, ging ich mit Maurice in den Fakultätsclub der University of Chicago, wo mich Harvey und meine Eltern zu einem Abendessen erwarteten. Der *Quadrangle Club* war immer ein wichtiger Schauplatz in meinem Leben gewesen: hier gab ich Klavieraufführungen, hier fanden Geburtstagspartys, Familienessen mit auswärtigen Freunden, Festessen nach Abschlüssen, Mittagessen mit Professoren und Kollegen, Klassentreffen mit früheren Mitschülern und Collegestudenten sowie Gedenkveranstaltungen für langjährige Freunde der Familie statt. Das Ambiente ist vornehm, das Essen nicht großartig, aber auch nicht schlecht, der Ort ist voller Erinnerungen: Hier bin ich daheim, so wie überall auf dem Campus. Ein guter Ort, um zu feiern.

Ein paar meiner Kollegen hatten mir berichtet, dass sie sich durch ihre Dissertationen geschleppt haben, gelangweilt und ungeduldig hatten sie es als eine abstoßende aber notwendige Übung betrachtet, und am Ende waren sie froh, ihrem Thema entkommen zu können. Aber das war sicherlich nicht das, was ich erlebt habe: Auch heutzutage erfüllt mich dieselbe Leidenschaft zur zaristischen russischen Zensur wie 1979, als ich die Dissertation fertigstellte, meinen Doktorgrad erhielt, den Gang durch die Rockefeller-Kapelle hindurchschritt und dabei Vaters Doktor-Schärpe trug.

Der Tag der Verleihung der Doktorwürde, der 31. August 1979, war ein wahrer Triumph für mich. Irgendwie hatte ich es hinbekommen, drei Jahre lang ein dreifaches Leben zu führen: Professorin und Bibliothekarin an der einen Universität, Doktorandin an der anderen, Ehefrau und Mutter. Kate und Mary schenkten mir einen Becher – den ich jahrelang geliebt habe, bis er zerbrach – mit der Aufschrift *Dr. Mom*. Harvey schenkte mir eine neue Uhr, ich nehme an, weil er wusste, wie wichtig Zeit-Management für mich war. Vaters Doktor-Schärpe, die er mir über den Kopf zog und über meiner kastanienbraunen Robe sorgfältig arrangierte, um nicht meinen schwarzen Samthut zu beschädigen, war ein unglaubliches und unerwartetes Geschenk, das er mir gab, als ich meinen Hut und meine Robe bestellte. Ich hätte nicht allzu überrascht sein sollen, meine Eltern kauften den universitären Ornat für meine Schwester, mich und unsere Ehemänner, als wir unseren Doktorgrad erhielten.

„*Was ist mit dir, Vater?*", rief ich als er mir einige Wochen vor der Feier die Doktor-Schärpe gab. „*Du wirst auch in der Rockefeller-Kapelle den Gang entlang schreiten, wenn ich meinen Doktor verliehen bekomme. Welche Schärpe wirst du tragen?*".

Ich musste mir keine Sorgen machen: Er hatte sich dazu entschlossen, eine von seinen Ehren-Doktor-Schärpen zu tragen.

So marschierten wir, beide ordnungsgemäß gekleidet, er mit der Fakultät und ich mit den Doktorkandidaten, und er konnte beobachten, wie die Präsidentin, Hannah Gray, mich in der „*altehrwürdigen Gesellschaft der Gelehrten*" willkommen hieß.

Vater marschierte immer mit, wenn jemand von uns einen Abschluss machte. Kate und Mary erhielten 1986 ihren Abschluss an der University of Chicago, und die Alumni-Gesellschaft plante nach der Zeremonie, ein Drei-Generationen-Foto mit meinem Vater und Harveys Mutter, Harvey und mir und den Zwillingen aufzunehmen. Das einzige Problem bestand darin, dass mein Vater verschwunden war. Das war frustrierend aber nicht überraschend: Er war bekannt dafür, dass er sich ungeduldig ohne jede Vorwarnung entfernte, oft auch in die falsche Richtung, ein Verhalten, das ich entweder von ihm geerbt oder von ihm abgeguckt habe. Endlich fanden wir ihn zuhause (nicht so einfach im Vor-Handy-Zeitalter), wo er hingegangen war, um auf unsere Ansage zu warten. So musste der Fotograf uns ohne ihn knipsen. Aber in den nächsten Tagen rettete die Redaktion des Magazins der Alumni-Gesellschaft die Situation, indem sie ein anderes Foto von meinem Vater in das Gruppen-Foto hineinretuschierte. Wenn man die Geschichte nicht kennen würde, würde man nie erraten, dass er dort nicht mit uns gestanden hatte.

Diese Geschichte, die in der Familie immer gern erzählt wurde, nahm für mich eine neue Bedeutung an, als ich zwanzig Jahre später auf David Kings ausgezeichnetes Foto-Buch von 1997 stieß: *„The Commisar Vanishes: The Falsification of Photographs and Art in Stalin's Russia"*[84]. In unserem Fall wurde kein Kommissar ausgemerzt, der in Ungnade gefallen war, nur damit sich sein Schicksal in einem Keller im Gulag erfüllt; es war nur ein ungeduldiger Professor in das Foto eingefügt worden, um mit seiner Familie wiedervereinigt zu werden!

Wenn du deine Dissertation fertiggestellt hast, beginnst du in meiner Welt sofort damit, sie in ein Buch zu verwandeln. Mein Vater, Maurice und Harvey zeigten mir alle, wie es ging: wirf' die hölzerne Sprache über Bord, das Korsett der Fußnoten, die Verkrampftheit der Dissertation und lass' die Story fließen. Nicht lange, nachdem ich mit der Doktorwürde ausgezeichnet worden war, saß ich wieder in meinem Arbeitszimmer im vierten Stock. Mein Lektoren-Trio ermutigte mich sehr. Unterstützung kam auch von meinem Flur-Nachbarn auf der anderen Seite der vom Boden bis zur Decke ragenden Bücherregale, die mein Arbeitszimmer im vierten Stock von seinem trennten. Dieser Nachbar war Jack Stillinger, ein sehr bekannter Spezialist für englische Literatur der Romantik und Herausgeber der Werke von John Keats. Jack wusste, was ich durchmachte. Vielleicht fühlte er mit mir, weil Keats eine schlimme Zeit aufgrund von Kritik an seinem Werk erlebt hatte. Jack wusste, dass ich das Manuskript zu einem Verleger schicken musste, wenn ich einmal fertig sein würde.

---

[34] King, David: *The Commissar Vanishes: The Falsification of Photographs and Art in Stalin's Russia* (New York: Henry Holt and Company, 1997). Deutsche Übersetzung: King, David: *Stalins Retuschen: Foto- und Kunstmanipulationen in der Sowjetunion* (Hamburg: Hamburger Edition, 1997).

Er wusste, dass ich verletzlich wie alle Autoren von Erstlingswerken war und dass ich von der Gnade der beurteilenden Rezensenten abhängig sein würde, die brutal sein können.

Jack hatte einen trockenen Humor. An einem heißen Sommertag, als wir die einzigen Leute waren, die sich im vierten Stock abplagten, gingen plaudernd und lachend zwei Studenten an uns vorbei und beachteten uns nicht. Jack rief ihnen hinterher: *„Hey, könnt ihr bitte ruhiger sein? Wir schreiben hier drin einige Bücher!"* Jack erinnert sich gar nicht mehr daran, aber ich werde es nie vergessen: wenn jemand wie Jack beiläufig erwähnt, dass ich ein Buch schreibe, dann musste ich wirklich ein Buch schreiben, das veröffentlicht werden würde, so wie Jacks Bücher!

Ich schickte mein Manuskript an einen Universitäts-Verlag und erhielt drei Bewertungen, zwei gute und eine vernichtende. (Jack musste gewusst haben, dass das passieren würde.) Ich war niedergeschmettert und panisch. Zu diesem Zeitpunkt war ich ja kein Neuling mehr: Ich hatte auch vorher schon negative Rezensionen von Artikeln erhalten, die ich an wissenschaftliche Zeitschriften geschickt hatte. Manchmal überarbeitete ich die Abfassung, manchmal schickte ich den Artikel an eine andere Zeitschrift, und letzten Endes hatte es immer funktioniert. Aber dieses Mal war es anders, das war erschütternd. Hatte ich die Dissertation überlebt, nur um an dem Buch zu scheitern? Ich hatte so hart gearbeitet, da oben in dem einsamen, staubigen Arbeitszimmer, nur in der Gesellschaft von Jack. Ich hatte um jedes Wort gekämpft. In meinen Augen war meine Prosa natürlich unsterblich: nicht eine Silbe musste geändert werden. Musste ich mich schmählich in mein Schicksal ergeben? Die Niederlage zugeben? Würde es nach all dem kein Buch geben?

Ich telefonierte mit Maurice, und Harvey und ich gingen direkt hinüber zu seinem Haus. Seine Frau Barbara bot Tee an, und wir saßen am Küchentisch während Maurice die schlechte Rezension las. Er dachte einige Augenblicke lang nach, dann schlug er vor, wie ich das Buch auf eine Weise neu gestalten konnte, die nicht zu schwierig und gut für mich durchführbar sein würde. Als ich nach Hause kam, rief ich meinen Vater an, der - wie Harvey zuvor - meiner Vorgehensweise zustimmte. Mary und Kate standen an der University Highschool in Urbana im Endspurt und schenkten meiner Höllenqual kaum Aufmerksamkeit: warum sollten sie auch? Sie arbeiteten sehr hart an ihrem Englisch-Projekt, einer hochwichtigen Abschluss-Debatte im Frühjahr. Ihre Lehrerin war sehr anspruchsvoll, sie liebten sie und taten so gut wie alles für sie.

Mary und Kate mit ihrem Wirrwarr an Aktivitäten stellten eine Erleichterung von meiner Tortur im Arbeitszimmer im vierten Stock dar, in das ich mich, wann immer ich konnte, zurückzog, um meinen neuen Plan für das Buch zu entwickeln. Harvey und ich verfolgten den Fortschritt, den Mary und Kate bei der Vorbereitung der Debatte machten, aber die größte Quelle der Entspannung waren für uns ihre Basketball-Spiele; alle, die wir besuchten, bedeuteten für uns Pflicht und Freude zugleich. Keiner von uns war sportlich, aber Mary und Kate waren Sportler, seitdem sie laufen gelernt hatten. Ich erzählte ihnen oft, wenn ich nicht genau gesehen hätte, wie sie geboren wurden, so wären sie gewiss im Krankenhaus mit einem anderen Zwillingspaar vertauscht worden. Sie waren nicht groß, aber muskulös, besaßen eine gute Koordinationsfähigkeit und liebten das Spiel leidenschaftlich.

Mittlerweile verbrachte ich jede freie Minute im vierten Stock, und schrieb mein Manuskript neu. Zu meiner Überraschung fügte sich alles ganz einfach zusammen, und die Worte flossen frei aus meiner Feder. Es stellte sich heraus, dass meine Prosa doch nicht für die Ewigkeit geschrieben worden war, ich konnte sie ohne Tränen überarbeiten, und relativ mühelos kam neue Prosa heraus. Diese Phase des Neuschreibens war eigentlich erfreulich, und die neue Version meines Buches war viel besser als die alte: ich wusste es. Maurice, Vater und Harvey hatten sie gelesen und waren mit ihr einverstanden. Ich schickte sie an einen anderen Universitäts-Verlag und innerhalb kürzester Zeit bekam ich gute Bewertungen. Ich akzeptierte die kleineren Änderungen, die von den Gutachtern empfohlen worden waren, und hatte nun einen Verleger! Jetzt war ein weiterer akademischer Initiationsritus vollbracht: das erste Buch.

KAPITEL 6

Mein sowjetischer Zensor

Nachdem für mich klar war, dass mein Buch *Fence around the Empire* erscheinen würde[35], habe ich mich wieder auf meine Bibliotheksarbeit konzentriert. In den frühen 1980er Jahren musste ich immer wieder über ein Gespräch mit einem Kollegen nachdenken, einem Russlandhistoriker aus einer anderen Universität, der unser *Summer Research Lab* besuchte. Er hatte mich nach meiner Meinung zu zaristischer und sowjetischer Zensur gefragt: ob ich sie für unterschiedliche Erscheinungen hielte? Nein, antwortete ich prompt; die sowjetische Zensur hat sich aus der zaristischen entwickelt. Beide Formen der Zensur haben dieselben Wurzeln, aber sowjetische Zensur ist breiter und tiefgreifender als die zaristische Version.

Aber nachdem ich hunderte Stunden über die Arbeit zaristischer Zensoren nachgesonnen hatte, die Themen, die sie beschäftigten und die Techniken, die sie anwandten, entstanden Zweifel daran, dass diese gleichen Wurzeln wirklich so wichtig waren, wie ich ursprünglich behauptet hatte. Ich hatte angefangen, Berichte von Emigranten über ihre Erfahrungen mit der sowjetischen Zensur zu lesen sowie die wenigen Arbeiten, die ich dazu von westlichen Forschern finden konnte. Ich las nochmals ein dünnes rotes Buch „*The Soviet Censorship* "[36], eine edierte Mitschrift eines Symposiums, das 1967 in England stattgefunden hatte. Die meisten der Teilnehmer waren sowjetische Emigranten – Schriftsteller, Dichter, Journalisten, Kritiker, ein Musiker und Komponist – dazu einige westliche Forscher, die gute Fragen stellten.

---

[35] Tax Choldin, Marianna: *A Fence around the Empire: Russian Censorship of Western Ideas under the Tsars* (Durham, NC: Duke University Press, 1985).

[36] Martin Dewhirst und Robert Farell (Hrsg.): *The Soviet Censorship* (Metuchen, NJ: Scarecrow Press, 1973).

Beispielsweise fragte Albert Todd vom Queens College, New York: *„Bekommen Leute Schwierigkeiten, wenn ein Artikel, den sie geschrieben oder empfohlen haben, in einem späten Stadium des Publikationsprozesses als kritikwürdig angesehen wird?"* „Ja", antwortete Leonid Finkelstein, vor der Emigration Journalist, und er führte Beispiele an. Und David Anin (Schriftsteller, Herausgeber, Kommentator) fragte: *„Ist Ihrer Meinung nach die Stagnation in der Musik stärker als in anderen Kunstformen, wie beispielsweise Literatur?"* „Viel stärker", antwortete Michael Goldstein, Geigenvirtuose und Komponist, *„weil die Zensur der Musik noch skrupelloser ist"* (S. 103), und er erklärte warum.

Was die Emigranten über die Freiheit des Ausdrucks auf dem anderen Planeten zu sagen hatten, war fesselnd, brennend, besonders nach meiner Erfahrung mit zaristischer Zensur, die mir jetzt sehr anders und milder schien als ihr sowjetischer Nachfolger. Beispielsweise schreibt der Romanautor Anatolij Kuznecov über Selbstzensur:

Als ich noch ein „sowjetischer Schriftsteller" war, habe ich einmal die Erfahrung gemacht, ohne einen inneren Zensor zu schreiben, aber es erforderte eine große Anstrengung, meine Ketten abzuwerfen und mich selbst völlig zu befreien. ... Ich verriegelte die Tür am Abend und stellte sicher, dass niemand mich sehen oder hören konnte – wie der Held in dem Roman 1984 von George Orwell. Dann erlaubte ich mir, das zu schreiben, das ich schreiben wollte. Das Ergebnis war etwas so Unorthodoxes, so „Ernsthaftes", dass ich es sofort im Boden versteckte; damals durchsuchten sie immer wieder in meiner Abwesenheit meine Wohnung. Ich halte das, was ich damals geschrieben habe, für das Beste, was je aus meiner Feder geflossen ist. Aber es war so außergewöhnlich, so frech, dass ich mich bis zum heutigen Tag nicht getraut habe, es meinen engsten Freunden zu zeigen. Es war ein Fest, ein spirituelles Fest eines Künstlers. Ich weiß nicht, ob ich es je nochmals tun werde, aber es war ein extremes Glücksgefühl. Es lohnt sich, für solche Momente weiterzuleben.[37]

Ich hatte nicht viel über Selbstzensur nachgedacht. Ich wusste, dass sie existiert und dass jedermann sie überall bis zu einem gewissen Grad praktizierte. Seit ich das erste Mal den Begriff Selbstzensur zu einem

---

[37]Dewhirst und Farell, S. 26.

frühen Zeitpunkt meiner Forschungen für meine Dissertation gehört hatte, dachte ich viel darüber nach, was Menschen sich antun müssen, wenn sie unter der Zensur leben. Natürlich hat es Selbstzensur schon immer gegeben, in Russland und überall – wir zensieren uns alle selbst aus unterschiedlichen nichtigen und schwerwiegenden Gründen. Beispielsweise ist da ein Teenager, der einen Aufsatz für die Schule schreibt und nicht möchte, dass seine Lehrer oder Klassenkameraden wissen, was er wirklich denkt. Oder eine Frau im 19. Jahrhundert, als es sich für Frauen nicht schickte, Romane zu schreiben, also musste sie sich George Sand oder George Elliot nennen. Und all die Frauen, die ihre Romane nie veröffentlichen konnten? Meine Großmutter, dachte ich, die ihre Russischkenntnisse tief in ihrem Inneren vergraben hatte? Selbstzensur reicht vom Trivialen und vielleicht sogar Zivilisierten zum Ungeheuerlichen und Barbarischen.

Sowjetische Zensur hat jedoch etwas besonders Erschütterndes und unterschied sich von meiner amerikanischen Erfahrung völlig. Mir war bewusst, dass Intellektuelle, Künstler und Wissenschaftler in unserem Land während der McCarthy-Ära gelitten hatten, dass einige auf schwarzen Listen gestanden hatten und ihre Werke nicht verbreiten durften. Ich will die Bedeutung dieser schlimmen Zeit in unserer Geschichte nicht kleinreden. Viele der Besten und Klügsten müssen Selbstzensur geübt haben, selbst wenn sie nicht auf einer schwarzen Liste standen.

Während ich das rote Buch nochmals durchlas, habe ich verstanden, dass die Sowjetführung etwas Neues und Schreckliches erfunden hatte und dass die Atmosphäre, in der Sowjetbürger lebten, mit unserer nur oberflächlich vergleichbar ist. In Amerika gehörte Gesetzmäßigkeit zur nationalen Identität, und sie etablierte sich schließlich wieder; die McCarthy-Ära war eine Anomalie, ein Alptraum. Auf dem anderen Planeten gehörte Gesetzmäßigkeit nicht zur nationalen Identität. Was intellektuelle Freiheit betraf, schienen die Sowjetbürger in einem ununterbrochenen Alptraum zu leben.

Sowjetische Zensur erschütterte mich, ein Kind des Kalten Krieges. Zaristische Zensur war gekommen und vergangen, aber sowjetische Zensur war höchst real. Zaristische Zensur war europäisch und sogar

Amerikanern mit ihren Bedenken gegen Sex und Gotteslästerung verständlich. Texte mit Tinte zu schwärzen oder mit Papier zu überkleben, schien sonderbar, unschön und wenig wünschenswert, aber nicht fatal. Sowjetische Zensur hatte eine sehr harte Seite: Stacheldraht, Wachtürme und den Gulag. Ich hatte Chruschtschows „Geheimrede" von 1956 während meiner Studienzeit im College gelesen. In den frühen 1980er Jahren, 20 Jahre später, hatte ich einiges über Stalins Verbrechen erfahren, und ich wusste, dass Wissenschaftler, Schriftsteller, Künstler, Komponisten, Bibliothekare und gewöhnliche Bürger dieser neuen Form der Zensur unterworfen waren, die mir wiederum weitere Forschung abverlangte.

Als ich ernsthaft sowjetische Zensur erforschte, verstand ich, dass ich nicht völlig falsch geurteilt hatte, als ich meinem Kollegen sagte, dass dieses System dieselben Wurzeln wie sein zaristischer Vorgänger hat: obwohl der Kontext ein völlig anderer war, waren die Themen und Techniken denjenigen, die ich in der zaristischen Zensur entdeckt hatte, erstaunlich ähnlich. Schriftsteller durften Parteiführer oder die Partei nicht kritisieren, sie konnten nicht positiv über Religion schreiben oder Bürger der Sowjetunion als „asiatische Barbaren" bezeichnen. Das Schlimmste schien mir die Veränderung der Dimension, die Kultur der Zensur, die jetzt alles in der sowjetischen Gesellschaft auf diabolisch schlaue Weise durchdrang. Die Sowjetregierung und ganz am Anfang Lenin hatten erklärt, dass es in der Sowjetunion keine Zensur gibt. Zensur, versicherten sie, sei eine bürgerliche Erscheinung des dekadenten Westens. Die Zensur, die die Sowjetregierung einführte, wurde von der Spitze kontrolliert – dem Zentralkomitee der Kommunistischen Partei der Sowjetunion – und vollzogen durch den KGB sowie durch Personal auf jeder Ebene jeder sozialen, kulturellen und Bildungseinrichtung des Landes.

Diese Zensur, die es offiziell nicht gab, durchdrang alles und jeden. Jeder Schriftsteller, Maler, Komponist oder Wissenschaftler wusste, was er schreiben, komponieren oder untersuchen musste. Darüber hinaus – und dies war neu – wussten die Sowjetbürger, was sie erstellen oder untersuchen mussten, um in ihrer Karriere erfolgreich zu sein, und natürlich, um nicht ins Gefängnis oder in den Gulag zu kommen und um einfach am Leben zu bleiben. Je besser ich dieses Phänomen verstand, desto deutlicher wurde, dass ich einen neuen Begriff brauchte, um es zu beschreiben, da das Wort Zensur eine andere Bedeutung hatte. Im Jahr 1990, als ich einen Vortrag für die Library of Congress vorbereitete, erfand ich den Begriff *omnicensorship / Omnizensur* – allumfassende Zensur – und diesen Begriff habe ich seitdem beibehalten. Russische Wissenschaftler benutzten später in Anlehnung an meinen Begriff *Omnizensur* den Begriff *vsecenzura*, er wurde Teil ihres wissenschaftlichen Vokabulars.

Wie arbeiteten die sowjetischen allumfassenden Zensoren? Wurde sowjetische Zensur vielleicht im Prozess der Übersetzung ausgeübt? Die Verhältnisse in Russland und der übrigen Sowjetunion hatten sich radikal verändert. Die Grenzen waren für Menschen und gedruckte Medien geschlossen, es gab keine Reisen nach Europa zu Studien- und anderen Zwecken, ausländische Literatur für Bibliotheken, Buchläden oder Individuen konnte nicht mehr einfach importiert werden. Jetzt hatten zwar die meisten Sowjetbürger Zugang zu ausländischen Publikationen, aber es war ein Zugang durch sowjetische Übersetzungen. In zaristischen Zeiten wurde ein nicht akzeptables Wort, ein Satz, Absatz oder Kapitel geschwärzt, mit der Rasierklinge entfernt oder mit Papier überklebt, und der Leser erkannte sofort, dass ein Eingriff stattgefunden hatte. Aber in der Zensur durch Übersetzung wurde eine sehr viel durchdachtere Methode angewandt: Es gab keine sichtbaren und fassbaren Spuren des Eingriffs.

Die Untersuchung von herausgeschnittenen Passagen war für das Studium der zaristischen Zensur ergiebig für mich gewesen. Wenn ich sowjetische Übersetzungen westlicher Werke untersuchen könnte, könnte ich die Ziele der sowjetischen Zensoren herausfinden. Also begann ich 1983 wieder mit der Beratung von Maurice Friedberg ein neues Forschungsprojekt. Maurice Friedberg hatte zwei wichtige Arbeiten über den sowjetischen Umgang mit schöner Literatur veröffentlicht. *„Russian Classics in Soviet Jackets"* (*„Russische Klassiker in sowjetischen Hüllen"*) zeigt, wie die sowjetischen Behörden die russischen Klassiker, Teil ihres nationalen Erbes und die beliebteste Literatur unter Sowjetbürgern, behandelten. Das zweite Buch, *„Decade of*

Euphoria: Western Literature in Post-Stalin Russia, 1954-64" ("Das euphorische Jahrzehnt: Westliche Literatur in Russland nach Stalin 1954-64") untersuchte die Behandlung von ausländischer schöner Literatur, die ebenfalls von Sowjetbürgern sehr geschätzt wurde.[38] Die sowjetischen Behörden behandelten beide Typen von Publikationen mit der größten Vorsicht als potentielle Träger anti-sowjetischer Ideologie nach der Devise: schuldig bis zum Beweis der Unschuld. Ausländische Literatur war der literarische Ebola-Virus und musste entsprechend behandelt werden.

Um das Vorgehen der Behörden zu verstehen, entwarf ich ohne offizielle Ratgeber aber mit Unterstützung von Maurice Friedberg ein sehr arbeitsintensives Forschungsprojekt, das sich als sehr ergiebig erwies. Wonach suchte ich? Ich wollte herausfinden, ob die Übersetzer tatsächlich das Buch verändert hatten und wenn, wollte ich die Veränderung verstehen. Ich verglich sowjetische Übersetzungen mit den Originaltexten aus Großbritannien, den USA und anderen Ländern, mein Focus lag auf sechs englischsprachigen Sachbüchern und ihren Übersetzungen. Als ich die Übersetzungen von Senator J. William Fulbrights „*The Arrogance of Power*" („*Die Arroganz der Macht*") und Stud Terkels „*Working*" („*Arbeiten*") untersuchte, sprangen mir die bekannten Zensur-Themen und -Muster förmlich entgegen.[39] Verboten war Kritik an Parteiführern und dem kommunistischen System, Beleidigung sowjetischer Ikonen und Revolutionshelden wie Lenin und Stalin, Unschicklichkeit, und mein Lieblingsthema, die Bezeichnung von Sowjetbürgern als asiatische Barbaren.

---

[38] Friedberg, Maurice: *Russian Classics in Soviet Jackets* (New York: Columbia University Press, 1962); Friedberg, *A Decade of Euphoria: Western Literature in Post-Stalin Russia 1954-64* (Bloomington: Indiana University Press, 1977).

[39] Fulbright, J. William: *The Arrogance of Power* (New York: Random House, 1966), übersetzt als *Samonadejannost' sily* (Moskva: Meždunarodnye otnošenija, 1967); Terkel, Studs: *Working: People Talk About What They Do All Day and How They Feel about What They Do* (New York: Pantheon Books, 1972, 1974), übersetzt als *Rabota: Ljudi rasskazyvajut o svoej každodnevnoj rabote i o tom kak oni k etoj rabote otnosjtsja* (Moskva: Progress, 1978).

Abb. 20: Freihandmagazin im 10. Stock der Bibliothek
der University of Illinois in Urbana-Champain

Die Übersetzungen enthüllten mir die sowjetische Technik, ganze
Passagen zu eliminieren: die Übersetzungen ins Russische ließen unliebsame Passagen einfach aus. Und nicht nur ließen die sowjetischen
Zensoren oder Herausgeber Passagen aus, sie schrieben sie auch um,
sodass Senator Fulbright und Studs Terkel trotz ihres erkennbaren
Schreibstils klangen wie sowjetische Autoren. Zensur durch Übersetzung war unsichtbar und sehr wirkungsvoll.
Im Jahr 1983 zeigte ich Senator Fulbright, damals bereits im Ruhestand, die sowjetische Übersetzung seine Buches *„Arroganz der Macht"*
mit einer Gegenüberstellung von Textpassagen und ihren Überset-

zungen. In einer Passage beschreibt Fulbright die Regierung Kubas als *„kommunistische Diktatur"*, die russische Übersetzung dagegen als *„kommunistische Führung"*. In einer Passage, die erklärt, warum die USA in Korea kämpften, schreibt Fulbright *„um Südkorea gegen die von Russland befeuerte Aggression Nordkoreas zu verteidigen"*, und bezeichnet die Intervention als *„gerechtfertigt und notwendig"*. In der russischen Übersetzung ist diese ganze Passage gestrichen. Senator Fulbright war fasziniert und entsetzt über das, was ich ihm zeigte, und er hielt Harvey und mich mehr als zwei Stunden in seinem Büro fest. Sehr unterhaltsam für Harvey und mich!

Ganz anders reagierte Studs Terkel. Als ich ihn fragte, ob er sehen möchte, was die Sowjets aus seinem Buch *„Arbeiten"* gemacht hatten, lehnte er schroff ab und beendete das Gespräch. Terkel war populär in Russland, und ich glaube, das gefiel ihm; ich vermute, er hat mich als Kalte Kriegerin abgetan. Tatsächlich hat der sowjetische Übersetzer und Herausgeber hunderte von Veränderungen durchgeführt und das Buch drastisch verändert, indem er 97 von 133 Interviews ausgelassen hat und vor allem die Interviews mit unzufriedenen Arbeitern in den USA belassen hat. Er hat Terkels Einführung weggelassen und ein neues Vorwort erstellt, das die amerikanischen Arbeiter als *„unzufriedene, erschöpfte, freudlose Leute"* beschrieb. Das Original ist ein Edelstein, aber die sowjetische Ausgabe war schmerzhaft zu lesen.

Meistens war sowjetische Zensur unsichtbar wie in den Beispielen von Fulbright und Terkel, aber es gab im Zeitalter der allumfassenden Zensur auch einige Beispiele sichtbarer Zensur im alten Stil, sie waren nur nicht leicht zu finden. Stellen Sie sich eine Seite in einem Band der Nationalbibliographie von 1949 vor.[40] Da ist ein geschwärzter Name, ein Ivanov (ein sehr verbreiteter russischer Name), der ein Buch veröffentlicht hatte und dann in Ungnade gefallen war. Sein Buch war sicher vernichtet oder in den Giftschrank verbannt worden, den geschlossenen Bereich in größeren Bibliotheken, wo Bücher auf den Friedhof geschickt wurden. In diesen finsteren Tagen des Jahres 1949 ist Ivanov selbst möglicherweise in den Gulag geschickt oder in

---

[40] *Ežegodnik knigi SSR 1949* (Moskva: Vsesojuznaja knižnaja palata, 1950) S. 910.

einem Keller erschossen worden. Ich weiß nichts über Ivanov oder sein Buch, nur sein Nachname ist unter der Schwärzung zu erkennen. Er ist ein anonymes Opfer.

Ein besonders schönes Beispiel, das die Turbulenzen nach Stalins Tod illustriert, ist aus dem Band 5 der „*Bol'šaja Sovjetskaja Enciklopedija*"[41] („*Große Sowjet-Enzyklopädie*"), in der zweiten Auflage, die im September 1950 in den Druck ging, als Stalin noch lebte. Da gibt es einen Eintrag über Lavrentij Berija, einen von Stalins mächtigsten Handlangern und eine Schlüsselperson des Terrors der Stalinistischen Säuberungen. Als Stalin im März 1953 starb, drängten seine Mitstreiter an die Macht. Berija wurde verhaftet und im Dezember 1953 erschossen. Der Artikel über Berija und sein Porträt über eine ganze Seite in der Enzyklopädie waren der Partei sicher peinlich, deshalb schickte der sowjetische Verlag den Abonnenten, darunter Bibliotheken auf der ganzen Welt, eine Mitteilung auf Russisch und empfahl den Artikel und das Porträt Berijas zu entfernen. Dazu wurden Ersatzseiten mit Text und einer Seite mit Fotos des Beeringmeers geschickt, alphabetisch korrekt, die in den Band eingebracht werden sollten. Beigefügt waren nützliche Anweisungen: „*Die angegebenen Seiten können mit der Schere oder einer Rasierklinge herausgetrennt werden, dabei sollte man eine Kante stehenlassen, an diese kann dann die neue Seite angeklebt werden.*"

Die Universitätsbibliotheken in Chicago und Urbana hatten Band 5 durch Subskription erhalten. Alle Abonnenten außerhalb der Sowjetunion erhielten ebenfalls die Anweisungen und das Ersatzmaterial. Aber während sowjetische Bibliotheken mit der Rasierklinge und dem Klebstoff arbeiteten, weil das von ihnen verlangt wurde, ließen wir Berija in dem Band, zusammen mit der Ersatzseite und den Anweisungen.

In derselben Ausgabe der Großen Sowjetenzyklopädie, Band 16, gibt es einen traurigen Eintrag, der nur aus 12 Zeilen besteht: „*Zelenaja ljaguška*" („*Grünfrosch*"). Der Frosch hat einen korrekt klingenden lateinischen Namen *Rana esculenta*. Ein Kollege berichtete mir die

---

[41] *Bol'šaja Sovetskaja Encyklopedija*, 2. Aufl., Band 5, 12 (Moskva: Izdatel'stvo BSE, 1950-57).

Geschichte hinter dem unschuldigen kleinen Frosch. Band 16 lag bereits im Satz vor, bereit gedruckt zu werden. Der zwölfzeilige Artikel war über einen Mann namens Zelenin, der in Ungnade gefallen war. Der Eintrag musste fallengelassen werden. Die Herausgeber müssen in Panik geraten sein. Was sollten Sie tun? Jemand hatte eine brillante Idee. Sie erfanden eine neue Spezies, *Zelenaja ljaguška* und beschrieben sie in 12 Zeilen. Und jetzt steht der Grünfrosch für alle Zeiten auf dem Platz des unseligen Zelenin.

Eine weitere Form sowjetischer Zensur war das Retuschieren. Vier Bilder aus David Kings Fotobuch zeigen alles: Stalin und drei Genossen, zwei Genossen, ein Genosse – und Stalin alleine.[42] Darüber hinaus fand ich in den frühen 1980er Jahren zwei schöne Beispiele für Zensur durch Übersetzen. Beide waren für mich eine seltene Gelegenheit zu sehen, wie der Prozess funktionierte. Das erste Beispiel war insofern ungewöhnlich, als es in zensiertem Englisch, nicht Russisch erschien. Es war ein britisches Handbuch des Stils, das weltweit unter Studenten, deren Muttersprache nicht Englisch war, populär war, aus dem Verlag Longman.[43] Nur wenige Jahre, bevor Gorbatschow Glasnost und Perestroika (Offenheit und Wirtschaftreform) einführte, zeigte mir ein Verlagsmitarbeiter in London die Originaltexte und die Veränderungen, die für die sowjetische Ausgabe durchgeführt werden sollten. *„Er ist sehr unchristlich"* wird zu *„Er ist sehr unwissenschaftlich".* (Sowjetische Leser brauchen nicht über Religion nachzudenken.) *„Der Gefangene entkam"* wurde zu *„Der Gast brach auf".* (Sowjetische Leser sollen nichts über ausbrechende Gefangene lesen.) *„Die beiden blauen Autos gehören mir"* wird zu *„Die beiden blauen Autos gehören der Firma".* (Sowjetische Leser sollen nichts über den Privatbesitz von Autos erfahren.) *„Weihnachten"* wird zu *„Neujahr", „Karfreitag"* wird *„Geschenkschachteltag", „Pessach"* wird *„Gedenktag".* (Sowjetische Leser sollen nichts über religiöse Feiertage erfahren.) Und mein persönliches Lieblingsbeispiel: *„Niemand leistete einen größeren Beitrag zum Verständnis von Träumen als Freud"* wurde zu:

---

[42] King, *The Commissar Vanishes*, S. 104-107.
[43] Quirk, Randolph und Greenbaum, Sidney: *A University Grammar of English* (London: Longman, 1973).

„Niemand leistete einen größeren Beitrag zur Organisation des Touristenbüros als Freud". (Die Psychoanalyse und ihr Erfinder waren in der Sowjetunion absolut verboten.)

In einem weiteren Beispiel von Zensur durch Übersetzen verhandelte ein sowjetischer Sportverlag kurz vor dem Zerfall der Sowjetunion mit dem Verlag Random House über die Veröffentlichung der Autobiographie von Muhammad Ali „Der Größte: Meine Geschichte". [44] Robert Bernstein, der damalige Verlagsdirektor von Random House, gewährte mir Zugang zu den Projektunterlagen, und ich stieß auf eine Goldmine: eine mit Anmerkungen versehene Fassung von „Der Größte" mit allen Änderungsvorschlägen. Dazu gehörte die Streichung von Hinweisen auf Alis Gagen, Flüche, jegliche Erwähnung des Islams und jeder Hinweis auf Alis Konversion zum Islam. Bernstein, Ali und seine Herausgeberin, zufällig war es Toni Morrison, lehnten ab und der Vertrag kam nicht zustande. Es wird berichtet, dass Ali, als er von den Änderungswünschen hörte, an die Decke ging, was wirklich sehenswert gewesen sein muss. „Der Größte" blieb in der Sowjetunion unveröffentlicht.

Als ich in meinem Arbeitszimmer an den westlichen Texten und ihren sowjetischen Übersetzungen arbeitete, wachte mein innerer Omnizensor auf, streckte sich und gähnte und bereitete sich auf den Angriff vor. Er lehrte mich, wie ein sowjetischer Zensor zu denken. Gleichzeitig wurde mir zunehmend bewusst, wie es sich angefühlt haben muss, ein sowjetischer Leser zu sein, ein Opfer der allumfassenden Zensur. Meine Wahrnehmung war komplexer und intensiver als in der Mitte der 1970er Jahre, als ich mich sowohl mit den zaristischen Zensoren als auch mit den Opfern ihrer Zensur identifizierte.

In den 1980er Jahren, am Anfang meines Projektes, in dem ich Originaltexte mit ihrer sowjetischen Übersetzung verglich, hatte ich sehr vielschichtige Gefühle; ich schreckte auf, als ich entdeckte, dass ich die Textveränderungen vorhersagen konnte. Aber Wut und Abscheu überwogen. Wie konnten sie Senator Fulbrights Buch verdrehen

---

[44] Ali, Muhammad (mit Richard Durham): *The Greatest: My Own Story* (New York: Random House, 1975).

und es weiterhin als seins ausgeben? Wie konnten sie so lügen? Die Leser im 19. Jahrhundert konnten wenigstens die Schwärze sehen und erraten, was sich darunter befand; die allumfassende Zensur war oft unsichtbar, und oft konnte man nicht zwischen den Zeilen lesen, eine Fähigkeit, die sowjetische Leser ausgezeichnet beherrschten. Die Schwärze, die Ivanovs Namen verdeckte, verfolgte mich noch lange, der Mann und sein Buch waren beide zum Untergang verurteilt. Es gibt eine Menge witziger Beispiele – die russischen Herrscher können keine Geliebten haben, und Freud trug zum „Touristenbüro" bei – aber insgesamt ist es ein trostloses Geschäft.

Im Laufe der Forschung für meine Dissertation habe ich einiges über die zaristischen Zensoren gelernt. Weil es eine offene und in jener Zeit anerkannte Praxis war, konnte ich ohne Schwierigkeiten und ohne geschlossene Archive zu konsultieren herausfinden, wer die Zensoren waren. Es gab eine Menge veröffentlichter Quellen für mich. In der letzten Zeit haben russische Forscher dieses Thema aufgenommen und mehrere zaristische Zensoren identifiziert. Vermutlich der berühmteste zaristische Zensor russischsprachiger Werke war der Romanschriftsteller Ivan Gončarov. Berühmt unter den zaristischen Zensoren westlicher Publikationen waren drei der größten Dichter Russlands: Fedor Tjutčev, Apollon Majkov und Jakov Polonskij. Die Dichter-Zensoren haben mich verwundert, bis mir klar wurde, was für eine wunderbare Gelegenheit es für diese Gelehrten war, Zugang zur aktuellen westlichen Literatur zu bekommen. Kein Wunder, dass sie diese Verantwortung übernommen haben!

Während meiner Forschungsarbeiten in den 1980er und frühen 1990er Jahren gab es nur sehr wenig Information über die Identität sowjetischer Zensoren. Das Thema war extrem geheim, niemand, auch nicht Einzelpersonen, die an Einzelaktionen beteiligt waren, verstanden, wie diese nichtexistente Zensur im weitesten Sinne funktionierte. Ich stellte mir tausende Personen in dem ganzen riesigen Land vor, die schrieben (oder malten, komponierten, wissenschaftliche Experimente durchführten) ihre Werke dann überarbeiteten, übersetzten, herausgaben, dann an ihren Vorgesetzten berichteten, der es seinerseits an seinen politischen Chef weitergab. Ich stellte mir ein riesiges unsichtbares Netz mit vielen kleineren und größeren Knoten vor und dem zentralen Knoten im Kreml. Es ist unwahrscheinlich, dass niemals ein Schriftsteller, Künstler, Komponist oder Wissenschaftler seine Hände mit dem Zensieren der Arbeiten seiner Kollegen beschmutzt hat. Solche Fälle muss es gegeben haben, die schmutzige Arbeit wurde vermutlich nicht nur den Bürokraten überlassen. Wir werden wahrscheinlich mehr darüber erfahren, wenn mehr Memoiren und wissenschaftliche Arbeiten veröffentlicht werden. Inzwischen saß ich in meinem Arbeitszimmer in der Bibliothek und rang ernsthaft mit meinem inneren sowjetischen Zensor, der sich immer deutlicher bemerkbar machte. Er hatte seinen zaristischen Kollegen abgelöst, oder vielleicht hatte der erste sich in den zweiten verwandelt. Vor dem ersten Kerl hatte ich ein wenig Angst, wenn ich mir vorstellte, ihn in der Universitätsbibliothek zu treffen, aber dieses neue Phantasiegebilde verwirrte mich, und ich wurde immer aufgewühlter, je länger ich mit ihm lebte.

Die Stunden in meinem Arbeitszimmer, in denen ich, veranlasst durch meinen internen Zensor, versuchte, wie ein sowjetischer Zensor zu denken, waren die härtesten in meinem Berufsleben. Ich fühlte mich dabei schmutzig auf eine Art, die ich nie zuvor erlebt hatte und nie wieder erleben möchte. Und dann setzte ich den Hut des Zensors ab, wie ich es vor zehn Jahren getan hatte, als ich über zaristische Zensur arbeitete, und dachte an die hunderte Millionen Opfer dieses Systems, nicht nur in der Sowjetunion sondern auch in Ost- und Mitteleuropa – Länder, die das Geschenk der sowjetischen Zensur nicht verweigern konnten. Ich dachte auch an Länder, die nicht Teil des Sowjetreiches waren – China, Kuba, Nordkorea – die allumfassende Zensur eingeführt hatten und enthusiastisch praktizierten.

Der Gedanke an die Opfer machte mich tieftraurig und wütend. Ich hatte mir meine Forschung nicht so aufreibend, schmutzig oder emotional vorgestellt. Ich sehnte mich danach, Dinge zu verbessern oder wenigstens zu beobachten, wie sie besser wurden, aber jetzt fühlte ich mich machtlos. Ich hatte meine Dissertation über zaristische Zensur geschrieben und als Buch veröffentlicht, aber wie würde das den Opfern der sowjetischen Zensur helfen? Sie durften nicht einmal etwas über die Geschichte der Zensur erfahren, und schon gar nicht durften sie gegen die allumfassende Zensur Widerstand leisten.

Meine Trauer und Wut und mein Entschluss, sowjetischen Opfern der Zensur nach Möglichkeit zu helfen, wurde verstärkt durch das, was ich auf meinen Reisen in der Sowjetunion erlebte. Ich hatte gelernt, dass Zensur eine starke fast exzessive physische Liebe zu Büchern fördern konnte. In den späten 1980er Jahren, in den ersten Jahren der Perestroika und Glasnost führte ich Gespräche mit einer Reihe amerikanischer, britischer und deutscher Verleger, die Bücher in die Sowjetunion verkauften. Ein Verleger berichtete von einer Episode auf der Moskauer Internationalen Buchmesse, wo westliche Verlage ihre Ware ausstellten und Sowjetbürger, die das Glück hatten, Zugang zu der Messe zu bekommen, verbotene Früchte anschauen konnten. *„Ich werde nie den Mann am Stand eines Kunstverlags vergessen, der zehn Tage lang täglich an den Stand kam und jedes Mal ein anderes Buch anschaute"*, erzählte der Verleger. *„Er behielt das Buch stundenlang in den Händen, las darin und streichelte es. Am letzten Messetag bat ihn der Verlagsvertreter in das Innere des Standes. „Sie waren an diesem Stand präsenter als ich!"* sagte er. *„Suchen Sie sich ein Buch als Geschenk aus." Dem Mann standen Tränen in den Augen. Er war ein Kunstprofessor an einer Universität, und er liebte Bücher."*[45] Die meisten Menschen auf unserem Planeten kennen diese Form eines physischen, leidenschaftlichen Verhältnisses zu Büchern nicht. Brennende Bücherliebhaber, besessene Antiquare vielleicht, aber der durchschnittliche Universitätsprofessor kennt keine Notwendigkeit für diese Form der Intensität. Er kann jederzeit Kunstbücher anschauen, sie aus der Bibliothek ausleihen, sie im Buchladen kaufen oder sie bei amazon.com bestellen.

Diese intensive Fixierung auf das physische Objekt ist nicht immer mit hohen intellektuellen Zielen verbunden. 1988, während der Zeit der Glasnost, erzählte mir jemand eine ergreifende Geschichte, die wohl in einer Moskauer Zeitung gestanden hatte. Die Geschichte

---

[45] Zitiert in Marianna Tax Choldin, *Good Business, Bad Business, No Business: Selling Western Books to the Soviets*, in *Proceedings of the Second International Conference of Slavic Librarians and Information Specialists*, Hrsg. Choldin (New York: Russica Publishers, 1986).

beschreibt die hartnäckigen und zeitaufwändigen Bemühungen eines Mannes, der Lenin-Bibliothek aus dem Giftschrank das *„Guinness Buch der Rekorde"* abzuringen. Schließlich hat er Erfolg und hält fünf oder sechs Jahresbände in den Händen. Er ist zufrieden, nur darin zu blättern, denn Englisch kann er nicht lesen.

Solche Vorfälle und hunderte andere, die unwissende sowjetische Regierungsstellen betrafen, brachen mein Herz. Es gibt Kollegen, die der Sowjetunion gegenüber milde eingestellt sind und Aspekte des sowjetischen Lebens lobenswert oder nachahmenswert finden, aber ich gehöre nicht zu ihnen. Die allumfassende Zensur überwiegt die hellen Flecken, und in ihr kann ich gar nichts Bewundernswertes sehen. Ich kann dem Staat nicht verzeihen, der Anatolij Kuznecov dazu zwang, sein Manuskript im Boden zu verstecken, der für die Tränen des Kunstprofessors über Kunstbücher, die er nicht haben konnte, verantwortlich war, oder der einen Mann dazu trieb, dafür zu kämpfen, das *„Guinness Buch der Rekorde"* in den Händen halten zu können, das er nicht lesen konnte.

Im Rückblick kann man deutlich sehen, dass echte Veränderungen in den späten 1980er Jahren mit Gorbatschows Glasnost und Perestroika eintraten. Aber Glasnost war nicht das, was wir uns unter Offenheit vorstellen, es war eine von oben aufgesetzte Politik. Ich erinnere mich, dass ich heimlich lächeln musste, als ich in den späten 1980er Jahren von einer russischen Bibliothek zur anderen fuhr und die Buchausstellungen aus den Giftschränken sah, die gleichzeitig stattfanden und alle gleich aussahen: Bücher von Trotzki und anderen Politikern, die in Ungnade gefallen waren, Romane und Gedichte verbotener Autoren aus den 1920er Jahren bis in die jüngste Vergangenheit. Na gut, dachte ich, diese identischen Ausstellungen sind besser als gar nichts!

Die aufregendsten Momente meiner Erfahrungen in der Spätphase der Sowjetunion erfuhr ich im August 1991. Harvey begleitete mich auf einer Reise nach Moskau, Leningrad und Orte dazwischen, während ich meine Vortragspflichten als eine von vier Professoren auf einer Studienreise für Alumni von zehn amerikanischen Universitäten erfüllte. Wir fuhren Flüsse hinauf und durch Seen in einem schönen

Schiff, das in der DDR gebaut worden war, der SS Krzizanowski. Das Schiff war nach einem Mitkämpfer Lenins benannt, der für die Elektrifizierung der ländlichen Regionen bekannt war. Wir fuhren direkt in den Putschversuch der Tage zwischen dem 19. und 21. August 1991 hinein. Wir fuhren in die Geschichte.[46] Am Morgen des 19. August, etwa um 10.30 Uhr verbreitete der Erste Schiffsoffizier die Nachricht, dass es einen Putsch gegeben hatte und Gorbatschow festgenommen worden war. Diese überraschende Nachricht unterbrach die Podiumsdiskussion, die drei Kollegen und ich für die Reiseteilnehmer durchführten. Natürlich waren wir alle bestürzt, und einer meiner Kollegen auf dem Podium scherzte: *„Ja, und Hitler ist in Tel Aviv am Steuer eines Taxis gesichtet worden!"* – aber die Nachricht erwies sich als völlig zutreffend.

Diese Reise und besonders diese drei Tage pumpten Leben und viel Energie in meine Forschung. In meinem ruhigen Arbeitszimmer auf der 4. Etage der Bibliothek hatte ich alle Bücher gelesen und mich selbst als Zensor geübt. Jetzt, während der ersten vier Tage der Reise, vor dem Putschversuch, hielten wir in kleinen Städten, die früher von Ausländern nicht besucht werden konnten. Wir hielten auch auf der Insel Kischi im Onegasee, die für ihre orthodoxen Holzkirchen berühmt ist. Ich stellte fest, dass Glasnost an diesen Ufern einen Brückenkopf hatte. An einem Kiosk kaufte ich eine Filmzeitschrift mit Fotos nackter Frauen, an der Wand des Kiosks hing eine Muttergottesikone, die teilweise von einem Playboy-Kalender verdeckt war. Am ersten Tag des Putsches stand ich im Adrenalinrausch an Deck unseres Schiffs und wurde Zeugin, wie um mich herum die sowjetische

---

[46] Zum Augustputsch: Konservative kommunistische Funktionäre versuchten vom 18. bis 21. August 1991, die Demokratisierung der Sowjetunion zu stoppen. Sie lehnten die Reformen ab, die Präsident Michail Gorbatschow angestoßen hatte. Am 12. Juni 1991 wurde Jelzin bei den ersten russischen Präsidentschaftswahlen zum Präsidenten der Russischen Teilrepublik (RS-FSR) gewählt. Während des Augustputsches 1991 gegen Gorbatschow bezog er öffentlich Stellung gegen die Putschisten und verschanzte sich im Weißen Haus in Moskau, das von der Bevölkerung erfolgreich gegen Angriffe verteidigt wurde. Der Machtverfall der KPdSU und der Zerfall der Sowjetunion waren danach nicht mehr aufzuhalten.

Zensur zerbröckelte. Im Aufenthaltsraum des Schiffes war das Radio still geworden, nur die feierliche Musik von Chopins Begräbnismarsch tönte aus den Lautsprechern, die übliche Einlage während sowjetischer Nachrichtenausfälle. Das sowjetische Fernsehen zeigte nur das Ballett Schwanensee, wie immer, wenn ein Führer gestorben war. Nichts sonst – nur Schwanensee. Auf dem Deck fingen wir eine BBC Weltsendung, Voice of America und Radio Liberty auf, die üblichen alten „ausländischen Stimmen" der Ära des Kalten Krieges. Beim Mittagessen klagte ein junger Kellner, dass die guten Zeiten, auf die er gehofft hatte, nun doch nicht kommen würden. *„Jetzt werden wir wie Chile unter Pinochet"*, sagte er und schüttelte traurig den Kopf. *„Alles ist vorbei."*

Am Nachmittag gingen wir auf der alten Klosterinsel Valaam an Land, wo verängstigte orthodoxe Mönche in braunen Priestergewändern und Sandalen uns begrüßten; sie rangen die Hände, schauten stolz auf die restaurierten Gebäude und fürchteten sich vor neuer Verfolgung.

Als wir Leningrad erreichten, wurden wir in einem Ausflugsbus durch die Stadt gefahren, aus Lautsprechern dröhnte Rockmusik, und von der als *joint venture* betriebenen sowjetisch-norwegischen Radiostation ROKS kamen Informationen über den Putsch zwischen den Musikstücken. Während der Putschtage hatten wir bereits einige Male von einer neuen Radiostation aus Leningrad mit dem Namen Radio *Otkrytyj Gorod (Offene Stadt)* gehört.

Auf dem Platz vor dem Leningrader Rathaus standen Reste von Barrikaden, die aufgestellt worden waren, um die Panzer aufzuhalten, die Gerüchten nach auf dem Weg waren, aber auf die Bitte von Bürgermeister Sobčak, der zu friedlichem Widerstand drängte, abgebaut wurden. (Die Panzer sind nie angekommen.) Eine große ernste Menge hatte sich vor dem Gebäude versammelt und präsentierte Plakate und Banner mit Botschaften wie *„Soldaten! Vergießt kein Bruderblut!"* und den alten Slogan aus dem Spanischen Bürgerkrieg *„Lieber stehend sterben als auf den Knien leben!"* Ein Spruch, der mir besonders gefiel, lautete: *„Der neue bolschewistische Putsch wird Russland auf ewig ruinieren. Armee! Verteidige dein Volk gegen Henker und Mörder!"*

Ein anderer Spruch lautete: „*Wir werden Entbehrungen ertragen, aber wir werden keine unrechtmäßige Regierung hinnehmen. Alle zur Verteidigung des Lensowjets! Die Panzer stehen 100 km von Piter entfernt.*" (Lensowjet ist das Rathaus, Piter ist der Kosename für Sankt Petersburg.) Die Protestierenden gaben mir das Plakat und baten darum, es mit nach Amerika zu nehmen, für den Fall, dass der Widerstand scheiterte. Das Plakat liegt jetzt im Archiv der University of Illinois.

Zu der Zeit, als Harvey und ich in Leningrad waren, war Katja Genieva in ihrer Bibliothek für Ausländische Literatur in Moskau, und dort gab es wirklich Panzer. Sie und andere sowjetische Bibliothekarinnen und Bibliothekare waren Gastgeber der diesjährigen IFLA-Konferenz (International Federation of Library Associations and Institutions / Internationale Vereinigung der Bibliothekarischen Verbände und Einrichtungen), unter normalen Umständen bereits eine umfangreiche und zeitintensive Aufgabe. Aber Katja musste sich auch um den Putsch kümmern. Sie stellte die Druckerei ihrer Bibliothek für unabhängige Zeitungen zur Verfügung, die überall in der Stadt ausgehängt wurden, damit die Bevölkerung sich trotz des Nachrichtenvakuums informieren konnte. Einmal kam ein Offizier des KGB in die Bibliothek und fragte, was vor sich ginge. Innerlich zitternd informierte sie ihn ruhig, dass sie drucken würden. Er schaute sich um, nickte, riet die Jalousien herunterzulassen und verließ das Gebäude! Und an dem Tag, an dem der Putsch angekündigt wurde, unterzeichnete Katja eine Vereinbarung mit der BBC, eine interaktive Ausstellung mit Newsfeeds in der Bibliothek zu zeigen. Niemand stellte sich ihr in den Weg. Große Brocken fielen aus dem zerfallenden Bauwerk Sowjetunion.

Am dritten Tag war der Putsch vorüber. Boris Jelzin, Präsident der Russischen Föderation, stand herausfordernd auf einem Panzer, Gorbatschow kam zurück, und die tödlich getroffene Sowjetunion taumelte in ihr letztes Stadium. Harvey und ich feierten zusammen mit Ljubov' Mojseevna Ravič und ihrer Familie. Jetzt nannten alle die Stadt wieder Sankt Petersburg und verfluchten die *bandity i razbojniki* (*Banditen und Schurken*), die für den Putschversuch verantwortlich waren, und dann flogen wir mit unserer Gruppe nach Berlin. Zu meiner Überraschung und Erleichterung gelangte mein Plakat von der Demonstration bei der Ausreise ohne Probleme durch den sowjetischen Zoll. Niemand beachtete solche Dinge noch.

In Berlin liefen wir mit tausenden anderer Leute durch das Brandenburger Tor, das lange im Niemandsland gestanden hatte, und sahen die Reste der Mauer, die ich zuletzt intakt mit Wachtürmen und bewaffneten Soldaten gesehen hatte. Mir war schwindelig vor Freude und Erstaunen. 1959 hatte Stefan mir ein Buch über Berlin mit dem Brandenburger Tor auf dem Umschlag gegeben, und irgendwo hatte ich ein Plakat gefunden mit dem angestrahlten Brandenburger Tor bei Nacht und den Worten „*Macht das Tor auf!*" Jetzt war das Tor offen, die Mauer war Schutt, und die Sowjetunion zerfiel immer mehr.

Zwei Monate später war ich anlässlich einer Konferenz, die die Lenin-Bibliothek und die Library of Congress gemeinsam organisierten, erneut in Moskau. Die Konferenz war eine Aktivität der Amerikanisch-Sowjetischen Kommission für Bibliothekszusammenarbeit, der ich angehörte, und sollte ursprünglich im September 1990 stattfinden, aber da brach der erste Golfkrieg aus, und die amerikanische Regierung befand, wir sollten zu diesem Zeitpunkt nicht reisen. So kam es, dass ich im Oktober 1991 die letzten Sonnenstrahlen der untergehenden Sowjetunion genoss.

„Genießen" ist nicht das richtige Wort. Sicherlich fühlte ich ein wenig Schadenfreude, als ich den Zusammenbruch erlebte. Alles zerfiel. Das war gut. Aber ich wurde nüchtern, als ich mit meiner Freundin Galja Levina sprach. Einmal hatte ihre Mutter sieben Stunden in einer Schlange gestanden, um Zucker zu kaufen. Es gab keine Milch und keine Kinderkleidung. Galja unterdrückte Tränen, als sie mich darum bat, beim nächsten Besuch gebrauchte Kleidung für die Jungen mitzubringen. (Natürlich habe ich so viel neue Kleidung mitgebracht, wie ich tragen konnte.)

Unsere Kommission war im berühmt-berüchtigten *Hotel Rossija* am Roten Platz untergebracht. 1967 erbaut, sollte das *Rossija* eins der größten und großartigsten Hotels der Welt für über 4.000 Gäste sein. Zuletzt hatte ich dort 1987 übernachtet, zusammen mit den anderen amerikanischen Mitgliedern der Amerikanisch-Sowjetischen Kommission für Bibliothekzusammenarbeit, und damals war der Aufent-

halt schon problematisch genug gewesen - das Hotel hatte sich besonders hervorgetan unter den Hotels, in denen ich nie wieder Gast sein
wollte – aber im Vergleich zu diesem Aufenthalt war der Aufenthalt
damals ein Glücksmoment gewesen.

In Moskau kann der Oktober eisig, verschneit und nasskalt sein, und
das war 1991 der Fall. Viele der Fenster im Hotel schlossen nicht
richtig, in einigen Zimmern lag die Temperatur wenig höher als die
Außentemperatur. In fast allen Nächten wurde unser Schlaf von Pro-
stituierten unterbrochen, die Kundschaft suchten. Morgens mussten
wir von einem *bufet* (Cafeteria) zum anderen über scheinbar endlose
Gänge laufen, um ein minimales Frühstück zu ergattern. Wir wussten
nie, welche Cafeteria geöffnet sein würde, und die zuständigen Ser-
viererinnen schienen sich einen Spaß daraus zu machen, das Metall-
gitter vor unserer Nase herunterzulassen, wenn sie sahen, dass wir
auf sie zuliefen.

Gewöhnlich fehlten trotz großer Bemühungen einige Schlüsselele-
mente an unserem Frühstück – wie Kaffee, Brot, Käse. Und die
dežurnye (Hotelpersonal auf der Etage, das die Zimmerschüssel aufbewahrt und angeblich die Gäste betreut) weigerten sich, uns Tee
oder sogar heißes Wasser zu geben, obwohl sie riesige Samoware mit
heißem Wasser in ihren Räumen hatten. (Das war eine schockierende
Veränderung: Die *dežurnye* hatten sich früher in sowjetischen Hotels
einschließlich diesem immer um mich gekümmert, und ich hatte die
üblichen kleinen Geschenke für sie mitgebracht: Damenstrümpfe in
Übergrößen, Schokolade, Kaugummi, Marlboro-Zigaretten.) Als wir
mit der Tagesarbeit beginnen konnten und uns durch die Mengen
Prostituierter und Händler in der Hotel-Lobby drängelten, waren wir
nicht in bester physischer und geistiger Verfassung. Ich war immer
wütend, und das ist nicht mein Normalzustand.

Ich hatte geschworen, nie wieder im *Rossija* zu übernachten, aber im
Sommer 2006 tat ich es doch für ein paar Nächte und wurde angenehm überrascht. Ein Wunder war geschehen, und das Hotel funktionierte. Es war privatisiert worden, die Eigentümer hatten den größten Teil des Gebäudes geschlossen und dadurch das Hotel auf eine
vernünftige Größe verkleinert. Es gab sogar ordentliche Restaurants.
Aber das neue Leben des Hotels dauerte nur kurz: Das Hotel war

letztlich nicht zu managen, ein großer weißer Elefant neben dem Roten Platz, und es wurde abgerissen. Einige Leute vermissen es, aber ich nicht.

Die Konferenz im Jahr 1991 mit dem hochtrabenden Titel *Die Nationalbibliothek im Leben der Nation* fand in der Halle 1 des Gewerkschaftshauses statt, einem großen staubigen sowjetischen Konferenzort. Bei der Eröffnungsveranstaltung wurden wir von Nikolaj Gubenko, dem Kulturminister der UdSSR und Robert Strauss, dem Botschafter der USA in Russland begrüßt. Wir arbeiteten uns durch die Themen *Bibliotheken in der demokratischen Gesellschaft, Nationalbibliotheken und Nationalcharakter, Historisches Erbe und gegenwärtige Aufgaben, Nationale Bibliotheksdienste für Nationale Gesetzgebung,* und schließlich, am zweiten Tag – Mittwoch, dem 30. Oktober 1991 um 12.30 Uhr – erreichten wir den Moment, den ich erwartet und gefürchtet hatte: *Zugang zu Forschungsmaterialien und Einschränkungen des Informationszugangs.* Das war meine Sitzung, in der ich zu einem sowjetischen Publikum sprechen sollte, was ich nie zuvor getan hatte.

Ich hatte einfach Angst. Ich hatte beschlossen, auf der Grundlage von Notizen zu sprechen und keine Arbeit vorzulesen, die Simultanübersetzer zu nutzen und Englisch statt Russisch zu sprechen. Nach dieser Konferenz habe ich fast immer meine Vorträge auf Englisch vorbereitet und dann mit einem Übersetzer an der Übersetzung ins Russische gearbeitet, entweder mit einer von Katjas Mitarbeiterinnen oder mit einem Kollegen in Urbana, dem Emigrantendichter Dmitry Bobyshev. Aber dies war das erste Mal. Ich fürchtete mich vor den Konsequenzen, vor der Strafe dafür, dass ich über ein verbotenes Thema sprach, und deshalb beschloss ich, Zuflucht zu meiner Sprache zu nehmen, um entspannt zu sein und mit Augen und Körper kommunizieren zu können sowie die Reaktionen meines sowjetischen Publikums erkennen zu können. Ich weiß nicht, was ich mir vorstellte: Würde man mich anschreien? Würde der KGB mich aus dem Saal führen? Meine Vorstellungskraft, geprägt durch sowjetische Horrorgeschichten und den Zensor in mir, geriet außer Kontrolle.

Natürlich passierte gar nichts. Ich stand auf und sprach klar und langsam in kurzen Sätzen, damit die Übersetzer folgen konnten. Das größte Wunder war, dass meine Stimme nicht zitterte. Ich sprach über meine Forschungen über zaristische Zensur und legte mein Konzept der allumfassenden sowjetischen Zensur dar. Ich beschrieb meine Beobachtungen der Gorbatschow-Ära und meine Erfahrungen während des Putsches, wie die russischen Kollegen den Putschversuch vor zwei Monaten oft genannt hatten. Ich führte einige positive Anzeichen auf: eine öffentliche Diskussion über Zensur. Die Öffnung der Giftschränke in den Bibliotheken im ganzen Land. Medien, die früher die Parteilinie vertreten hatten, waren jetzt fortschrittlich. Die Privatisierung von Verlagen. Die Öffnung der Archive. Neue Schulen mit neuen Unterrichtsplänen. Ein Armeeoffizier, der endlich Orwells „1984" lesen konnte und verstand, dass er gegen den Putsch sein musste. Solschenizyn, der erklärt hatte, dass er die Jahre des Exils in Vermont beenden und nach Russland zurückkehren würde.

Auf der negativen Seite erwähnte ich Fälle, in denen die unabhängige Presse drangsaliert wurde und in diesem Zusammenhang die angebliche Papierknappheit, die vorgeschoben wurde, um der Regierung unliebsame Veröffentlichungen zu diskriminieren. (Die Sowjetunion, in der große Landmassen mit Wald bedeckt sind, kann eigentlich keine Papierknappheit haben.)

Dann zählte ich einige ambivalente Dinge auf. Der Russische Schriftstellerverband wurde aufgelöst, weil er zu konservativ war. (Ich hätte es lieber gesehen, wenn er hätte weiterarbeiten dürfen.) Die rechte nationalistische Organisation *Pamjat'* (Erinnerung) hatte eine Radiostation. (Das sollte erlaubt sein, aber die Botschaft des Senders war beunruhigend.)

Ich stellte auch meine Ambivalenz zu Entwicklungen im religiösen Bereich fest. Es gab ein Wiederaufblühen jüdischen Lebens. Aaron Lansky, der Gründer des Jüdischen Buchzentrums in Amherst, Massachusetts, brachte Bücher in Jiddischer Sprache nach Lettland, Litauen und Estland (damals noch Sowjetrepubliken, wenige Wochen später erlangten sie die Unabhängigkeit). „*Taxi Blues*", ein russischer Film von 1990, nahm das Thema Antisemitismus auf. Die sowjetische monatlich in jiddischer Sprache erscheinende Zeitschrift „*Sovetish Heymland*"erschien jetzt auch auf Russisch und erreichte dadurch ein viel breiteres Publikum, und in der Sowjetrepublik Moldavien (ebenfalls bald unabhängig) erschien zweimal in der Woche eine russischsprachige Zeitung mit einer Auflage von etwa 100.000 Exemplaren, die als Zielgruppe die Juden in Bessarabien, eine Region mit einem hohen jüdischen Bevölkerungsanteil, hatte. Die Mitarbeiter der konservativen sowjetischen Zeitung „*Veteran*" entschieden durch Abstimmung, aus der Zeitung für ältere Leute eine progressive Wochenzeitung zu machen, und der alte Herausgeber, unter dessen Leitung pro-stalinistische und antisemitische Artikel erschienen waren, gab seinen Posten auf.

Aber ich stellte auch eine Zunahme antisemitischer Aktivitäten fest. Verschiedene Zeitungen hatten Artikel über Hitler und Auszüge aus „*Mein Kampf*" veröffentlicht. Ich entdeckte einen Artikel in einer unabhängigen Zeitung, der Saddam Hussein dafür dankte, dass er Israel bombardiert hatte und wünschte, alle Juden (hier stand ein Schimpfname) wären tot.

Noch ambivalenter war für mich: Eine Kommission für den Schutz der Öffentlichen Moral wurde gegründet, an der jüdische, muslimische, buddhistische und orthodoxe Geistliche teilnahmen. (Wozu brauchte man so eine Kommission. Könnte sie schädlich sein?) Seit dem August protestierten Lubawitscher Chassidische Juden vor der Lenin-Bibliothek und forderten, dass 12.000 Bücher, bekannt als die Sammlung Schneerson (nach Menachem Mendel Schneerson, dem Oberhaupt der Lubawitsch-Bewegung), die vor 70 Jahren vom Staat weggenommen worden war, der Bewegung zurückgegeben würden. Der Sowjetische Oberste Gerichtshof hatte die Rückgabe der Bücher angeordnet, aber es gab noch keinen Gerichtsbeschluss. (Als gemäßigte Jüdin bin ich beunruhigt über die zunehmende Chassidische Präsenz in Russland, aber ich halte sehr viel von Religionsfreiheit.) Besorgt bin ich auch über den Strom amerikanischer christlicher Sekten nach Moskau und in andere russische Städte. (Viele Russen sind ebenfalls besorgt und verärgert. Sie sind der Meinung, dass sie bereits Christen sind.)

Nach dem Putsch löste Jelzin das offizielle Organ der Kommunistischen Partei „*Pravda*" und einige andere Zeitungen auf und zentralisierte die Presse. Ich hätte es lieber gesehen, wenn er eine unabhängige Presse gefördert hätte. Ich bin beunruhigt über geistige Freiheit in wirtschaftlich und politisch turbulenten Zeiten und besonders bei fehlender Rechtsstaatlichkeit. Ich bin über die weiterhin existierende Unterscheidung zwischen „legalen" und „illegalen" Veröffentlichungen nicht glücklich.

Ich beendete meine Ausführungen, indem ich Katjas und meine Pläne für eine Ausstellung über russische und sowjetische Zensur beschrieb und drückte meine Hoffnung aus, weiterhin Verbesserungen der Lebensqualität und Fortschritte bei der Lösung von Problemen im Bereich geistiger Freiheit zu sehen. Als jemand, der fest von Religionsfreiheit überzeugt ist, sei ich erfreut, religiöse Einrichtungen ihre Arbeit wieder aufnehmen zu sehen. Ich fügte hinzu, es sei nicht erforderlich, Christin zu sein, um sich über die Entwicklung aktiver Kirchen aus Atheismus-Museen und Lagerhallen, den Wiederaufbau entweihter Kirchen sowie Mönche, die wieder in Klöstern lebten, zu freuen, aber ich sagte nochmals, dass der Antisemitismus, den ich in Russland sehe, mir Sorgen macht. Ich verstehe, dass nichts einfach ist, aber musste das sein?

Das Publikum hatte höflich zugehört. Es gab weder Fragen noch eine Diskussion. Meine Partnerin auf der sowjetischen Seite, N. P. Igumnova, eine der Stellvertretenden Direktorinnen der Lenin-Bibliothek, stand auf und verlas ihre Arbeit. Ich habe keine genaue Erinnerung, worüber sie sprach, ich glaube, sie sprach über die zunehmende Verfügbarkeit von Information durch moderne Technologie. (Jahrzehntelang sprachen die sowjetischen Bibliothekare über Verfügbarkeit und weigerten sich, den Begriff Zugang zu benutzen, der impliziert, dass die Menschen tatsächlich das Material bekommen, das sie brauchen.)

Nach Igumnovas Präsentation und einigen unverfänglichen Fragen amerikanischer und sowjetischer Kollegen, war die Sitzung zu Ende. Als wir für Kaffee und Kekse unterbrachen, fühlte ich mich wie ein leerer Ballon. Was für eine erbärmliche Versagerin ich war! Hier war meine erste Chance, mit Sowjetbürgern über Zensur zu sprechen, und ich hatte es nicht geschafft, das Interesse auch nur einer einzigen Person zu wecken. Mein Selbstvertrauen war verflogen, und ich fühlte mich schlecht, entmutigt und litt unter Jetlag.

Bis ein Mann auf mich zukam und sich vorstellte. Vladimir Solodin, der Chef der sowjetischen Zensurbehörde Glavlit. Er schätzte meine

Arbeit sehr und wollte mir mitteilen, dass ich es genau richtig verstanden hatte. Wie war mir das gelungen, in Amerika? Ich murmelte etwas über unsere wunderbaren Bibliotheken aber konnte nicht viel sagen, weil mein Herz so wild schlug.

Danach wurde alles besser. Beim Abendempfang erfuhr ich von zwei Kollegen, dass die Leute Angst gehabt hatten vor dem, was ich in meiner Präsentation sagen würde, aber ich sei höflich gewesen, und sie wären nicht verärgert. Eine dieser Kolleginnen war Inna Baldina, die Chefin des Giftschrankes in der Lenin-Bibliothek, dem größten verschlossenen Bestand im ganzen Land mit mehr als 280.000 Bänden ausländischer Literatur. Sie erklärte, dass sie beschlossen hatten, die verbotene Sammlung zusammenzulassen und sie nicht in den Gesamtbestand zu integrieren. Sie war aufgeregt, weil Evgenij Kuzmin, ein Journalist, der für die *„Literaturnaja Gazeta"* arbeitete, die Lenin-Bibliothek dafür zur Rede gestellt hatte, dass sie den Giftschrank nicht sofort aufgelöst hatte. Er versteht nicht, dass es so besser ist, sagte sie. Baldina fügte hinzu, dass sie gerne mit mir und Katja an der Zensurausstellung arbeiten würde. In meinem Kopf drehte sich alles.

Am folgenden Tag aß ich mit Katja und einem ihrer Mitarbeiter, Viktor Moskvin zu Mittag. Es war ein unvergessliches Mittagessen. Viktor und ich sollten die Zensurausstellung kuratieren. Wie ich hatte er über zaristische Zensur ausländischer Bücher gearbeitet. Sicher hat er nichts veröffentlicht, dachte ich. Es ist schließlich immer noch die Sowjetunion. Viktor schlug den 27.10.1992, 16 Uhr für die Eröffnung der Ausstellung in Moskau vor. Er wollte einen Dokumentarfilm in Auftrag geben, der den sowjetischen Teil der Ausstellung begleiten sollte und dafür Mittel der Soros-Stiftung[47] und anderer Quellen einwerben. Wir würden Material aus allen wichtigen

---

[47] Soros-Stiftung, heute: „Open Society Foundations (OSF)": Es handelt sich um eine Gruppe von Stiftungen des amerikanischen Milliardärs George Soros, die nach eigenen Angaben den Gedanken der Offenen Gesellschaft durch Unterstützung von Initiativen der Zivilgesellschaft vertreten und politische Aktivitäten finanzieren, insbesondere in Mittel- und Osteuropa. Die Organisation gilt als eine der größten Unternehmensstiftungen der Vereinigten Staaten.

sowjetischen Bibliotheken bekommen. Bei der Eröffnung würde es Interviews, Vorträge und Diskussionsforen über Zensur in Russland und in der Sowjetunion geben. Maurice Friedberg und andere ausländische Spezialisten würden auch kommen. Wir würden die Vorträge als Konferenzbericht veröffentlichen, ich würde das Vorwort dazu schreiben. Wir würden die Ausstellung auf eine Rundreise schicken, nach St. Petersburg (niemand nennt die Stadt noch Leningrad), nach Kiew, Irkutsk, die Baltischen Republiken. Nach dem Essen fühlte ich mich der Ohnmacht nahe.

Den Nachmittag verbrachte ich in Katjas Bibliothek mit Katja und zwei ihrer Stellvertreterinnen, Evgenija Rozinskaja (Ženja) und Galina Kislovskaja (Galja), die beide meine Freundinnen wurden. Die Bibliothek für Ausländische Literatur war ganz anders als meine Erinnerung von 1987, als ich sie kurz mit der Kommission für Bibliotheks-Zusammenarbeit besucht hatte. Jetzt hatten Katja und ihr fortschrittliches Team das Sagen, die Bibliothek war nicht länger sowjetisch, obwohl es die Sowjetunion noch zwei weitere Monate geben würde. Sie nahmen mich mit auf einen Rundgang durch das Bibliotheksgebäude, das gerade von dem britischen Vertragsnehmer David Whitwell umgestaltet wurde. Ich habe die BBC-Ausstellung angeschaut mit Telefonen, über die man die Queen sprechen und BBC-Sendungen hören konnte.

Gegen Ende des Rundgangs traten wir in einen kleinen, fröhlichen, sonnendurchfluteten Raum, den neuen Kinder-Lesesaal. *„Was war vorher hier?“* fragte ich. Katja lächelte glücklich und ein wenig schelmisch: *„Der Giftschrank“*, sagte sie.

Bevor wir uns trennten, verabredeten Katja und ich meinen nächsten Besuch für Februar, dann würden wir ernsthaft die Arbeit an der Ausstellung beginnen. Sie drängte mich, bei ihr zu wohnen, wir würden eng zusammenarbeiten. Ich lehnte höflich ab, sie bestand darauf. Du kennst unsere Hotels, sagte sie. Warum solltest du schlecht wohnen, wenn du mit uns zusammen sein kannst? Wir spürten beide unsere enge Verbindung: über die Kollegialität hinaus war etwas Starkes und Warmes, Unwiderstehliches entstanden. Wir waren jeweils in die Lebensgeschichte der anderen eingetreten. Mein sowjetischer Zensor war noch da, aber gegenüber Katja trat er in den Hintergrund.

KAPITEL 7

Mein sowjetischer Planet

1960, als ich das erste Mal in die Sowjetunion reiste, war ich noch ein Baby in meinem Fach, der Russistik. Alles, was während des Sommers und im College passierte, fand ich aufregend. Dann kamen Bangladesch und die Zwillinge, East Lansing und Champaign-Urbana. Mitte der 1970er Jahre hatte ich mich in eine Osteuropabibliothekarin mit viel Buch-Wissen und Forschungserfahrung gewandelt. Ich las und verstand Russisch sehr gut, aber ich hatte nicht viel Sprachpraxis; die meisten Muttersprachler in meiner Umgebung waren Emigranten, die ihre Englischkenntnisse verbessern wollten. Meine beiden Planeten kreisten stetig und separat, wie sie es bereits über ein Jahrzehnt lang getan hatten.

In der Sowjetunion war die Chruschtschow-Ära, die ich in Gedenken an Maurice gerne als das Jahrzehnt der Euphorie bezeichne, gekommen und vergangen, dann kam die lange andauernde und schwerfällige Stagnationsphase. Ich hatte das Gefühl, ebenfalls zu stagnieren; ich hatte mich damit abgefunden, auf meinem Planeten zu leben und gemeinsam mit Kollegen aus dem Westen den anderen Planeten aus der Ferne zu studieren. Diejenigen, die ein oder zwei Semester an Dissertationen oder Forschungsprojekten in Moskau oder Leningrad arbeiteten, meist als Historiker oder Literaturwissenschaftler, kamen mit Geschichten von ihren Triumphen und ihrem Elend in den Archiven zurück, mit Erzählungen darüber, wie sie sich in den Wohnheimen abgemüht hatten, zerbrochene Ehen eingeschlossen (das Leben war hart für Ehepartner in sowjetischen Wohnheimen), mit Geschichten über ihre Alltagsabenteuer. Nach ihrer Rückkehr bekamen einige Stellen als Professoren in einer Universität in den USA. Andere wurden von unserem Auslandsgeheimdienst angeworben, es war schließlich Kalter Krieg. Ich war als Bibliothekarin, die mit Osteuropabibliothekaren aus der ganzen Welt zusammenarbeitete, glücklich, meinen Wissenschaftlerkollegen zu helfen, Material zu finden, das sie für ihre Forschung benötigten.

Es war ein gutes Leben. 1972 verbrachten wir den Sommer in London. Unser Charterflug war kurz vor unserer geplanten Abreise gestrichen worden, und unser Reisebüro buchte uns Plätze auf der *SS France*, was kein schlechter Tausch war. Die Zwillinge, sieben Jahre alt, erwarben eine lebenslängliche Vorliebe für Brie und Camembert im Speisesaal für Kinder, während Harvey und ich die köstliche französische Küche für Erwachsene genossen. In London verbrachte Harvey die Tage im Archiv des India Office, wo er Forschung über Bangladesch nachbereitete, und ich fror im Lesesaal des British Museum, wo ich über russische Bibliographen des 19. und frühen 20. Jahrhunderts forschte und kurze Artikel über sie für eine Enzyklopädie erstellte. Ich hatte so eine Kälte nicht mitten im Sommer erwartet; an Arbeitstagen hüllte ich mich in alle warmen Kleidungsstücke, die ich mitgebracht hatte.

Kate und Mary erforschten die Stadt, oft mit uns oder mit einer freundlichen Großmutter aus Neuseeland, die ihre englische Familie in Highgate unserer Wohnung gegenüber besuchte. Gegen Ende des Sommers fuhren wir nach Deutschland – es war mein erster Besuch seit 1960 – damit Harvey und die Mädchen meine alten Freunde und ihre jungen Familien in Bielefeld und Esslingen kennenlernen konnten. Wir flogen zurück aus Frankfurt am Tag nach dem Angriff auf die israelischen Athleten während der Olympischen Spiele in München; das war ein trauriges Ende eines herrlichen Sommers.

Für mich war es eine bittersüße Rückkehr nach Deutschland. In den zwölf Jahren meiner Abwesenheit hatte das Wirtschaftswunder stattgefunden, die physische Erholung vom Krieg war auffallend, den Leuten ging es gut. Die deutsche Gesellschaft veränderte sich. Überall gab es Gastarbeiter aus Jugoslawien und der Türkei, sie verrichteten die Arbeiten, die die wohlhabenden Deutschen nicht mehr verrichten wollten.

In Champaign gründeten meine Kollegen und ich 1973 das *Summer Research Lab*, das Forscher aus der ganzen Welt anzog, um unsere reichen Bestände zu nutzen und sich mit unseren Bibliothekaren zu beraten. 1976 starteten wir den *Slavic Reference Service* (Slavistik-Informationsdienst) und halfen Forschern, in ihren eigenen Einrichtungen das Material zu bekommen, das sie für ihre Forschung brauchten, wo auch immer in der Welt es sich befinden mochte. Zwei Jahre darauf, 18 Jahre nach meiner ersten Reise, fuhr ich wieder in die Sowjetunion.

Meine sieben Reisen zwischen 1978 und 1991 öffneten meine Augen, erhöhten meinen Puls und ließen meine Emotionen hoch fliegen und tief sinken, manchmal gleichzeitig. Ich erinnere mich an viele Dinge auf diesen Reisen, mein Gedächtnis wurde von die durch meinen Vater, den Ethnologen, inspirierten Aufzeichnungen unterstützt, die ich auf jeder Reise machte. Sich wiederholende Themen waren: Judentum, Sowjetisierung, Entbehrung und natürlich mein wachsendes Bewusstsein durch Lebenserfahrungen für allumfassende Zensur. Harvey und ich wollten beide im August 1978 ein paar Wochen in Europa zu verbringen. Ich würde Osteuropabibliothekare treffen, und Harvey würde an einer Soziologen-Konferenz in Schweden teilnehmen. Wir trafen uns in Stockholm und flogen zusammen nach Helsinki, wo ich den berühmten russischen Bestand der Universitätsbibliothek Helsinki sehen wollte, der zwischen 1809 und 1917 aufgebaut wurde, als Finnland Teil des Russischen Reiches war. Zum Glück für die Russlandforscher im Westen war die Universitätsbibliothek Helsinki in diesen Jahren eine offizielle Depotbibliothek, das heißt, ein Exemplar jedes Buches, das im Russischen Reich veröffentlicht wurde, musste dort abgeliefert werden. Als die Sowjetunion ihre Grenzen schloss, blieben so Finnland und seine großartige Sammlung im Westen, auf unserem Planeten, und ermöglichten offenen Zugang zu ihren Schätzen. Unsere Bibliothek in Urbana arbeitete mit der Firma University Microfilms an einem riesigen Projekt, das zum Ziel hatte, die Bände aus Helsinki, die am meisten von Forschern nachgefragt wurden, zu verfilmen und zugänglich zu machen. Mir gefiel es, dass diese Bibliothek durch Drehungen und Wendungen der Geschichte auf unserem Planeten geblieben war. Die Sowjets konnten kontrollieren, was wir in ihrem Land zu sehen bekamen, aber sie konnten uns nicht aus der Universitätsbibliothek Helsinki ausschließen. Ein Pluspunkt für Zugang, ein Minuspunkt für Zensur!

An jenem Augusttag 1978 nach Leningrad zu fahren, war ein unvergessliches Abenteuer. Wir reisten von Helsinki mit dem Zug, an der finnisch-sowjetischen Grenze bestiegen einige militärisch gekleidete Typen – Zollbeamte? Grenzpolizei? Soldaten? – den Zug und suchten gründlich in den Gepäckablagen und unter den Sitzen. Was oder wen sie suchten, weiß ich nicht. Sie fragten aber ausdrücklich auf Englisch, ob wir *„Bücher oder Zeitschriften für sowjetische Menschen"* hätten. Sie hatten keine Einwände gegen uns, aber nachdem sie unser Zugabteil verlassen hatten, war meine Angst, sowjetische Grenzen zu überqueren, die 1960 in Moskau mit der kleinen Ikone von Vladimir begonnen hatte, endgültig in meiner Psyche verankert.

Harvey war ebenfalls entnervt, ich glaube, das war der erste Spalt in seiner Schutzrüstung. Als Soziologe mit sehr liberalen Überzeugungen hatte er immer mit leicht erhobenen Augenbrauen zugehört, wenn ich über die Sowjetunion berichtete; sicherlich war sie nicht so schlimm, wie ich behauptete. Aber als er am Finnischen Bahnhof in Leningrad aus diesem Zug stieg und sich umschaute, die Episode in unserem Zugabteil noch frisch in Erinnerung, sah er mit eigenen Augen die trostlose Umgebung auf dem anderen Planeten, den schäbigen Bahnhof, die bedrückten Leute in schlecht sitzender Kleidung. Auf dem Bahnhof, bereits wenige Minuten nach seiner Ankunft in der Sowjetunion, stellte er mir die wehmütige Frage, die in unserer Familie Berühmtheit erlangt hat: Hättest Du nicht Italien-Forscherin werden können?

Wir waren nur drei Tage in Leningrad, aber es schien eine Ewigkeit. Wir besuchten die alte zaristische Öffentliche Bibliothek, die in Sowjetzeiten nach dem Dichter Saltykov-Ščedrin benannt wurde (der überhaupt nichts mit der Bibliothek zu tun hatte) und als die Saltykovka bekannt war. Heute ist sie die Russische Nationalbibliothek, die zärtlich als Publička bezeichnet wird. Mehrere meiner russischen Bibliographen, Gegenstände meiner Enzyklopädie-Artikel, hatten hier gearbeitet, und ich war fasziniert von der großartigen herrschaftlichen Struktur der Bibliothek. Gegründet von Katherina der Großen, war die Bibliothek voller seltener Bücher und Handschriften, darunter Voltaires Bibliothek, teure Bände, die aus Polen mitgenommen worden waren und zahlreiche andere Schätze. Eine kleine, nicht mehr junge Frau, die vor dem Krieg mit ihrer Familie Jahre in den USA gelebt hatte und ausgezeichnet Englisch mit New Yorker Akzent sprach, führte uns durch die Bibliothek. Ich traf die Kolleginnen in der Erwerbungsabteilung, die mit unserer Bibliothek zusammenarbeiteten und nahm einen Mikrofilm mit, den einer unserer Studenten für seine Forschung brauchte. Ich war stolz darauf, dass ich meine ersten Geschäfte in Russland erfolgreich abgewickelt hatte, aber ich war nicht stolz auf mein gesprochenes Russisch, das zögernd kam und mit langen ungeschickten Pausen, während denen ich nach Worten suchte.

Am zweiten Tag unseres Besuchs hatte ich die erste Begegnung von vielen unvergesslichen mit der Kollegin Ravič. Ich hatte einige Jahre zuvor eine Korrespondenz mit ihr aufgebaut, während ich eine Serie kurzer Enzyklopädieartikel über einen berühmten russischen Bibliographen aus der Zeit vor der Revolution schrieb. Grigorij Gennadi interessierte mich besonders, und in meiner Recherche nach Quellen in russischer Sprache traf ich auf den Namen Ravič. Ich erfuhr, dass sie Professorin am Institut für Kultur in Leningrad war, an der Bibliothekswissenschaft zusammen mit einer Reihe anderer Fächer im Bereich „Kulturmanagement" unterrichtet wurde. Spontan schrieb ich ihr, und zu meiner Freude erhielt ich eine nette Antwort.

Die Kollegin Ravič war eine kleine untersetzte Jüdin, die zusammen mit ihrer Tochter Marianna und ihrer Enkelin Katja in einer Kommunalwohnung (*kommunal'naja kvartira* oder kurz: *Kommunalka*) lebte, einer von mehreren Familien bewohnten Wohnung im Dostojewski-Stadtteil von Leningrad. Es war die einzige *Kommunalka*, die ich auf meinen zahlreichen Reisen nach Russland besucht habe, und sie hat Harvey und mich sehr beeindruckt. Die Familie bewohnte ein Zimmer in einer Wohnung in der 5. Etage ohne Fahrstuhl. Vor der Revolution war dies die Wohnung einer Familie. Die Familie Ravič teilte das Bad und die Küche mit anderen Familien und brachte ihren gesamten Besitz in dem kleinen Zimmer unter. *Kommunalka* war eine sowjetische Einrichtung, die aufgrund von Wohnraummangel in russischen Städten noch in der Gegenwart fortbesteht.

Frau Ravič beklagte sich bitterlich über ihre Wohnsituation. Die Treppen hochzusteigen, belastete ihr krankes Herz, die Nachbarn waren niederträchtig, antisemitisch und *nekulturnyj*, unkultiviert, eine Bezeichnung, die von einer kultivierten russischen Person ausgesprochen, eine große Beleidigung darstellte. Sie hatte sich wiederholt an die Behörden gewandt und auf ihre Herzkrankheit hingewiesen und darüber hinaus auf ihren Status als „Heldin des Großen Vaterländischen Krieges", die sowjetische Bezeichnung für den Zweiten Weltkrieg, von dem die Sowjetunion besonders hart betroffen war. (Leningrad war eine der am stärksten betroffenen Städte; während der berüchtigten Belagerung erlitt die Stadt eine schreckliche Hungersnot.) Sie hatte eine handvoll Medaillen, auf die sie sehr stolz war, sie zeigte sie mir bei jedem Besuch.

Jahre später konnten Harvey und ich sie schließlich in ihrer neuen Einzelwohnung besuchen. Diese Wohnung schien der Gipfel des Luxus. Alle waren an dem Tag, dem letzten Tag des gescheiterten Putschversuchs gegen Gorbatschow, in einem euphorischen Zustand. Wie schön, die Euphorie mit einer Freundin zu teilen, deren Leben sich positiv verändert hatte!

Ich traf die Kollegin Ravič später noch mehrfach, wenn ich beruflich nach Leningrad kam (oder St. Petersburg, wie es nach dem Zerfall der Sowjetunion wieder hieß). Ihre Energie und ihr Engagement für ihre Arbeit ließen nie nach; ich bekam regelmäßig neue Artikel und Bücher von ihr. Sie feierte ihren 60. Geburtstag, ihr Jubiläum, wie es in Russland üblich ist, und ihre Studenten und Kollegen machten großen Wirbel um sie, als sie in den Ruhestand ging. Sie forschte und veröffentlichte weiterhin, selbst als ihre Gesundheit immer schlechter wurde.

Während meines ersten Besuchs 1978 gingen wir in einem von Leningrads berühmten Gärten spazieren. Sie hatte mir gesagt, dass es zu gefährlich sei, in geschlossenen Räumen zu sprechen. Wenn ich in ihrer Wohnung bestimmten Themen berührte, ... zeigte sie bedeutungsvoll an die Decke und schüttelte den Kopf. Als wir im Garten spazieren gingen, erzählte ich ihr von meinem Plan, eine Dissertation über zaristische Zensur zu schreiben. Ich werde nie vergessen, wie sie innehielt, mich ungläubig anstarrte und mir sagte, ich sei verrückt, dieses Thema zu wählen. Warum würde ich nicht etwas Sicheres nehmen, wie beispielsweise Bibliographien des 19. Jahrhunderts. Sie schüttelte traurig den Kopf und sagte, sie würde mir nicht helfen können, Material aus dem Archiv zu diesem Thema zu bekommen: es sei einfach ein unausführbares Thema. Als ich darauf bestand, dass ich genau das machen wolle, seufzte sie, streichelte meinen Arm und sagte, dass sie mich verstehen würde. Sie versuchte wirklich, mir zu helfen, etwas aus einem Archiv zu bekommen, aber vergeblich.

Im Laufe der Jahre brachte ich ihr Kopien meiner Aufsätze über Zensur, die sie bereitwillig annahm. Sie konnte kein Englisch, aber sie fand Leute, die für sie übersetzten. Als „*A Fence around the Empire*"im Jahr 2002 auf Russisch veröffentlicht wurde,[48] sorgte ich dafür, das sie ein Exemplar bekam, und im Dezember 2003 erhielt ich einen wunderschönen Brief von ihr, darin standen die folgenden Worte über das Buch, die für mich sehr wertvoll sind:

Dies ist eine großartige Arbeit; es hat in den russischen Buchwissenschaften nie etwas auch nur annähernd Vergleichbares gegeben. Hier gibt es alles: Tiefe der Forschung, ein Gefühl für die Zeit (meiner Meinung nach eine unschätzbare Eigenschaft), und so viele hochinteressante Fakten. Einiges davon wusste ich, aber vieles war neu oder sogar überraschend.

Zum letzten Mal besuchte ich sie kurz vor ihrem Tod. Sie hatte ihre Schärfe verloren, aber es war noch möglich, ein spannendes Gespräch mit ihr zu führen. Sie wollte immer alles über Harvey und unsere Töchter und natürlich meine Forschung erfahren.

In ihren letzten Jahren machte sie sich Sorgen, nicht genug Geld für ihre Beerdigung zu haben. In all den Jahren, in denen ich sie kannte, hatte sie ein hartes Leben. Sie war im Ruhestand, und Pensionen waren jämmerlich niedrig. Ihre Tochter Marianna verdiente als Bibliothekarin in der Bibliothek der Akademie der Wissenschaften

---

[48]Die russische Ausgabe von *A Fence around the Empire (Zabor vokrug imperii)* kam 2002 im Rudomino-Verlag in Moskau heraus.

so gut wie nichts. Bei jedem Besuch ließ ich Marianna Geld da, zunächst, um zu den Lebenshaltungskosten beizutragen, später für die Beerdigung. Als Katja mich 2006 anrief und mir mitteilte, dass die Kollegin Ravič gestorben war, weinte ich um mein Leningrader jüdisches Tantchen, meine Mentorin und Unterstützerin, eine mutige und bewundernswerte Frau.

Wenn ich auf diese Augusttage des Jahres 1978 zurückschaue, wird mir bewusst, dass ich mich an die Begegnungen mit sowjetischen Juden besonders lebhaft erinnere. Ich hatte nicht erwartet, dass die Begegnungen mit der Kollegin Ravič oder den Familien unserer jungen Emigrantenfreunde in Urbana, alle Juden, so einen emotionalen Kick auslösen würden. Die Kollegin Ravič schaute Harvey an und sagte – auf Russisch, sie konnte kein Englisch – „*Was für ein schönes jüdisches Gesicht er hat!*" Eine der Mütter unserer Emigrantenfreunde fragte, wann unsere Familien aus Russland in die USA ausgewandert seien, und als wir erklärten, dass unsere Großeltern um 1900 ausgewandert waren, lächelte sie bedauernd und sagte, sie hätten sehr klug gehandelt.

Bei jedem meiner folgenden Besuche in Sowjetrussland oder Post-Sowjetrussland waren meine jüdischen Antennen ausgefahren und zitterten. Viele meiner neuen Freunde waren jüdisch oder halbjüdisch oder ehemals jüdisch. Viele der Gerichte, die ich an ihren Küchentischen aß, hätten auch in meinem Haus auf den Tisch gekommen sein können. Sie aßen gerne Kringel. Sie streuten dieselben jiddischen Wörter und Sätze in ihre Gespräche, die wir zuhause benutzten. Sie sahen sogar aus wie meine Familienmitglieder. Aber einige der Freunde waren ängstlich, wie ich es nie sein musste. Ich werde nie ein sowjetisch-amerikanisches Treffen in Moskau in den frühen 1980er Jahren vergessen. Wir stellten uns in der Runde vor. Als ich an der Reihe war, erwähnte ich nebenbei, dass ein Einwanderungsbeamter den Namen Choldin erfunden hatte, als der Vater meines Mannes 1912 in die USA einwanderte. Wie in vielen Fällen jüdischer Einwanderer jener Zeit, deren Familiennamen für den Beamten schwer auszusprechen war, wurde der Name Cholodenko einfach in Choldin verändert. Während der Kaffeepause nahm mich eine junge Frau beiseite, schaute mir ernst und intensiv in die Augen und gab mir den Rat, diese Geschichte in der Sowjetunion nicht nochmals zu erzählen. Es ist nicht gut, die Aufmerksamkeit darauf zu ziehen, dass du Jüdin bist, sagte sie sanft auf Russisch, und in ihren Augen standen tiefer Schmerz und Erniedrigung.

Darüber hinaus war ich in den späten 1980er Jahren fasziniert und frustriert von dem, was ich als „Sowjetisierung" unseres Landes in der Zeit des Kalten Krieges bezeichne. Jetzt, wo es die Sowjetunion seit mehr als 20 Jahren nicht mehr gibt, sind das Gefühl, der Geruch, die Beschaffenheit, der Jargon und die *anekdoty* (Witze) aus der Ära des Kalten Krieges verblasst oder völlig ausgelöscht. Menschen, die nach dem Zerfall der Sowjetunion erwachsen wurden, wissen vielleicht nicht, dass während der gesamten Sowjetzeit westliche Wissenschaftler, die eine Forschungsreise in die Sowjetunion oder in ein ost- oder zentraleuropäisches Land unter sowjetischer Protektion machen wollten, dies nur durch eine „offizielle" Organisation der Regierung oder mit engen Verbindungen zur Regierung tun konnten. In den USA war dies IREX (International Research and Exchanges Board), 1968 gegründet auf der Grundlage eines Programms, das kurz nach Stalins Tod von einer Gruppe amerikanischer Universitäten ins Leben gerufen wurde, um Austauschprogramme für Wissenschaftler zu organisieren. Alle westlichen Länder hatten ähnliche Einrichtungen wie IREX, sodass ihre Wissenschaftler in osteuropäischen Ländern forschen konnten, und Wissenschaftler des anderen Planeten einen Kanal für ihre Forschungsaufenthalte in westlichen Ländern hatten. (In der Bundesrepublik Deutschland erfüllte diese Funktion der Deutsche Akademische Austauschdienst DAAD.)

Die amerikanische und die sowjetische Regierung kooperierten im Bereich Wissenschaftleraustausch, sodass jede Seite bekam, was sie wollte. Die Sowjets schickten Ingenieure, Physiker und Naturwissenschaftler an amerikanische Universitäten, um in unseren Hörsälen und Laboratorien ihre Kenntnisse zu vervollständigen und zu erweitern. Unter Stalin hatten sie den Kontakt und ihre Fähigkeit verloren, an der Weltgemeinschaft der Wissenschaft teilzunehmen, ein schwerwiegender Schlag für die sowjetische Wissenschaft. Innerhalb

Russlands waren einige Wissenschaftsbereiche in jenen Jahren durch Ideologie und Druck auf die russische Wissenschaftlergemeinschaft weitgehend zerstört. Die Mendelsche Genetik beispielsweise war verboten, nur die Theorien des Agronomen und Biologen Trofim Lysenko, eines Favoriten Stalins, waren erlaubt. Weil Lysenko Mendel nicht anerkannte, mussten alle Wissenschaftler die moderne Genetik verwerfen.

Nur wenige sowjetische Sozialwissenschaftler oder Geisteswissenschaftler durften unseren Planeten besuchen. Wissenschaftler in diesen Bereichen wurden als politisch unzuverlässig angesehen, und einige ihrer Forschungsbereiche waren eliminiert oder in eine marxistisch-leninistische Form gegossen worden. Westliche Soziologie und Psychologie waren im Westen zentrale Fächer, in der Sowjetunion bestenfalls inaktiv. Später, als Glasnost aufkam, war IREX auch das amerikanische Gegenstück zu verschiedenen sowjetischen Institutionen und ermöglichte uns, an Projekten zusammenzuarbeiten. In diesem Sinne „sowjetisierten" wir Amerikaner uns, indem wir uns eine regierungsähnliche Struktur schufen, in der wir zusammenarbeiten konnten, was viele Jahre gut funktionierte. Das gefiel uns nicht - mir sicherlich nicht – aber wir hatten keine Wahl, wenn wir etwas erreichen wollten. Vermutlich mussten Diplomaten schon immer offizielle Treffen ertragen, in denen alle an einem langen Tisch sitzen, die Amerikaner auf der einen Seite, die Sowjets auf der anderen Seite, und kleine amerikanische und sowjetische Flaggen markierten die entsprechenden Territorien. Aber Bibliothekare sollten dazu nicht verpflichtet sein.

Wenn ich an das Leben auf dem sowjetischen Planeten denke, könnte ich einen langen Artikel und vielleicht ein ganzes Buch über Entbehrungen in der Ära der Stagnation schreiben. Ich würde einen Abschnitt über Grenzen und Reisen, einen über Lebensmittel und Konsumgüter und vielleicht einige andere Dinge schreiben, aber schauen wir uns diese an, und beginnen wir mit den Grenzen.

In dem Abschnitt über Lebensmittel und Konsumgüter in meinem imaginären Buch über Entbehrungen in der Ära der Stagnation, würde ich Käse betrachten. Es ist Oktober des Jahres 1991, ich bin gerade aus Moskau zurückgekommen, und stehe in der Käseabteilung eines neuen hellen Supermarkts in Champaign und denke unter Tränen an Moskau. Auf dem anderen Planten scheint Moskau unterzugehen. Glasnost und Perestoika, diese Reformen von oben, rufen wundersame und berauschende Gefühle in meinen Freunden – Bibliothekaren, Journalisten, Intellektuellen – hervor, aber das Sowjetleben, wie sie es kannten, ist zum Stillstand gekommen, und sie leiden. In Moskau war es ein kalter, nasser Oktober, und während ich in Champaign an der Käsetheke stehe, erinnere ich mich an die raureifbedeckten Fenster in meinem Hotelzimmer, die nicht schlossen. Zum Frühstück gab es nichts zu essen, und in der Empfangshalle und in den Fluren liefen Prostituierte herum. Schlimmer noch, meine Freundin Galja konnte keine Milch für ihr Baby finden, obwohl sie, ihre Mutter und ihre Schwiegermutter sehr einfallsreich waren.

Ich stehe hier elend von Jetlag und einer Erkältung. Mein Kopf und mein Herz sind noch in Moskau bei meinen Freunden, und vor mir liegt diese unglaubliche Käseabteilung mit Dutzenden, vielleicht hunderten Käse-Marken, Sorten, Größen und Formen, in Scheiben und am Stück, mit und ohne Aroma, hart und weich, aus der ganzen Welt zusammengestellt. Hinter der Käseabteilung gibt es frisches Obst und Gemüse – ich brauche wohl nicht die Vielfalt dort zu beschreiben – und dahinter alle Sorten Fleisch sowie Brotsorten und Getreideprodukte. Ich fühle mich von Traurigkeit und Schuld überwältigt. In den späten 1980er Jahren stand ich einmal in einem staatlichen Lebensmittelladen (es gab keine anderen) und starrte ein Stück gelben Käse an, das dort ganz allein in einer Glasvitrine lag. *„Was ist das für eine Sorte Käse?"* fragte ich die mürrische Angestellte, die hinter der Theke stand. *„Sowjetischer Käse",* antwortete sie grimmig.

Bei demselben Besuch fragte ich eine Angestellte in einer der größten Zweigstellen des *Dom Knigi* (*Haus des Buches*), dem staatlichen Buchladen, ob es Bücher von Tschechow oder Tolstoi gäbe. (Ich wusste, dass es keine gab, weil ich nachgeschaut hatte, aber ich wollte ihre Antwort hören.) Sie starrte mich fassungslos an und antwortete ärgerlich: *„Natürlich nicht. Gar nichts."* Ich habe mehrfach sowjetische Ausgaben russischer Klassiker von Victor Kamkin gekauft, dem „offiziellen" Buchhändler in Washington, D.C. und dann an die Kollegin Ravič nach Leningrad geschickt. Ich habe Kamkin sogar gebeten, ihr einige Bücher zu schicken, als ich in Bangladesch war. Wie absurd! Wie niederschmetternd! Warum hatte ich so viel und sie so wenig? Zum Thema Konsumgüter betrachten wir Empfängnisverhütungsmittel und Kinderspielzeug. Als ich in den 1980er Jahren nach Russland reiste, habe ich immer meinen Koffer mit praktischen Geschenken für meine Freunde gefüllt: Vitamine, Aspirin, Jeans, Milchpulver – und viele Kondome. Abtreibung war die praktizierte Methode der Empfängnisverhütung in der Sowjetunion – zumindest für gewöhnliche Menschen gab es keine Kondome, keine Pille, keine Spirale – und ich habe meinen Beitrag dazu geleistet, meinen Freundinnen dabei zu helfen, dieses Trauma zu vermeiden. In meinem Koffer hatte ich auch Kleider für das Lieblingsspielzeug von Galjas jüngerem Sohn, eine Barbiepuppe. (Ich brachte auch einen Ken mit Kleidung, den er glücklich annahm.) Ich bin dankbar, dass die sowjetischen Zollbeamten mich in Ruhe gelassen haben, ich hätte nicht gewusst, wie ich die Koffer mit Kondomen und Barbiekleidern hätte erklären sollen. (Vermutlich hätte ich nur Englisch gesprochen und die Wahrheit gesagt, in der Hoffung, dass sie mich für eine dumme harmlose Frau halten.) Galja und ich lachen heute darüber, aber damals war es nicht zum Lachen!

Es gab Konsumgüter in der Sowjetunion, besonders in Moskau und Leningrad und einer handvoll Städte, die Ausländer besuchen durften, aber gewöhnliche Sowjetbürger durften diese besonderen Läden, die *beriozki* (*Birkenbäumchen*) hießen, nur in Begleitung von Ausländern betreten und durften dort nichts kaufen. Sowjetbürger konnten auch die Hotels für Ausländer nicht betreten, außer sie waren hochrangige Personen oder Prostituierte. Dieses System, das überall in Osteuropa kopiert wurde, war erniedrigend, und ich hasste es.

Ich werde dieses Kapitel mit Galjas Geschichte abschließen, einer sowjetischen Geschichte.

Abb. 21: Galja Levina

Ich hatte mehrere lange und vertrauliche Gespräche mit ihr, seit wir uns vor mehr als 30 Jahren kennengelernt haben, und ich habe viel von ihr über das Leben in der Sowjetunion gelernt. Ich habe viele Lebensberichte anderer Personen gelesen, Erinnerungen mit ähnlichen Details, aber Galja ist meine Freundin. Wenn sie mich anschaut und mir über sich, ihre Familie und Freunde erzählt, ist es so eindringlich, wie eine Geschichte eines Fremden aus einem Buch das nicht sein kann. Tolstoi beginnt *„Anna Karenina"* mit der Beobachtung, dass alle glücklichen Familien gleich sind, aber jede unglückliche Familie auf ihre eigene Art unglücklich ist. Das trifft auch auf sowjetische Familien zu.

Wie so viele Menschen ihrer Generation erlebte Galja Stalins Terror als kleines Mädchen durch Freunde und Familie. Sie wurde in der Ära der Euphorie und der Stagnation erwachsen und lebt jetzt mit vielen Hochs und Tiefs im post-sowjetischen Russland. Ihre sowjetische Geschichte, in der sie ihre Familie und ihr Umfeld und die erschütternden Erfahrungen ihrer Lehrerin Raja beschreibt, erweckt dieses Jahrzehnt für diejenigen von uns, die auf dem anderen Planeten gelebt haben, zum Leben.

Galja war eine Übersetzerin aus dem Englischen im INION, dem Institut der Sowjetischen Akademie der Wissenschaften, das sich mit Information und Dokumentation der Sozialwissenschaften beschäftigte. (Im marxistischen Weltbild schloss dies die Geisteswissenschaften ein.) INION war der Partner für eine Gruppe amerikanischer Bibliothekare und Informationsspezialisten, ich gehörte dazu, die 1983 mit IREX in die Sowjetunion kamen. Wir und unsere sowjetischen Partner bildeten eine „binationale Kommission", eins der Ergebnisse der Sowjetisierung. Galja und eine andere junge Frau bekamen den Auftrag, in jedem Moment während unseres zweiwöchigen Aufenthalts bei unserer Gruppe zu sein. (Die meisten meiner amerikanischen Kollegen konnten kein Russisch.) Im normalen Leben verbrachten sie und ihre Kolleginnen, alle junge Frauen mit einem Universitätsabschluss in Englisch, ihre Tage damit, russischsprachige Zusammenfassungen von den tausenden englischsprachigen Zeitschriftenartikeln in den Sozial- und Geisteswissenschaften, die hauptsächlich durch Tauschpartner in den USA und Großbritannien ins INION kamen, zu verfassen.

Galja gefiel mir vom ersten Moment an. Sie hatte ein angenehmes rundes Gesicht, intelligente Augen und ein hübsches Lächeln, ihre Energie und Begeisterung wirkten ansteckend. Ihr Englisch, ziemlich britisch, war fließend, viel besser als mein Russisch damals oder heute – und sie war immer bereit, in beiden Sprachen zu helfen.

Einmal während dieses Besuches in Moskau habe ich die neue Freundschaft mit Galja einer extremen Belastung ausgesetzt. Mein Vater hatte sich mit Olga Sergeevna Achmanova angefreundet, einer bekannten Linguistin und Spezialistin der englischen Sprache - sie war eine seiner Beraterinnen während seines Aufenthaltes in Moskau für die Zeitschrift „*Current Anthropology*" gewesen - und er bat mich, sie zu besuchen. Galja war während ihres Studiums an der Moskauer Staatlichen Universität Achmanovas Studentin gewesen und hatte vor ihrer berühmten Professorin schreckliche Angst. Aber sie hatte den Auftrag, mich zu begleiten und kam mit mir.

Galja erinnerte mich daran, was wir vor dem Besuch verabredet hatten: Ich würde das Gespräch auf Englisch führen, und sie würde

169

stumm bleiben und nur Russisch sprechen, wenn sie überhaupt sprechen musste. Abgesehen von Galjas offensichtlicher Angst, fand ich den Besuch ganz angenehm. Wir besuchten Achmanova eines Abends in ihrer Wohnung im Zentrum von Moskau zum Tee. Wie viele Moskauer und Leningrader Intellektuellenwohnungen, die ich im Laufe meiner Reisen besuchte, war auch Achmanovas Wohnung mit schweren Viktorianischen Möbeln vollgestellt – Sesseln, großen Kleiderschränken, Geschirrschränken, samtbezogenen Sofas, überall Spitzendeckchen und alten orientalischen Teppichen auf dem Boden. An der Wand hingen Familienfotos, und Bücherregale nahmen den gesamten übrigen Platz ein.

Wir tranken Tee von einem traditionellen Samovar und nippten Vodka. Ich trank wenig, ich trinke eigentlich gar nicht, aber man lehnt Achmanova gegenüber nicht ab. Sie servierte auch schwarzen Kaviar, die feinste Sorte, die ich leider nicht schätzen konnte; ich habe Kaviar nie gemocht, und schaffte nur, einen winzigen Bissen hinunterzuschlucken. Als sie ihre Adleraugen auf Galja richtete und sie über ihre Arbeit im INION ausfragte, war ich froh, nicht ihr Opfer zu sein! Aber ich war die Tochter ihres geschätzten amerikanischen Kollegen und als solche sicher. Bis auf den heutigen Tag schätze ich das Russisch-Englische Wörterbuch, für das sie die Cheflexikographin war und das den Namen von Achmanovas berühmtem Ehemann Professor Smirnickij trägt, und das sie meinem Vater für mich mitgegeben hatte mit einer Widmung in ihrer ausgeprägten Handschrift: *„Für Marianna Tax mit den besten Wünschen von Olga Achmanova, Moskau, 29. September 1962"*. Bis auf den heutigen Tag wird Galja weiß im Gesicht, wenn ich sie an unseren Besuch bei Achmanova erinnere.

Ich schweife kurz von Galjas Geschichte ab und füge eine Notiz ein, die mein Vater über Achmanova nach seinem Besuch 1963 geschrieben hat, einer Reise für *„Current Anthropology"* nach Leningrad, das war 20 Jahre vor Galjas und meinem Besuch. Er und Achmanova waren etwa gleich alt, und sein Eindruck von ihr und ihrer Umgebung ist interessant. Vor kurzem habe ich den langen Brief, den mein Vater aus London geschickt hat, nochmals gelesen. (Es war derselbe Brief, in dem er die Probleme meines Freundes Vladimir mit seinem Parteichef beschrieb.) Wie gewöhnlich schrieb mein Vater eine Mischung aus Familienbrief und Feldforschungsnotizen auf beiden Seiten des Hotel-Briefpapiers (diesmal war es das einstmals elegante Hotel Metropol gegenüber dem Bolschoi-Theater) – 22 Seiten in kleiner Schrift und ohne Rand – mit einem Kohledurchschlag für sich.[49] Mein Vater hatte fast zwei Tage mit Achmanova verbracht, in ihrer Moskauer Wohnung und in ihrer Datscha außerhalb der Stadt. Ich genoss die Beschreibung meines Vaters von Achmanova und ihrer Wohnung, während ich mich an meinen Besuch mit Galja bei Achmanova erinnerte. Er musste mit der Metro alleine und ohne Russischkenntnisse zu Achmanova fahren, weil alle Straßen um das Hotel für eine Parade für die Kosmonauten gesperrt waren. (Er war ein unerschrockener Reisender, und Achmanova hatte ihm eine gute Beschreibung gegeben; er schreibt, dass er die Wohnung ohne Schwierigkeiten gefunden hat.) Er berichtet:

„Ich habe mir Olga Achmanova als besondere Persönlichkeit vorgestellt und wurde nicht enttäuscht. … In ihrem Beruf stellt sie deutlich die Spitze dar. Sie ist die Dekanin des Englischen Instituts der Universität (Moskauer Staatliche Universität) – von ihrem Wörterbuch wurden in der Sowjetunion über 10 Millionen Exemplare verkauft – und sie beteiligt sich an vielen Aktivitäten im Geistesleben weltweit. Sie ist mein erster Kontakt mit jemandem, der sich ganz sicher fühlt, und das sagt sie auch. Sie ist eine große Idealistin und stolz darauf, in einer Kommunalwohnung zu leben. Was bedeutet das? Vor der Revolution hatten die wohlhabenden Leute große Wohnungen mit 6, 8 oder 10 Zimmern in Wohnhäusern, wie es sie bei uns auch gab und gibt, und die vielen Armen „lebten in Kellern". Nach der Revolution zogen die vielen Armen in die Wohnungen; gewöhnlich teilten alle Bad und Küche, und jede Familie hatte ein Zimmer. Darüber haben wir viel gelesen. Nach dem Krieg wurden große Wohnhäuser gebaut, in denen die Menschen ganze Wohnungen für sich haben. Fast alle gut gestellten Menschen sind jetzt in Einzelwohnungen gezogen, aber Olga bleibt, wo sie ist. Ihr Mann ist vor acht Jahren gestorben, sie hatten zwei Söhne. Ich nehme an, dass die ganze Familie in diesem Zimmer gelebt hat. Das Zimmer ist groß und

---

[49] Brief von Sol Tax an Gertrude Tax in Chicago, 22. Juni 1963, Chicago Library Archive, Sol Tax Papers, Box 11.

in zwei Teile unterteilt. Was vermutlich die Betten sind, wird tagsüber zu großen und attraktiven Diwanen im vorderen (Fenster-) Teil des Raumes. Im anderen Teil steht ein Tisch, an dem mindestens 6 Leute essen können. Der Raum ist reich an Bildern, Wandbehängen, interessanten Möbeln, es ist sehr gemütlich, und man kann sie kaum bedauern. Aber fünf Familien teilen eine Küche und ein Bad, und obwohl sie daran gewöhnt ist, muss es lästig sein. Auf jeden Fall ist sie stolz auf ihren Idealismus … Sie ist 1908 geboren und hat Englisch in der Schule gelernt; erst 1956 ist sie für ein paar Tage oder Wochen nach England (Oxford) gereist. Während der 20 Isolationsjahre wurde sie als Expertin für Englisch anerkannt und wurde dadurch wichtig für die Nation. Sie sagt, dass das sie gezwungen hat, hart zu arbeiten, um wirklich eine Expertin zu werden. Sie ist sehr loyal gegenüber dem Kommunismus, kritisch wie alle gegenüber dem Versagen der Bürokratie, ärgerlich auf die Zeit des Personenkults, die unrechtmäßig und unnötig das Volk von Ausländern isoliert hat. Vor ein paar Jahren hätte sie mich nicht nach Hause einladen können, sagte sie, jeglicher Kontakt zu Ausländern war in der Zeit des Personenkults unmöglich. Ich vermute, es ist ihre starke persönliche Reaktion und ihr Bedarf nach Kontakt, die ihre Begeisterung für das Projekt CA (Current Anthropology) hervorrufen."

Als Galja und ich Achmanova 1983 besuchten, wohnte sie nicht mehr in einer Kommunalwohnung; sie bewohnte die ganze Wohnung. War sie in eine andere Wohnung umgezogen, oder waren die anderen Familien ausgezogen? Ich kenne die Antwort nicht. Übrigens habe ich einmal ein Gerücht gehört, dass Achmanova antisemitisch war. Wenn das stimmt, hat sie es weder Galja noch mir noch meinem Vater gezeigt, und mein Vater war ein einfühlsamer und tief blickender Gesprächspartner.

Während folgender Reisen nach Moskau in den letzten Jahren der Sowjetunion, lernte ich Galjas Mann und ihre beiden Söhne ganz gut kennen. Ihr Mann Jura arbeitete für ein staatliches Architekturinstitut, in dem Modelle hergestellt wurden. Er war künstlerisch begabt und hatte die Wände der Wohnung mit einer schönen farbigen Wandmalerei dekoriert. Als die Sowjetunion zerfiel, zerfiel auch das Institut, und Jura hat nie wieder eine passende Arbeit gefunden. Einige Jahre lang arbeitete er als Portier im *Hotel Ukraina*, einem von Stalins sieben Wolkenkratzern im Zuckerbäckerstil in Moskau. Es ist dasselbe *Hotel Ukraina* mit den temperamentvollen Fahrstühlen, in dem meine Familie im August 1960 gewohnt hatte. Wie viele sowjetische Hotels erlebte auch das *Hotel Ukraina* schwere Zeiten und befand sich dauernd in Renovierung (*remont*); Galja erzählte, dass die aktuellen Besitzer die hochwertigen Original-Möbel aus dem riesigen Gebäude genommen und durch Gerümpel ersetzt haben.

Über die Jahre sah ich Galjas Söhne aufwachsen, studieren, den Militärdienst überleben (ein Horror für Galja, die Angst hatte, dass ihr jüngerer Sohn nach Tschetschenien geschickt werden würde und alles tat, damit er in der Region Moskau bleiben konnte). In ihrer Datscha (ein Wochenendhaus außerhalb der Stadt) unterhält Galja einen großen, von ihrer verstorbenen Mutter vor Jahren angelegten Garten und erholte sich dort von der Anspannung des Lebens in Moskau. Jedes Jahr kaufte Harvey Blumen- und Gemüsesamen für den Garten, und ich brachte Galja die Päckchen, Galja säte die Saat aus und berichtete von ihrer Entwicklung. (Wir nannten es das „Internationale Tomatenprojekt", weil wir mit Tomaten begannen, aber bald dehnten wir die Aktivitäten auf alle möglichen Pflanzen aus, die in der kurzen Wachstumsperiode gedeihen können.) Im neuen Russland kann Galja alle möglichen Samen bekommen, aber wir bringen ihr aus alter Erinnerung noch immer welche …

Die Datscha ist durch den Vater von Galjas Mutter in die Familie gekommen, er war ein bekannter Kristallograph und Mitglied der Akademie der Wissenschaften. Zu der Zeit von Galjas Großvater wurden Akademiemitglieder mit Datschen außerhalb Moskaus, Leningrads und anderer sowjetischer Städte belohnt. Diese Datscha liegt in Abramcevo, eine bekannte Gemeinschaft mit Wurzeln in der vor-sowjetischen Zeit, die Nachbarn waren auch Wissenschaftler, Gelehrte, Künstler oder Schriftsteller.

Galja sprach oft und liebevoll von ihrem Großvater Nikolaj Vasil'evič Belov, dem sie sehr nahe stand. Im Oktober 1991 bat sie mich, Grüße an einen alten Freund und Kollegen ihres Großvaters in den USA zu übergeben zusammen mit einer Medaille, die vor kurzem von der Akademie der Wissenschaften ausgegeben wurde, um ihren

Großvater posthum zu seinem 100. Geburtstag zu ehren. (Er starb 1982, kurz bevor ich Galja kennenlernte. Ich bedauere, dass ich ihn nicht kennenlernen konnte.) Natürlich sagte ich den Botendienst wie immer zu und war erstaunt, als ich beim Durchsehen meiner Papiere auf dem Rückflug entdeckte, dass Galja mir den Namen und die Privatadresse eines unserer bekanntesten Wissenschaftler gegeben hatte, des Nobelpreisträgers Linus Pauling! Ich schickte dem damals 90jährigen Pauling die Medaille und erhielt kurz darauf einen Brief von ihm, in dem er sich an die Freundschaft erinnerte. (Die Medaille befindet sich heute im Museum für Naturgeschichte der University of Illinois.)

Galja erzählte mir, dass ihr Großvater ein religiöser Mann gewesen sei, der während seines ganzen Lebens zur Kirche gegangen sei, trotz der Gefahren in Sowjetzeiten. (Wissenschaftler hatten sogar Angst, das Wort Kirche zu erwähnen und erst recht, in eine zu gehen.) Er war nie Mitglied der Kommunistischen Partei, und Galja sagt, es sei ein Wunder, dass er sein Studium fortsetzen und 1954 nach Stalins Tod sogar ins Ausland reisen konnte. In den gefährlichen 1930er Jahren zeigte jemand ihn anonym bei der Geheimpolizei an, und hätte er nicht Leningrad verlassen und wäre nach Moskau gegangen, hätte er womöglich das Schicksal vieler Wissenschaftler zu dieser Zeit geteilt. Danach setzte er seine herausragende Karriere am Institut für Kristallographie in Moskau fort, wo er weitere Denunziationen überlebte, vielleicht weil er weltweit als Experte in seinem Fach anerkannt war und seine Arbeit für Russland wichtig war. Vielleicht war es einfach nur Glück, das wusste man damals nie.

Belovs Leben unter Stalin war schwer; er verdiente wenig und musste um sein Leben und das seiner Familie fürchten, seine Kollegen beneideten ihn, und das führte zu den Denunziationen. Auch schrieb er für die Schublade, da er viele seiner Arbeiten nicht veröffentlichen konnte. Die Familie hatte wenig Geld, aber sie überlebte. Möglicherweise hat der Direktor seines Instituts, der einen seiner besten Wissenschaftler nicht verlieren wollte, ihn geschützt.

Galja sagte, es sei schwierig für sie, etwas über diese Zeit zu erzählen, weil ihr Großvater und ihre Eltern fast nie über Stalin gesprochen haben, als sie klein war. „Sie hatten Angst. Sie hatten Angst, in meiner

Gegenwart zu sprechen. Ich spürte ihren Hass auf und ihre Furcht vor diesem Monster und seinen Kumpanen und ihre Enttäuschung über das System, aber sobald mein Großvater etwas „Falsches" sagte, wechselte meine Großmutter sofort ins Französische. Die Angst in der Stalinzeit war so groß, dass selbst viele Jahre später jedes Stück Papier aus dieser Zeit, jeder Umschlag, jeder Brief, die meine Großeltern wegwerfen wollten, in kleine Stücke zerrissen werden musste."

Zu jung, um die schlimmsten Zeiten erlebt zu haben, trägt Galja die Geschichte ihrer Familie mit sich, und im Laufe der Zeit nahm sie auch schreckliche Geschichten von Freunden auf. Früher in ihrem Leben, vor dem Studium mit der harten Olga Achmanova, hatte Galja eine andere Englischlehrerin, Raissa Aleksandrovna Rubenstein, genannt Raja, deren Geschichte sie mir erst vor kurzem erzählte, als ich die Arbeit an meinen Erinnerungen begann. Ich habe Raissa nicht persönlich gekannt, aber ich habe Geschichten wie ihre zu oft gelesen und gehört. Man kann leicht taub von diesen Geschichte werden, sich abwenden und sagen: Hier ist noch ein Opfer des Stalinismus. Man kann die individuellen Gesichter aus den Augen verlieren, wenn sie zu einem Massenporträt der Opfer werden. Aber Galja hat das Schicksal ihrer Lehrerin und Freundin Raja in sich aufgenommen. Sie liebte und achtete sie, und als sie in den späten 1980er Jahren die schreckliche Geschichte erfuhr, wusste sie, dass sie sie nie vergessen würde. Sie ehrte die Erinnerung an Raja indem sie mir von ihr erzählte, weil sie wusste, dass ich dadurch, dass ich über Raja schreiben würde, ein wenig von der Unvergänglichkeit schaffen würde, die Raja verdient hat. Rajas russisch-jüdische Eltern waren in die USA ausgewandert, als Raja 3 Jahre alt war, das war zu Beginn des 20. Jahrhunderts, zu der Zeit, als auch meine Großeltern emigrierten. Galja schätzt, dass Raja 1900 oder 1902 geboren wurde. Raja und ihre Geschwister wuchsen auf unserem Planeten zweisprachig russisch und englisch auf, sie träumten immer davon, nach Russland zurückzukehren. 1934 erfüllten sie sich diesen Traum. Raja fand sofort eine Arbeit und unterrichtete kommunistische Parteiführer und Verwaltungsbeamte in Englisch – Rajas Russisch war besser als das dieser Leute – am *Institut Krasnoj Professury (Institut der roten Professoren)* in Moskau. Sie lebte glücklich und zufrieden, bis an einem heißen Sommertag 1937 oder 1938 ihre Welt zusammenbrach. Es war der Anfang der großen Stalinschen Säuberungen, Raja war noch nicht 40 Jahre alt.

Ihre Studenten schrieben eine Klausur, als bewaffnete Soldaten in den Raum stürmten und Raja verhafteten. Sie wurde in die *Butyrka* gebracht, ein aus der vorrevolutionären Zeit berüchtigtes Durchgangsgefängnis für politische und andere Gefangene, bevor sie nach Sibirien verbannt wurden, in sowjetischen Zeiten, bevor sie in den Gulag geschickt wurden. Die *Butyrka* war bekannt für ihr brutales Regime; zu der Zeit waren Wellen von bis zu 20.000 Häftlingen hier eingesperrt, und tausende wurden nach ihren „Verfahren" erschossen. Raja wurde Tag und Nacht verhört, sie stand die ganze Zeit und bekam nur ein wenig Wasser zu trinken. (Ihre Beine haben sich davon nie wieder erholt.) Am Morgen fand sie die Kraft, den Vernehmungsbeamten zu fragen, warum sie verhaftet wurde. *„Sie sind angeklagt, ein britischer Spion zu sein"*, antwortete er. *„Ich war noch nie in Großbritannien"*, widersprach sie. *„Wo waren Sie denn in all den Jahren?" „In den USA"*, sagte sie. *„Oh"*, sagte er mit offensichtlicher Erleichterung, *„das macht keinen Unterschied - ein Spion ist ein Spion."* Raja brach zusammen und fiel in Ohnmacht; sie kam erst wieder zu Bewusstsein, als der Vernehmungsbeamte sie mit kaltem Wasser übergoss.

Raja wurde im Gefängnishospital untergebracht, bis sie auf einem schmutzigen und mit Menschen überladenen Schiff nach Sibirien gebracht wurde. Schließlich gelangte sie in ein Lager nahe der sibirischen Stadt Tomsk, wo sie bis in die späten 1940er Jahre blieb, dann wurde sie freigelassen und erhielt die Erlaubnis, in Tomsk zu leben und sogar zu unterrichten. Nach Stalins Tod im März 1953 konnte sie schließlich nach Moskau zurückkehren. Ihr wurde ein Zimmer in einer Kommunalka auf der 5. Etage ohne Fahrstuhl zugeteilt, wie meiner Freundin Ravič in Leningrad. Wegen ihrer schlechten Gesundheit und kranken Beine war es extrem schwer für sie, dort zu leben, und in den 1960er Jahren zog sie zu ihrer Freundin Natalja Albertovna Volžina, einer bekannten Übersetzerin von Dickens, Poe, Scott, Faulkner und anderer amerikanischer und britischer Schriftsteller.

Raissa und Natalja waren keine praktischen Frauen und haben nicht für die Zukunft geplant, und so starb Natalja in den frühen 1970er Jahren zuerst. Raja lebte weiter illegal in der Wohnung, ohne Papiere, die sie berechtigt hätten, dort zu wohnen. Eines Tage 1979 oder 1980, als Raja bereits um die 80 war und bei schlechter Gesundheit, kamen Funktionäre in die Wohnung und befahlen ihr, die Wohnung zu räumen. Sie versuchte zu erklären, dass sie Zeit brauchte, um die Bücher – hunderte, vielleicht sogar tausende – in ihr altes Zimmer in der Kommunalwohnung zu bringen, aber die Funktionäre waren gleichgültig. *„Eine Woche, danach werfen wir alles auf die Straße!"*

Zögernd, sie hatte Galja nie zuvor um einen Gefallen gebeten, wandte Raja sich an Galja um Hilfe. Galja wandte sich an ihren Großvater, der seine Freunde von der Akademie mobilisierte und sich für Raja an Roald Sagdeev wandte, einen international bekannten Wissenschaftler und sehr einflussreichen Mann, einen Abgeordneten des Obersten Sowjets, der höchsten gesetzgebenden Körperschaft. Dank dieser mächtigen Verbindungen konnte Raja bis zu ihrem Tod 1983 in Nataljas Wohnung bleiben.

Galja schrieb mir die letzte Geschichte über Raja, und ich konnte ihre Wut und Trauer spüren, mit der sie die E-Mail-Nachricht getippt hatte. Rajas Bruder heiratete eine Engländerin und ging vor 1937 nach England, und ihrer Schwester gelang die Ausreise in die USA vor Rajas Verhaftung. Mitte der 1970er Jahre besuchte Raja ihre Schwester. Sie war erstaunt, ein amerikanisches Visum zu bekommen. (Damals war es ein Wunder, mit so einer Vergangenheit ein amerikanisches Visum zu bekommen – Häftlingsvergangenheit, Familie im Ausland und eine Jüdin!) Sie erklärten offen, dass es ihnen egal sei, jemandem in ihrem Alter ein Visum zu geben, auch sei es ihnen egal, ob so eine alte Frau je zurückkommen würde. Was für ein Staat, fragte Galja, behandelt seine Bürger auf diese Art? Und ich sage mir: Wie unsagbar schmerzhaft, dass meine Freunde unter diesem erdrückenden Schatten leben mussten, unter schwarzen Wolken und ohne Sonne. Durch unsere Freundschaft haben sie mich dazugezogen, wir kauern zusammen im öden Garten der Erinnerung und können nicht vergessen.

KAPITEL 8

Katja

Katja Genieva ist ein so wichtiger Teil meiner russischen Geschichte, dass ihr ein Extrakapitel zusteht. Sie stellte für mich den Übergang von der Sowjetunion zum neuen Russland dar und begleitete mich vom Anfang des neuen Russlands bis in die Gegenwart. Das meiste, das ich über das heutige Russland weiß, habe ich von Katja, ihrer Familie und ihren vielen Freunden und Kolleginnen im ganzen Land gelernt.

Abb. 22: Katja Genieva
(Katja hat Marianna das Foto für dieses Buch geschickt)

Damals wusste ich es nicht, aber die Moskaureise im Oktober 1991, als ich zum ersten Mal öffentlich über Zensur sprach und meine Partnerschaft mit Katja schmiedete, war meine letzte Reise in die

Sowjetunion. Als ich vier Monate später, im Februar 1992, zurück-kam, landete mein Flugzeug in Russland, nicht in der Russischen Sowjetrepublik sondern im Staat Russland.

Katja holte mich am Internationalen Flughafen Šeremetevo gleich hin-ter der Passkontrolle ab, was sehr ungewöhnlich war: In Sowjetzeiten wurden nur VIPs so abgeholt, und ich zählte nicht dazu. Ich zitterte trotz meiner warmen Winterstiefel und sah eine schwierige Situation mit den Behörden voraus, die von meinem sowjetischen inneren Zensor den Hinweis bekommen hatten, dass Katja und ich während dieses Besuches nichts Gutes im Schilde führten. Schließlich planten wir nichts Geringeres als eine Ausstellung und eine wissenschaft-liche Konferenz über Zensur in Russland und in der Sowjetunion. Es würde regierungskritische Dokumente geben. Warum sollten sie mich in dieser entscheidenden Zeit überhaupt ins Land lassen?

Tatsächlich hatte ich eine neue Stimmung bemerkt, bevor wir lande-ten: zum ersten Mal mussten die Passagiere keine Formulare ausfül-len, in denen sie alles Geld in jeglicher Währung auflisten mussten oder Gold- und Silberschmuck, den sie trugen. Die üblichen interna-tionalen Fragen zu Drogen und Waffen sowie die sowjetische Frage, ob wir „*Bücher und Zeitschriften für sowjetische Menschen*" mitbringen, wur-den nicht gestellt. Trotzdem war ich ängstlich und erstaunt, Katja so bald nach der Landung zu sehen. Sie brachte mich schnell durch den Zoll und winkte gebieterisch den gelangweilten Beamten, die an ihren Schaltern mit der grün beleuchteten Aufschrift „*Nichts zu verzollen*" saßen.

Wir wurden von Kolja in die Stadt gefahren, einem Opfer der Kata-strophe von Tschernobyl, den Katja als Fahrer für die Bibliothek angestellt hatte. Er ließ uns an Katjas Wohnhaus aussteigen und trug meinen großen schweren Koffer voller Geschenke und notwendiger Dinge bis zum 5. Stockwerk. Jedes Mal, wenn ich Katja in einer ihrer Wohnungen besuchte, störte es mich, dass jemand meinen Koffer all diese Treppen hinauftragen musste. Meine Koffer waren immer groß, immer schwer. Katja versicherte mir, dass die Fahrer starke Männer sind, und ich habe auch nie ein Anzeichen gehört oder gesehen, dass sie sich ausgenutzt fühlen. Aber nach meinem ersten Besuch brachte ich immer kleine Geschenke für sie mit: Päckchen mit Marlboro-Zigaretten in den frühen 1990er Jahren, als diese Zigarettensorte wertvoller als jede Währung war, und amerikanische Musik und Schokolade später, als das Leben sich etwas normalisiert hatte. Oben schloss Katja die schwere Tür auf und führte mich in die gemütliche Wohnung, ein echter Kontrast zu dem düsteren Hausflur. Jura, Daša, Galina Pavlovna und der Irish Terrier Mordaš umarmten mich wie ein lang-vermisstes Familienmitglied. Ich war erschöpft - Jetlag plus die übliche Ladung Emotionen, die ich nach Russland brachte – aber ich war beschwingt wie nie zuvor bei einer Ankunft. Ich hatte das Gefühl, am Anfang eines beruflichen und persönlichen Abenteuers von unvorstellbarer Größe zu stehen. Darüber hinaus hatte ich eine Familie, in der ich morgens aufwachen und zu der ich abends zurückkehren konnte. Keine einsamen, unbequemen, Verdruss bereitenden Hotelzimmer mehr. Adieu, Hotel der Akademie der Wissenschaften, wo ich die Schaben, die in den 1980er Jahren die Badezimmerwände hoch und runterliefen, gezählt hatte. Lebewohl, *Hotel Rossija* mit den nicht schließenden Fenstern und den frustrierenden Jagden nach Frühstück. Vor allem hatte ich jetzt Katja als Begleiterin, die mich auf dieser erstaunlichen Reise durch das neue Russland führte.

Katja und ich hatten uns im Juli 1990 kennengelernt. Ich verbrachte eine Woche in Harrogate in England, einer bezaubernden Stadt voller Wissenschaftler aus der ganzen Welt, die für den 4. Weltkongress der Sowjetischen und Osteuropäischen Forschung zusammengekommen waren. Ich war eine der Organisatorinnen von Ausschüssen zu Bibliotheks- und Bibliographiethemen und die Moderatorin einer informellen Diskussionsrunde über Zensur. Mittlerweile war meine Passion für Zensur in der Community der Slavisten und Osteuropaforscher ziemlich bekannt geworden; ein britischer Historiker nannte mich *Madame Censorship*, ein Titel, der mir gut gefiel.

Zur selben Zeit wie meine Diskussionsrunde fand eine Informationsrunde zu Veränderungen in sowjetischen Bibliotheken statt, die eine gewisse Ekaterina Jur'evna Genieva leitete. Ich war ihr nie begegnet, aber Emily Tall, eine gemeinsame amerikanische Freundin, die Katjas wissenschaftliches Interesse an James Joyce teilte, hatte mir gesagt, dass ich unbedingt Katja treffen müsse, wie alle sie nannten, wir hätten sehr viele Gemeinsamkeiten. So trafen Katja und ich uns nach unseren Veranstaltungen und verstanden uns sofort. Katja hatte gerade eine dramatische Wahl an ihrer Arbeitsstelle, der Bibliothek für Ausländische Literatur oder Inostranka, kurz für *Biblioteka Inostrannoj Literatury*, hinter sich. (Die russische Sprache ist reich an Verkleinerungsformen, und Menschen, geliebte Bibliotheken, sogar Wasser und Käse erhalten liebevolle Spitznamen.)

In der Glasnost-Ära mussten Einrichtungen ihre Direktoren wählen, und die Inostranka hatte ihre frühere Direktorin, Ljudmila Kosygina, die Tochter Aleksej Kosygins, eines der sowjetischen Premierminister, durch Vjačeslav Ivanov, einen berühmtem Philologen und Sohn des sowjetischen Schriftstellers Vsevolod Ivanov ersetzt. Katja wurde zur stellvertretenden Direktorin gewählt und leitete die Bibliothek für Ivanov, der mit seiner Wissenschaft und mit neuerdings erlaubten Auslandsreisen beschäftigt war.

Katja ist eine große Frau von klassischer Schönheit mit kurzgeschnittenem, dickem, lockigem, braunem Haar, einem warmen Lächeln und einer Brille vor durchdringenden Augen, denen fast nichts entgeht. Unsere Blicke begegneten sich, und über die Jahre wurden wir zu schwesterlichen Freundinnen, was wir damals natürlich noch nicht wussten. Ihr Russisch war wunderschön mit einem ungewöhnlichen Hauch von Französisch dann und wann, ein Beitrag ihrer französisch sprechenden Großmutter mütterlicherseits, die von Katja sehr geliebt wurde. Die Großmutter hatte Katja während der Reisen ihrer Mutter, die Ärztin war, großgezogen. Als russischen Kleinadel charakterisierte Katja die Familie ihrer Mutter.

Ihr jüdischer Vater war als Chemiker ausgebildet und arbeitete auch kurz in seinem Beruf, aber er wollte eigentlich Schauspieler werden und übte diesen Beruf während des Zweiten Weltkriegs aus. Nach dem Krieg besetzte er Führungsfunktionen in mehreren Firmen und wurde in den späten 1940er oder frühen 1950er Jahren verhaftet und zu einer Gefängnisstrafe verurteilt. War er ein Opfer von Stalins antijüdischer Kampagne? Katja weiß es nicht, aber sie hat mir erzählt, dass bei seiner Entlassung aus der Haft ein Richter gesagt haben soll, dass, würde er in den USA leben, man ihm wahrscheinlich ein Denkmal gesetzt hätte.

Katjas Eltern trennten sich, als Katja ein Kleinkind war, und obwohl sie von der Familie ihrer Mutter erzogen wurde, behielt sie lebenslänglich ein enges Verhältnis zu ihrem Vater und seiner zweiten Frau. Sie hatte auch ein enges Verhältnis zu ihrer Halbschwester Maša und zu Tony, Mašas Ehemann, einem italienischen Geschäftsmann.

Katjas Großvater mütterlicherseits war ein bedeutender Professor der Bauingenieurwissenschaft im Range eines Generals, der zeitweise Stalins Berater war. Katja erinnert sich, dass immer ein kleiner Koffer an der Tür stand. Sie wollte damit spielen, aber man verbot ihr, ihn zu berühren. Als sie älter wurde, verstand sie, dass der Koffer dort für den Fall stand, dass sie nachts an die Tür klopften, was in den Nachkriegsjahren, als Stalins Verfolgungswahn auf dem Höhepunkt war, oft passierte.

Ihre Großmutter lehrte Katja den russisch-orthodoxen Glauben, aber Katja ehrte und respektierte auch ihr jüdisches Erbe und interessierte sich deshalb für meinen Hintergrund und meine Gepflogenheiten. Durch Katja habe ich progressive orthodoxe Priester getroffen, die entschlossen waren, die Kirche zu liberalisieren und aus der sowjetischen Phase zu führen. Vor 1917 war die orthodoxe Kirche eng mit dem Staat verbunden, die große Mehrheit der Russen waren orthodoxe Christen. Als die Bolschewiken an die Macht kamen und Religion zum Opium der Massen erklärt wurde, wurde die orthodoxe Kirche sowie alle anderen organisierten Religionen verfolgt. Kirchen wurden entweiht oder zerstört, Priester wurden in den Gulag geschickt, Güter wurden nationalisiert, und der Patriarch musste sich der Führung der kommunistischen Partei unterwerfen.

Während der Ära der Glasnost stieg die orthodoxe Kirche wieder auf. Nicht aber andere Religionen, die die orthodoxe Kirche mit Misstrauen betrachtete. Als die Kirche ihre Position nahe der herrschenden Macht wiedergewann, kam auch ihr Reichtum zurück und besorgniserregende Dinge geschahen. 1990 ereignete sich der brutale Mord an Pater Aleksandr Men, den höchstwahrscheinlich der KGB begangen hat. Pater Aleksandr, 12 Jahre älter als Katja, war ein enger Freund ihrer Familie, den sie von ihrer frühen Kindheit an gekannt hatte. Er war ihr spiritueller Vater, und Jahre später, als ihr Mann Jura vom

Judentum zum Christentum konvertierte, taufte Pater Aleksandr ihn. Wenn ich Zeit mit Katja verbringe, spüre ich, dass Pater Aleksandr in der Nähe ist und dass auch wir eine Verbundenheit zueinander haben. Ich war oft in seiner Kirche und in seinem Haus, schaute die zahlreichen Bücher in vielen Sprachen in seinem Arbeitszimmer an und verbrachte Zeit mit seiner Frau und seinem Sohn. Ich stand an der Stelle, an der er ermordet wurde, an seinem Grab, das zu allen Jahreszeiten mit frischen Blumen bedeckt ist.

Pater Aleksandr wurde als Jude geboren, aber er wurde als Kind von seiner konvertierten Mutter getauft. Wie Katja respektierte er sein jüdisches Erbe und glaubte fest an die Ökumene. Er hielt Vorträge vor großem Publikum in Katjas Bibliothek und schrieb anerkannte Bücher.

Neben ihrem schönen Russisch beherrschte Katja ausgezeichnet Englisch mit leichtem britischem Akzent. Wenn man sie zum ersten Mal traf, konnte man denken, dass sie eine beträchtliche Zeit in Großbritannien verbracht hatte. Das war aber nicht so, ihre erste Reise fand erst im April 1975 statt, als sie als Mitglied einer Delegation junger Literaturkritiker eingeladen wurde. Ihr Gastgeber war John Roberts, damals Chef des Verbandes Großbritannien–UdSSR und später ein enger Freund und Kollege von Katja und schließlich auch von mir.

Katja erwarb 1972 einen wissenschaftlichen Grad der Moskauer Staatlichen Universität mit einer Arbeit über „*Ulysses*" von James Joyce, einem Thema, das unter sowjetischen Studenten gänzlich unbekannt war. Sie musste ihre Arbeit zweimal verteidigen, erst vor ihrer Fakultät und dann vor einer Sonderkommission. Am Ende ließ ihr Professor sie bestehen, obwohl ein anderer gesagt hatte, dass das nie passieren würde, solange er lebe. Man sagte Katja, dass sie niemals an der Fakultät arbeiten würde.

Nach unserer Begegnung lud ich Katja für den folgenden Sommer als Teilnehmerin des *Summer Research Lab* nach Urbana ein. In dieser Zeit wurde sie eine feste Freundin unserer Familie und eine enthusiastische Unterstützerin meiner Forschung über zaristische Zensur. Am ersten Tag ihres Besuches stand sie in meinem Büro und betrachtete an der Wand ein gerahmtes Poster, das die Ausstellung *Censorship in the Slavic World (Zensur in der Slavischen Welt)* bekannt machte, die ich 1984 für die New York Public Library kuratiert hatte. Während sie das Poster anschaute, konnte ich auf ihrem ausdruckstarken Gesicht sehen, wie eine Idee entstand.

„Lass uns eine gemeinsame Ausstellung zum Thema Zensur vorbereiten", schlug sie mit einem Leuchten in den Augen vor. *„Wir organisieren sie in meiner Bibliothek, und dann fahren wir damit durch das Land!"*

„Aber Katja", wandte ich ein, *„wird das nicht gefährlich für dich?"*

„Vielleicht ein wenig", antwortete sie, *„aber ich habe keine Angst. Ich habe bereits Ausstellungen über Antisemitismus und andere unpopuläre Themen organisiert, und ich lebe noch."*

So begann unsere Partnerschaft, zweifellos die wichtigste Entwicklung in meinem Berufsleben. Zusätzlich wurden wir die allerengsten Freundinnen. Ich bin ein Ehrenmitglied in Katjas Familie und sie in meiner.

Seit dieser ersten post-sowjetischen Reise im Februar 1992 wohnte ich fast immer bei Katja und ihrer Familie, eingezwängt in ihre Wohnung am Rande des Stadtzentrums zusammen mit Jura, der Tochter Daša und Galina Pavlovna, Katjas Patentante. Ich brachte Galina immer ihre Lieblingsschokolade mit und unterhielt mich mit ihr über Ballett, das wir manchmal gemeinsam im Fernsehen anschauten. Galina Pavlovna wurde als Ballerina ausgebildet, ihre Karriere verhinderte ein tragischer Unfall. Während ihres ersten Auftritts im Bolschoj-Theater ließ ihr Partner sie fallen, und ihre Verletzungen machten es unmöglich, weiterhin zu tanzen. Sie blieb unverheiratet und widmete sich Katja, die sie und Katjas Großmutter erzogen, während Katjas Mutter als Ärztin arbeitete.

Ebenfalls ein Familienmitglied war Mordaš, der Irish Terrier, auf den, als er starb, ein weiterer Mordaš folgte. Ich war nie ein Liebhaber großer Hunde, und zur großen Belustigung der Familie liebten diese beiden mich deshalb und ließen mich nicht aus den Augen.

Die Wohnung war typisch für ihre Zeit, in einer *Chruschtschowka*, einem fünfgeschossigen Gebäude, in den 1960er Jahren unter Chruschtschow auf einem großen Feld neben vielen anderen Gebäuden errichtet, mit einer Metrostation in der Nähe. Fünfgeschossige Gebäude hatten keinen Anspruch auf Fahrstühle, was das Gebäude populär und billig in der Herstellung machte. Die Gebäude waren nicht beschädigt, aber in einem schlechten Zustand, und trotz der Bäume, Spielplätze und Grünflächen waren sie nicht zu übersehen: jämmerliche Silos unterschiedlicher Größe mit abblätternder Farbe, Balkons vollgehängt mit Wäsche und dunkle, übelriechende Treppenhäuser.

Solche Gebäude und Siedlungen gibt es überall in sowjetischen Städten und ihrem ideologischen Nachwuchs weltweit. Wenn ich solche Gebäude in Osteuropa oder China sehe, fühle ich mich auf eine unglückliche und deprimierende Art zu Hause. Diese Siedlungen, die sich oft erstrecken, soweit das Auge reicht, sind Schandflecke in ansonsten schönen Landschaften. Sie rufen in mir bittersüße Bilder hervor, indem sie mich an die Freundschaft und die Wärme im Inneren der äußerlichen Schäbigkeit erinnern.

Hinter der schweren Tür (mit Polsterung gegen die Kälte) zu Katjas Wohnung lag ein Wohn- und Esszimmer, in dem Katja und Jura auch schliefen. Es gab zwei kleine Schlafzimmer für Galina Pavlovna und Daša. Die Badewanne und das Waschbecken waren in einem kleinen Raum, die Toilette in einem anderen. Schwere Möbel in solidem dunklem Holz – Familienstücke, einige aus der Zeit vor der Revolution – dominierten den zu kleinen Raum. Bücher standen eng in zwei Reihen in den Regalen, und die Oberfläche des Klaviers war mit einem Spitzendeckchen bedeckt und diente als Ablage für weitere Bücher. Wo es keine Regale gab, waren die Wände und alle Oberflächen mit Fotos und Porträts bedeckt: Verwandte aus der Vergangenheit und Gegenwart, Pater Aleksandr Men und Ikonen in der Ecke, wie es in einem orthodoxen Haus üblich ist.

Vom ersten Moment in der Wohnung in jenem Februar war ich umgeben von Wärme und Liebe, leckeren Küchengerüchen wie Kohlduft (von vielen nicht gemocht, aber von mir geliebt) und lebhaften Stimmen. Zu allen Jahreszeiten zogen wir unsere Schuhe an der Tür aus, wenn wir die Wohnung betraten und zogen *tapočki*, Pantoffeln an. Im Winter bürstete Jura den Schnee und Schlamm von unseren Stiefeln

185

und Mänteln. Wir aßen heißen Borschtsch mit köstlichem schwarzem Brot, schwer und leicht süß, Kohlsalat und gekochte Kartoffeln. Wir tranken unzählige Tassen Tee und aßen dazu Schokolade von der Fabrik Roter Oktober direkt im Stadtzentrum an der Moskva. Im post-sowjetischen Russland aßen wir bei warmem Wetter kalten Borschtsch, wieder Kohl und Kartoffeln und dasselbe köstliche Brot, jetzt mit frischen Kräutern und Früchten aus Geschäften und Märkten, herbeigeschafft von Händlern aus Aserbajdschan, das jetzt ein unabhängiges Land und nicht mehr eine der 15 Sowjetrepubliken war. Gewöhnlich schlief ich schlecht in Moskau, besonders in den ersten Wochen nach dem Flug, aufgrund von Jetlag und Aufregung. An den frühen Morgen meiner Besuche im Winter lag ich im Bett und lauschte den gedämpften Geräuschen von Schaufeln, die die Mengen Neuschnee attackierten. Die Doppelfenster mit einem Zwischenraum zwischen den Scheiben waren eine wirkungsvolle Maßnahme gegen Zugluft in diesem kühlen Klima. Die Fenster hatten *fortočki*, kleine Lüftungsklappen, die man unabhängig vom großen Fenster öffnen konnte, wenn man im Winter das Bedürfnis nach frischer Luft hatte, wenn zu gut geheizt war, oder im Sommer, wenn die Schwüle unerträglich wurde. (In diesem nördlichen Klima gibt es keine Klimaanlagen.) Im Winter ging die Sonne erst spät auf, am fortgeschrittenen Morgen, und ging bereits am frühen Nachmittag wieder unter.

Im Frühling und Sommer hatten wir bis in den späten Abend Sonne, und die Sonne ging früh auf. In dieser hellen Jahreszeit lag ich im Zwielicht des späten Abends und frühen Morgens wach und lauschte Vogelgesang statt Schneeschaufeln. Das Frühstück bestand gewöhnlich aus Schwarzbrot, Butter, vielleicht dickflüssigem russischem Honig, Käse, vielleicht Kefir und Quark und manchmal Saft. Hin und wieder aßen wir Kascha, Buchweizengrütze - das russische Pendant zu Haferbrei – die mit viel Butter gekocht wird. Alle diese Lebensmittel kamen aus verschiedenen Gegenden Russlands, nur wenige Lebensmittel kamen aus Westeuropa.

Als Russland westlicher wurde, beobachtete ich, wie sich im Laufe der Monate unsere Mahlzeiten veränderten. Die staatlichen Läden hatten jetzt Konkurrenz – ein völlig neues Konzept – von privaten

Unternehmen und deren attraktiven Regalen voller westlicher Güter. Joghurt, Würstchen und Käse aus Deutschland und Konserven aus Israel. Russische Lebensmittel, vor allem vegetarische Produkte, verschwanden in den 1990er Jahren fast völlig. Die Herstellungs- und Verteilungssysteme zerfielen mit dem Land, und fast alles wurde jetzt importiert. Fleisch und Fisch gab es in der Regel, obwohl wahrscheinlich nicht in der besten Qualität und größten Auswahl.

Aber nach und nach kamen Mitte der 1990er Jahre russische Lebensmittel zurück, und wenn ich mit Katja oder Jura einkaufen ging, konnten wir wieder russischen Joghurt, russische Marmelade und russische Milch kaufen. Es war nicht so sehr der Geschmack der russischen Lebensmittel, den ich begrüßte, sondern der Hinweis darauf, dass das Land sich normalisierte und seine Bürger wieder ernährte. Schwarzbrot, dieses unvergleichbare Lebensmittel, verschwand nie ganz, wohl stieg der Preis an.

Daša, Katjas und Juras einzige Tochter, war 16, als wir uns 1991 kennenlernten. Sie war hübsch, intensiv und launisch, wie Mädchen ihres Alters überall sein können. Sie war eine Künstlerin. Als ich Harvey das erzählte, packte er Malutensilien in meinen Koffer, die es in Moskau nicht gab: Farben, Pinsel, Buntstifte, Zeichenblöcke, durch die die Zollbeamten fingern konnten, falls sie wollten. In der Sowjetwirtschaft waren Verbrauchsgüter immer knapp und wurden unregelmäßig bereitgestellt. Beispielsweise Männersocken. Ich werde nie einen Einkauf im Sommer 1987 vergessen, als der Koffer eines amerikanischen Kollegen nicht in Moskau ankam und wir einen Notgang in ein staatliches Bekleidungsgeschäft machten. Damals waren alle Läden staatlich, private Geschäfte waren nicht erlaubt. Wir fanden Männersocken, aber nur riesengroße, wollene, steife, in einem hässlichen Grün-Gelbton. Der Kollege entschied sich, stattdessen Socken von einem anderen Kollegen in der Gruppe zu leihen.

2001, als sie 25 war, heiratete Daša Andrej, einen Historiker und Verleger sehr angesehener Bücher und Archivmaterialien über die sowjetische Vergangenheit, Russlands Gegenwart und Zukunft. Seine Serie über den Stalinismus und den Gulag war beeindruckend. Als Andrej und Daša heirateten, kannte ich ihn bereits mehrere Jahre und beobachtete ihr Werben mit Freude. Andrej ist ein wunderbarer, liebenswerter Mann, der seine energische Schwiegermutter mit leicht amüsierter Zuneigung zu betrachten schien. Ich fühlte mich ihm sowohl als Kollegen als auch als Mitglied von Katjas Familie nahe.

2001 zogen Katja und Jura in eine nach sowjetischem Maßstab große Wohnung im Zentrum Moskaus mit zwei Bädern und einem Fahrstuhl. Drei Jahre danach kauften Daša und Andrej eine kleinere Wohnung im selben Gebäudekomplex. Im Mai 2004 wurde ihr Sohn Danja geboren, und Katja und mich verband, dass wir beide 2004 Großmütter wurden. In den USA hatten meine Töchter, Kate und Mary, im Abstand von wenigen Wochen Jessie und Cooper geboren. Die neue Wohnung war eine Freude. Jura, der ein Bauexperte ist, hatte sie völlig renoviert, aber ich hatte sie zum ersten Mal leer und im alten Zustand gesehen. Dieser Stadtteil Moskaus ist schön und unterscheidet sich sehr von dem Stadtteil, in dem Katja und Jura früher gewohnt hatten – urban mit Gebäuden aus der vor-sowjetischen Zeit. Ich lief mit meiner Kamera von Raum zu Raum, um für Harvey die Ausblicke auf eine Stadtlandschaft mit Bäumen zu dokumentieren. Vom Fenster des Arbeitszimmers konnte man das Haus der Rostows aus *„Krieg und Frieden"* mit einem Tolstoidenkmal im Hof sehen. Aus dem Fenster des Elternschlafzimmers waren die Botschaften von Deutschland und Neuseeland zu sehen. In der Nähe war Tschaikowskis Haus, jetzt ein Museum und an der nächsten Straßenecke stand das Gebäude des Sowjetischen Schriftstellerverbands, in dessen nettem Café wir oft gegessen hatten. Auf der anderen Straßenseite war ein ausgezeichnetes georgisches Restaurant, die faszinierende Kulisse eines Mafiamordes. Schließlich war die Gegend stolz auf das Gebäude des Außenministeriums, eines von Stalins sieben Wolkenkratzern im Zuckerbäckerstil. Juras Vater, ein Baufachmann, hatte an dem Wolkenkratzer der Moskauer Staatlichen Universität auf den Leninhügeln mitgebaut.

Katja zeigte mir ihr Schlafzimmer mit integriertem Bad und Galina Pavlovnas Schlafzimmer mit einem weiteren Bad direkt daneben. Die Wohnung hatte ein schönes Wohn- und Esszimmer, ein Arbeitszimmer, das auch als Gästezimmer genutzt werden konnte, und eine große Küche mit fröhlichen roten Schränken und Platz für einen regulären Kühlschrank statt des kleinen in der alten Wohnung. Das Beste war der Fahrstuhl. Obwohl die Wohnung nur auf der dritten Etage lag, war es schön, einen Fahrstuhl zu haben, damit der Fahrer meinen riesigen, überladenen Koffer nicht die Treppen hinaufschleppen musste. Wenn ich Katja und ihre Familie besuchte, fühlten wir uns nicht mehr beengt, aber der Raum füllte sich schnell.

Ein ununterbrochener Strom von Büchern flutete bei ihrem Umzug herein und füllte die Regale; die Möbel sahen in der neuen Wohnung in dem größeren Raum elegant aus. Wenn ich im Bett lag, lauschte ich immer noch dem Schneeschaufeln und den Vögeln und auch den leisen Klängen von Chopin und Tschaikowski, die jemand auf dem Klavier übte. Bald brachte ich meine eigene Musik mit, und Katja ließ das alte Klavier immer für mich stimmen, sodass ich auch üben konnte. Ich versuchte, mich nicht mit dem unsichtbaren Pianisten nebenan zu vergleichen, der viel besser spielte als ich.

Russisch-orthodoxe Haushalte haben gewöhnlich eine Ikonenecke oder einen Hausaltar in der Ostecke eines Zimmers. In Katjas und Juras Wohnung gab es zusätzlich zu der Ikonenecke Fotos von Pater Aleksandr und alte Familienporträts von der Familie von Katjas Mutter – dem russischen Kleinadel – und aktuelle Fotos von Dašas Hochzeit und Katjas zahlreichen Aktivitäten. Ich betrachtete sie gerne und hatte besondere Freude an einigen sehr schönen Fotos von Katja mit George Soros[50], einem weltweit bekannten Finanzier. Ich kannte ihn als den ungarisch-amerikanischen Philanthropen, der durch sein *Open Society Institute* - Russland, dessen Präsidentin Katja war, das post-sowjetische Russland und die übrigen Regionen transformierte. Katja und ich arbeiteten gemeinsam in dem internationalen Ausschuss, der das Soros-Bibliotheksprogramm betreute, das Bibliotheken in der gesamten ehemals kommunistischen Welt neu belebte, sie in die weltweite Bibliotheksgemeinschaft einführte und, was am Wichtigsten war, sie für ihre eigenen Communities verfügbar

---

[50] George Soros ist ein US-amerikanischer Investor ungarischer Herkunft. Mit seinem Vermögen unterstützt Soros unter anderem Bürgerrechtsorganisationen sowie politische Aktivisten.

machte. Meiner Meinung nach hatte es noch nie einen Philanthropen wie George Soros gegeben, und vielleicht wird es einen wie ihn nie wieder geben.

Katjas neues Zuhause lag in einem historisch interessanten Gebäude, was auf viele Gebäude im Zentrum Moskaus zutrifft. Neben Botschaftsmitarbeitern wohnten einige bekannte sowjetische Persönlichkeiten in dem Komplex, darunter Sergej Michalkov, der mehrfach den Text der sowjetischen Nationalhymne schrieb, mindestens dreimal zwischen 1942 und 2001, um sie den Anforderungen unterschiedlicher Zeiten anzupassen. Während meines Besuchs im Februar 2009 erzählte Jura mir, dass Präsident Putin im vergangenen März in Michalkovs Wohnung gekommen war, um ihm zum 95. Geburtstag zu gratulieren. (Michalkov starb einige Monate später.) Sein Sohn, Nikita Michalkov, ist ein bekannter russischer Filmemacher und Schauspieler, der jetzt sowohl in Russland als auch in den USA arbeitet.

Einige „neue Russen", eine abfällige Bezeichnung für diejenigen, die oft in großem Umfang von dem Chaos profitiert hatten, das den Zerfall der Sowjetunion begleitete, hatten ebenfalls Wohnungen in dem Gebäudekomplex gekauft. In Sowjetzeiten gab es keine reichen Leute im westlichen Sinne des Wortes. Man konnte jedoch durch Verbindungen zur Kommunistischen Partei mächtig sein und Vergünstigungen erhalten, die es ermöglichten, besser zu leben als die durchschnittlichen Bürger, Zugang zu Sondergeschäften mit importierten Waren zu bekommen sowie die Möglichkeit, ins Ausland zu reisen. Nach dem Zerfall der Sowjetunion, als das Land sich in einem chaotischen Übergang zur Marktwirtschaft befand und es so gut wie kein Rechtssystem gab, änderte die Situation sich dramatisch. Einige Leute, oftmals junge Parteimitglieder mit Verbindungen und starkem Unternehmergeist, kauften Staatseigentum und wurden zu Milliardären. Bald besaß eine kleine Anzahl reicher Leute prunkvolle Häuser, Yachten und Designerkleidung und fuhren oft an die Riviera. Unter Katjas neuen Nachbarn waren einige dieser neuen russischen Multimillionäre.

So schön die neue Wohnung war, die Familie zog die Datscha vor, die Katja von ihrer Großmutter geerbt hatte.

Abb. 23: Katja und Jura vor ihrer Datscha

Sie liegt in einem Ort bei Abramcevo, der für Akademiemitglieder, Künstler, und Schriftsteller gegründet wurde, und wo auch die Datscha der Familie meiner Freundin Galja Levina liegt. Nach meinem ersten Besuch verstand ich, warum die Menschen sich nach ihrer Datscha sehnen: viele Wohnungen in der Stadt sind klein und eng. Datschas dagegen stehen in Birken- und Kiefernwäldern, sodass die Luft frisch ist. Im Winter ist der Schnee sauber und weiß, im Sommer blühen Gemüse- und Blumengärten und die Vögel singen. Einige Datschas sind klein, einfach und für den Winter nicht geeignet, aber in Katjas und in Galjas Datscha kann man das ganze Jahr über wohnen. Jura, ein fähiger Baufachmann, hält die Datscha in ausgezeichnetem Zustand. Bei meinem ersten Besuch gab es nur eine Außentoilette und eine Dusche draußen, aber nach und nach hatte Jura Installationsarbeiten im Haus und andere Verbesserungen durchgeführt.

Schließlich baute er noch zwei weiter Datschen auf dem Grundstück, eine für Daša und ihre Familie und eine für Gäste.

Der Datschenort wird seit kurzem von einer neuen Straße bedroht, ein vergeblicher Versuch, den unmöglichen Verkehr um Moskau zu kontrollieren. Die Datschen könnten bald verschwinden, was ein großer Verlust wäre. Katja verbrachte einen großen Teil ihrer Kindheit dort zusammen mit ihrer Großmutter, beschützt vor dem sowjetischen Alltag, und auch Daša hält ihre Datscha für ihr „richtiges" Zuhause, wenn sie dort Zeit mit Danja verbringt. Auch ich lernte die Datschenkultur lieben. Ich schlief dort besser als in Moskau. Katja und ich hatten dort einige unserer besten Brainstorming-Sitzungen, während wir das Mittagessen vorbereiteten, das Geschirr abwuschen oder Tee mit Konfitüre an dem großen runden Tisch tranken, der für ein Dutzend Leute ausgezogen werden konnte. Im Winter arbeiteten wir an dem Tisch, während sauberer weißer Schnee gegen das Fenster trieb. Im Sommer saßen wir draußen auf der Veranda, tranken unseren Tee und genossen das frische Grün, während wir arbeiteten. Wie traurig wäre es, die Datscha zu verlieren, wenn diese Straße tatsächlich gebaut wird.

Bald brachten Katja und ich unsere Zensurausstellung auf den Weg innerhalb Russlands und anderer Länder der ehemaligen Sowjetunion. Dann kam Katja in die USA und wir präsentierten gemeinsam vor dem Bibliotheksverband *American Library Association* und der *American Association for the Advancement of Slavic Studies*. Sie wohnte bei uns in Champaign, besuchte Chicago und lernte unsere Töchter Kate und Mary kennen. Im Juni 1996 begleiteten Harvey und die Mädchen mich nach Russland, und danach bereiteten die Mädchen ein Dokument vor mit dem Titel *„Regeln für Marianna und Katja"*. In einem irgendwie komischen Versuch, uns zu kontrollieren, versuchte die Regelliste unsere Reisen und Gespräche zu beschneiden und thematisierte auch unseren Gebrauch von Mobiltelefonen, Funkrufempfängern und E-Mail, um unsere bevorstehenden Reisen und Ausstellungen über Zensur zu besprechen. Die Mädchen unterschrieben und datierten die Liste, um sie rechtsverbindlich zu machen, und wir rahmten zwei Originale in grünen marmorierten Rahmen, eins für Katja und eins für mich. Mein Exemplar hängt zuhause in meinem Arbeitszimmer, Katjas hängt in ihrem Büro in der Bibliothek für Ausländische Literatur. Von Zeit zu Zeit schauen wir von den jeweils entgegengesetzten Seiten der Welt darauf und lächeln.

KAPITEL 9

Galina Pavlovnas Beerdigung und weitere Gedanken über Religion

Nach meiner Ankunft in Katjas Wohnung an einem Donnerstagabend im Juni 2003 ging ich zu Galina Pavlovna. Ihre Gesundheit hatte in der letzten Zeit nachgelassen, und ich bereitete mich beim Eintreten in ihr Zimmer auf das Schlimmste vor. Sie war ohne Bewusstsein, atmete schwer, und ihr Zustand erinnerte mich sehr an den meiner Mutter in ihren letzten Lebenstagen vor vier Jahren. Ich spürte das bekannte Zuschnüren meines Halses, den beschleunigten Herzschlag, den harten Knoten im Magen. Würde sie diese Nacht überleben? Aber ich war froh, dass Galina Pavlovna zuhause in ihrem eigenen Bett sterben konnte. Meine Mutter konnte das nicht, sie war demenzkrank und hatte ihre letzten Lebensjahre in einem Pflegeheim verbracht, wo es ihr gut ging und sie zufrieden war. Sie starb an einem kalten Apriltag kurz nach einem Besuch von Harvey, Kate, Mary und mir. Wir waren zum Essen in ein indisches Restaurant in der Nähe gegangen, als der Anruf kam.

Mein Vater war auch in einem Pflegeheim, aber nur zwei Monate lang, er war zeitweise demenzkrank. Aber seine Energie und Entschlossenheit verlor er nie: mehrfach versuchte er, das Pflegeheim zu verlassen, im Mantel und mit Tasche, um zu einer imaginären Verabredung oder Demonstration zu gehen. Einmal legte er sich vor dem Fahrstuhl auf der vierten Etage in friedlichem stillem Protest hin. Er starb friedlich in einer Januarnacht des Jahres 1995.

Das waren die Erinnerungen, die durch meinen Kopf fluteten, als ich in dieser Nacht im Bett lag und auf den Schlaf wartete. Auf Vorschlag eines Arztes probierte ich das Schlafmittel Ambien in der ersten Nacht in Moskau gegen Jetlag und verschlief den Lärm, der entstand, als Galina Pavlovnas Tod entdeckt wurde. An den folgenden Tagen fanden Vorbereitungen für das Begräbnis statt, die ich beobachtete und im Detail aufschrieb, wie mein Vater es gewünscht hätte. Ich war in orthodoxen Kirchen gewesen, als dort ein Begräbnis stattfand, aber ich hatte nie persönlichen Anteil an einem Begräbnis in einer orthodoxen Kirche gehabt.

Am Samstag, dem Tag vor der Beerdigung ging ich mit Andrej und Daša in die Leichenhalle, die jetzt ein privat betriebenes Beerdigungsinstitut war. Davor war es ein Krankenhaus für die Elite des Zentralkomitees gewesen. Dorthin brachten wir Kränze und Blumengebinde, die Katja am Tag zuvor beim Floristen bestellt hatte. Katja und Daša arrangierten die Blumen um Galina Pavlovnas Kopf und bedeckten ihren Unterkörper mit Blumen. Sie trug ein gewöhnliches Kleid, ein Tuch war lose um ihr Haar gebunden. Daša weinte bitterlich am Sarg. Galina Pavlovna war eine Großmutter für sie gewesen. Ich wusste, wie sie sich fühlte; meine Großmutter mütterlicherseits hatte auch mit uns gelebt, war Teil des engen Familienkreises, in dem ich aufwuchs. Es ist so schwer, diese Rituale zum ersten Mal zu erleben, den Verlust einer Person, die man gekannt und geliebt und deren Anwesenheit man sein ganzes Leben als selbstverständlich angesehen hatte. Über einem schwebt der Gedanke, dass die nächsten die Eltern sein werden. Ich hielt Dašas Hand, reichte ihr Taschentücher und murmelte Worte, von denen ich hoffte, dass sie sie trösten würden, während der Sarg geschlossen wurde und wir hinter dem Minibus, der als Leichenwagen diente, zur Kirche fuhren. Galina Pavlovna verbrachte die Nacht vor ihrem Begräbnis in der Kirche.

Am nächsten Tag, einem Sonntag, kamen wir früh in der Kirche der Heiligen Cosmas und Damian an[51]. Es war ein schöner sonniger Tag, und der kühle Innenraum der Kirche hieß uns willkommen. Es gab

---

[51] Die Kirche Cosmas und Damian im Zentrum Moskaus (Nähe Bolschoj-Theater) wurde 1722 erbaut. Die Kirche war von 1929 bis in die 1970er Jahre geschlossen. Nach der Wiedereröffnung war sie Anlaufpunkt politischer Regimekritiker in der Breschnew-Ära. Zahllose Gemeindemitglieder wurden von dem russisch-orthodoxen Priester Aleksander Men getauft, der 1990 ermordet wurde. 1991 wurde die Kirche der Orthodoxen Kirche zurückgegeben.

ein paar Stühle für Leute, die sie brauchten, und Katja forderte mich auf, mich zu setzen und zu beobachten. Kurz nach 11 Uhr war der reguläre Gottesdienst beendet, und die Gottesdienstbesucher nahmen einen kleinen Imbiss zu sich. Katja brachte mir einen erstklassigen Kringel, den wir uns teilten, einen echten Kringel, wie ich ihn seit meiner Kindheit nicht gegessen hatte. (Kringel, die vermutlich aus dem jüdischen östlichen Europa kommen, waren und sind in Russland noch immer klein und fest, etwas zum Beißen. Die großen weichen Brötchen, die wir in Amerika Bagels nennen, sind bis auf die Kringelform etwas Anderes.)

Zwei Beerdigungen fanden gleichzeitig statt, wir kannten den Mann nicht, dessen Sarg neben Galina Pavlovnas stand. Einige Männer, Familien- oder Gemeindemitglieder, trugen die Särge in die Mitte der Kirche vor den Altar, und Pater Georgij und Pater Aleksandr Borisov leiteten den Gottesdienst. Die beiden Priester, begleitet von einem kleinen Chor, sangen die Beerdigungsmesse. Galina Pavlovnas Sarg war offen, und ihre wenigen Verwandten, Katjas Familie und ihre Freunde zogen an dem Sarg vorbei, jeder kniete, um ihre Stirn zu küssen und einige Worte zu sagen. Katja ging voran, sie zeigte ihre tiefe Liebe und ihren Respekt, indem sie sich dreimal niederfallen ließ. Am Ende der Messe streute Pater Georgij Erde über ihren Leichnam, las von einem Papier auf ihrer Brust und Stirn und sprach sie von ihren Sünden frei. Ein junger Priester in Straßenkleidung nagelte den Sarg zu, und wir folgten Pater Georgij, der die Sargträger aus der Kirche leitete.

Die Beerdigung war auf dem Friedhof Vagankovskoe, ein Ort, den ich schon lange einmal besuchen wollte, weil Vladimir Vysotskij dort beerdigt ist. Sein Grab kann man nicht verfehlen, es ist durch eine große vergoldete Statue gekennzeichnet und immer mit frischen Blumen bedeckt. Vysotskij war ein Schauspieler, Sänger, Dichter und Liedermacher, der in den 1960er und 1970er Jahren in der russischen Kulturszene aufstieg und 1980, im Alter von 42 Jahren, abstürzte, erschöpft von Drogen, Alkohol - und ich wage zu vermuten - von Abscheu vor dem Sowjetstaat. Im Leben und im Tod war er sehr populär, und sein Geist ist überall spürbar.

Vysotskijs Grab war nicht das einzige, das ich auf dem Friedhof Vagankosvkoe sehen wollte. Vladimir Dal' liegt hier, der große Lexikograph des 19. Jahrhunderts, dessen Arbeit für alle Slavisten eine große Rolle spielt, und dessen großartiges Wörterbuch ich oft benutzt hatte. Bulat Okudžava ist ebenfalls hier beerdigt, ein gleichfalls sehr einflussreicher Sänger und Dichter, der ein paar Jahre älter als Vysotskij ist, aber das Glück hatte, die Sowjetunion zu überleben. Der Letzte, aber sicherlich nicht der Geringste, den ich nenne, ist Sergej Esenin, der Autor einiger der schönsten Gedichte in der russischen Sprache, das meiste davon bis in die Mitte der 1960er Jahre verboten. Er ist 1925 mit 30 Jahren durch Selbstmord umgekommen und war einige Zeit der Ehemann der großen amerikanischen Tänzerin Isadora Duncan.

Auf dem Friedhof Vagankovskoe gab es soviel zu betrachten, aber heute waren wir hier, um ein geliebtes Familienmitglied zu beerdigen. Galina Pavlovnas Sarg wurde in das Grab gelassen und das Grab mit rötlicher Erde gefüllt. Jeder von uns warf eine handvoll Erde auf den Sarg – dieser Teil des Rituals ist mir bekannt, weil wir es in der jüdischen Tradition ähnlich machen – darüber wurden grüne Zweige und dann eine Schicht Blumen gelegt. Zum Schluss wurde ein großes Eichenkreuz auf dem Grab errichtet; in einem Jahr würde ein Grabstein errichtet werden, wie es auch in der jüdischen Tradition üblich ist. Gab es auf dem Friedhof Vagankovskoe jüdische Gräber mit hebräischen Schriftzeichen und Davidsternen auf dem Grabstein? Katja sagte, es seien einige Juden hier beerdigt, darunter auch Mitglieder der Familie ihres Vaters. In Sowjetzeiten waren Juden hier nicht willkommen, aber jetzt ist es Routine.

An Galina Pavlovnas Grab an diesem schönen Sommertag kamen meine beharrlichen Gedanken zu Religion in Russland wieder. Mir ist Katjas Spiritualität und tiefe Hingabe an ihre Religion immer bewusst, das spüre ich besonders auf der Datscha, nahe der kleinen Kirche, in der Pater Aleksandr Men Priester war und beerdigt ist, nicht weit von dem Ort, an dem er mit einer Axt von einem angeblich unbekannten Angreifer niedergeschlagen wurde[52]. Die Aura in der

---

[52] Aleksandr Men war ein russisch-orthodoxer Religionsphilosoph und Prie-

Moskauer Wohnung ist ebenfalls stark. Es sind nicht nur die Ikonen und die Fotos von Aleksandr Men. Wenn sie alleine die Aura ausmachen würden, könnte ich mich ausgeschlossen fühlen. Aber es ist eine Aura, die auch mich, eine amerikanische Jüdin, einschließt, nicht nur in Katjas beiden Zuhause. In Chicago beschäftige ich mich nicht mit Auren, aber ich spüre die Anwesenheit von Spiritualität in Russland, und sie berührt mich tief.

Wenn ich in Russland bin und besonders, wenn ich mit Katja zusammen bin, denke ich viel über das orthodoxe Christentum und das Judentum nach. Im 21. Jahrhundert ist das orthodoxe Christentum in Russland wieder die dominierende Religion geworden, und davor war sie es seit ihrer Einführung im 9. Jahrhundert. Ich hatte über das orthodoxe Christentum im College und im Graduiertenstudium gelesen. Als ich mit Katjas Familie zusammenwohnte, wurde es für mich lebendig. Ich beobachtete, wie Katja und ihre Familie die Rituale befolgten und ihnen emotional verhaftet waren. Ich beachtete russisch-orthodoxe Kirchen mehr, schöne Gebäude mit vergoldeten Zwiebeltürmen und bunt bemalten Außenfassaden. In den sowjetischen Jahren, als Religion offiziell unerwünscht war, wurden Kirchen als Lagerhäuser genutzt, vernachlässigt und zerstört. Katjas Kirche, die Kirche der Heiligen Cosmas und Damian, wurde geschützt, weil in ihr in den 1920er Jahren die Bibliothek für Ausländische Literatur untergebracht war. Katja ließ eine Gedenktafel am Gebäude anbringen: *Diese Kirche hat Bücher gerettet.*

Pater Aleksandr Borisov und Pater Georgij, fortschrittliche Priester und enge Freunde Katjas, dienen in der kleinen historischen Kirche aus dem 16. Jahrhundert im Zentrum Moskaus. Pater Georgij wurde auch mein guter Freund. Leider starb er 2008 an Krebs. Der kleine Mann, der schnell sprach und sich schnell bewegte, betreute die Abteilung

---

ster. Er zählt zu den führenden russisch-orthodoxen Theologen des 20. Jahrhunderts. Am 9. September 1990 wurde er in Semchos bei Sergijew Possad auf dem Weg zur Kirche von einem Attentäter mit einem Beil erschlagen. Die Regierung setzte eine Untersuchungskommission ein. Ergebnisse wurden nicht vorgelegt. Der Vorsitzende der Kommission wurde ebenfalls getötet.

Religionswissenschaften in Katjas Bibliothek. Soweit ich weiß, war es die erste Abteilung dieser Art mit Beständen und Nachschlagewerken über Religion, die jedermann offen stand, in einer post-sowjetischen Bibliothek. Das russisch-orthodoxe Establishment ist nicht besonders liberal oder fortschrittlich, und es gibt einen extrem nationalistischen Flügel, der meine orthodoxen Freunde, die unermüdlich daran arbeiten, die Kirche von diesem Extrem fernzuhalten, beunruhigt. (Ich habe das Gefühl, dass das ein ziemlich aussichtsloser Kampf ist.)

Ich hatte überall in Russland viele Kirchen in schlimmem Zustand gesehen, mit schief hängenden Türen, abblätternder Farbe und ohne Vergoldung. Aber seit den frühen 1990er Jahren waren viele Kirchen wieder in Betrieb, mit neuem Anstrich und Vergoldung, mit Priestern, Nonnen und Mönchen und einer wachsenden Zahl von Gottesdienstbesuchern. Einige Familien, wie Katjas Familie, hatten ihren Glauben nie aufgegeben. Viele ließen ihn aus Angst ruhen. Unzählige Gläubige wurden in Kellern umgebracht, in Massengräbern vergraben oder litten im Gulag. Siebzig Jahre sind eine lange Zeit, und Menschen, die ihren orthodoxen Glauben wiederentdecken möchten, müssen alles neu erlernen.

Wenn ich in Sowjetzeiten in Kirchen schaute, sah ich dort nur ein paar alte Frauen mit dunklen Schals um Kopf und Schultern. Während der Phase der Glasnost in den späten 1980er Jahren gab es immer noch die alten Frauen, aber eine grundlegende Veränderung hatte stattgefunden. Das Fernsehen zeigte berühmte Leute wie Unterhaltungskünstler und sogar Funktionäre der kommunistischen Partei beim Betreten von Kirchen, bei der Taufe von Kindern oder sogar der eigenen Taufe. Männer und Frauen trugen für alle sichtbar ein Kreuz um den Hals. Die Menschen diskutierten die Taufe, und Hochzeiten fanden in Kirchen statt: Bräute trugen weiße Kleider und Schleier, Bräutigame dunkle Anzüge, und die Zeremonie wurde von einem Parteifunktionär mit dem erforderlichen Pomp absolviert. Freunde sagen, dass die aktuelle Religiosität manchmal nur eine Schau ist, dass es „in" ist, russisch-orthodox zu sein. Aber offensichtlich sind einige Menschen aufrichtig bemüht, eine Verbindung mit ihrem spirituellen Selbst und ihrer jahrhundertealten Tradition wiederherzustellen.

Ich gewöhnte mich an diese und viele andere Veränderungen im sowjetischen Leben, aber jedes Mal, wenn ich wieder nach Russland kam, wurde ich von etwas Neuem überrascht. Im Juni 1988, es gab Glasnost - aber noch die Sowjetunion, kam ich übernächtigt nach acht Stunden in einem verrauchten Flugzeug aus Peking in Moskau an, stieg aus und entdeckte, dass in den Ankunftshallen religiöse Würdenträger aus der ganzen Welt in bunten Gewändern und Kopfschmuck herumschwirrten. Ich hatte vergessen, dass mein Besuch mit der Tausendjahrfeier des Christentums in Russland zusammenfiel. Die ganze Woche lang waren die Medien voll mit Zeremonien und Gottesdiensten. Drehte Lenin, der wie Marx die Religion ablehnte, sich in seinem Mausoleum auf dem Roten Platz um? Wenn, dann muss das in der Nacht passieren, wenn die immer noch populäre Touristenattraktion geschlossen ist. Diese Vorstellung macht mir Spaß. Es gibt eine schöne Legende darüber, wie Großfürst Vladimir von Kiew (das damals das Zentrum des russischen Reiches war) vor tausend Jahren das Christentum für sein Volk wählte. Er soll Gesandte an die Orte der Nachbarreligionen geschickt haben. Die Gesandten lehnten den Islam ab, unter anderem, weil er alkoholische Getränke verbietet, das Judentum war nicht akzeptabel, weil die Juden Jerusalem verloren hatten, das schien ein Zeichen dafür zu sein, dass Gott sich von ihnen abgewandt hatte. Das Christentum in Deutschland erschien ihnen als finster und freudlos, aber der byzantinische Gottesdienst in der Hagia Sophia in Konstantinopel überwältigte sie durch seine Schönheit. So kam das orthodoxe Christentum nach Russland. Vladimir ließ die Bevölkerung von Kiew im Dnjepr taufen, und das, was die Staatsreligion im folgenden Jahrtausend wurde – mit einer siebzig Jahre andauernden starken Krümmung des Baums im 20. Jahrhundert - verwurzelte sich.

Ich habe die Innenräume orthodoxer Kirchen lieben gelernt. Wenn ich im 21. Jahrhundert innerhalb Russlands reise, sehe ich jüngere Männer und Frauen und viele Kinder in Kirchen. Der hohe Raum ist im Sommer dämmerig und kühl, im Winter warm und einladend. Es gibt kein Kirchengestühl. Die Gottesdienstteilnehmer stehen mit dem Gesicht zur Ikonostase, der mit Ikonen geschmückten Wand zwischen dem inneren Kirchenschiff und dem Altarraum. Nur Priester dürfen den Altarbereich betreten. Der Duft von Weihrauch und brennenden Kerzen erfüllt die Luft, es bilden sich Schlangen für die Beichte, die mehrere Priester an kleinen Altären abnehmen. Der amtierende Priester und der Chor singen schöne Gebete in Altkirchenslavisch, dem orthodoxen Äquivalent zum Lateinischen.

Die Atmosphäre in den Synagogen meiner Kindheit könnte dazu unterschiedlicher nicht sein, und doch fühle ich mich dort zuhause. Vielleicht kommen meine Vertrautheit und mein Wohlbefinden von einer gemeinsamen Spiritualität. Manchmal, wenn der Todestag eines meiner Familienmitglieder auf einen Zeitpunkt fällt, an dem ich mich in Russland aufhalte, und Katja und ich in der Nähe einer Kirche sind, zünde ich eine Kerze an und spreche Kaddisch, das jüdische Totengebet, während Katja eine Kerze für ihre Familienmitglieder anzündet und ihr orthodoxes Gebet spricht. Traditionelle Juden würden das vermutlich schockierend finden, unsere Tradition erfordert ein Minjan, zehn im religiösen Sinne mündige jüdische Männer, um Kaddisch zu sprechen, und selbst mit einem Minjan würden sie nicht billigen, Kaddisch in einer Kirche zu sprechen. Aber ich bin eine reformierte Jüdin, die glaubt, dass Frauen Teil eines Minjan sein können und sollten, und ich glaube auch, dass mein Gebet aufsteigt, wo auch immer ich bin, auch wenn ich alleine bin. Wenn ich mit Katja zusammen bin, steigen unsere Gebete gemeinsam auf, und so sollte es sein.

Wir sprechen am Küchentisch über unsere Religionen. Mir ist mein Judentum immer bewusst, manchmal auf angenehme Art, manchmal auf weniger angenehme Art, und immer mit einem Stich Traurigkeit. Meine Großeltern hatten das Zarenreich während einer großen Welle von Judenverfolgungen um 1900 verlassen. *„Ein Drittel der Juden wird konvertieren, ein weiteres Drittel wird emigrieren, und der Rest wird verhungern. "* Der reaktionäre russische Politiker Konstantin Pobedonoscev[53] mag

---

[53] Pobedonoszew (1827 - 1907) übte großen Einfluss auf Alexander III. aus, indem er dessen Russifizierungspolitik maßgeblich förderte. Diese führte zu administrativer nationalistischer Propaganda und der organisierten Verfolgung der russischen Juden.

das gesagt haben oder nicht, aber diese Geisteshaltung traf sicher zu in offiziellen Kreisen in der Regierungszeit von Alexander III, der während des jüdischen Massen-Exodus, von 1881 bis 1894, regierte. Meine Familie, Harveys Familie und viele andere Familien kamen nach Amerika und viele erwarben Wohlstand. Sie waren vor dem Zaren und Pobedonoscev in Sicherheit, und dann während des Zweiten Weltkriegs vor dem Holocaust auf sowjetischem Boden. Ich wurde im Februar 1942 in Chicago geboren. Die meisten jüdischen Kinder, die 1942 in Žitomir geboren wurden, der Stadt, aus der die Vorfahren meines Vaters kamen, oder in Uzda, in der die Familie meiner Mutter lebte, endeten in Massengräbern. Ich sehe sie vor meinem inneren Auge. Diese Vision verfolgt mich, seit ich ungefähr acht Jahre alt war, um diese Zeit erfuhr ich von dem Schicksal der europäischen Juden, lange, bevor ich mich Russland verbunden fühlte. Ich habe mit meinem Vater darüber gesprochen, er schaute mich an und zitierte den bekannten Satz: *„There, but for the grace of God, go I." („Es hätte auch mich treffen können, wenn Gott mich nicht beschützt hätte.")*

Als ich schon erwachsen war, las ich einmal über ein junges Partisanenmädchen in Belarus (damals die Weißrussische Sowjetrepublik), vielleicht nicht weit von Uzda. Ihr Name kann Marianna gewesen sein (so stellte ich es mir vor) und sie wurde von den Nationalsozialisten im Februar 1942, dem Monat und Jahr meiner Geburt, gefangen, gefoltert und getötet. Dieser Zufall überwältigte mich, und ich habe mich immer mit dieser mutigen Märtyrerin identifiziert, die einen schrecklichen und heldenhaften Tod starb, während ich, ein anderes jüdisches Mädchen mit Wurzeln, die ihren ähnlich waren, in Chicago geboren wurde. Sie ist gestorben, ich wurde in die Sicherheit hineingeboren. Immer wenn ich Kaddisch sage, ist sie in meinen Gedanken präsent, auch in meinen Gedanken und im Unterbewusstsein, wenn ich in Russland bin.

Isaac Neumann, mein inzwischen verstorbener Rabbiner in Champaign, Überlebender mehrerer Konzentrationslager, darunter Auschwitz, war überrascht, als ich ihm erzählte, dass ich mich auch als Überlebende betrachte – natürlich nicht wie er, aber trotzdem eine Überlebende, weil ich in Chicago und nicht in Uzda oder Žitomir geboren wurde. Er respektierte meine Denkweise, und dafür bin ich ihm dankbar.

Und die Juden, die in Russland blieben? Viele meiner russischen Freunde sind Juden oder Halbjuden oder ehemalige Juden, die nicht nach Israel, in die USA oder anderswohin auswandern konnten oder wollten. Ihre Geschichten beschäftigen mich zutiefst, ich denke ständig über sie nach. In Russland sehe ich Juden in einem ganz anderen Licht. Ihre Gesichter sehen aus wie die meiner Verwandten, aber was für eine Kluft liegt zwischen ihnen und mir! Wir haben auf unterschiedlichen Planeten gelebt, und Welten trennten uns: ich bin bequem aufgewachsen, sie unter unbeschreiblich harten Umständen. Ich muss immer an sie denken und überlegen: Was zählt unser gemeinsames Erbe? Sind wir jetzt durch einen Zufall – durch die Gnade Gottes, wenn man will – zu weit voneinander entfernt, um gemeinsam Juden zu sein?

In Russland bin ich umgeben von Menschen, die ich liebe und schätze, die halb jüdisch, halb orthodox sind, wie Katja oder ihre Kollegin Ženja oder Pater Aleksandr Men, den ich nicht kannte, aber dessen Präsenz ich spüre. Katja und Ženja haben jüdische Väter und orthodoxe Mütter und wuchsen im orthodoxen Glauben auf, aber sie lieben und respektieren ihre jüdischen Anteile. Ich verstehe, dass das real ist und tief geht: die Kultur ihres Vaters ist ein wichtiger Teil ihrer Identität, sie sehen darin nichts Befremdendes. Ženja hat mir über ihren Vater erzählt, einen Schauspieler im Moskauer Staatlichen Jüdischen Theater, das 1919 gegründet und 1948 von den sowjetischen Behörden geschlossen wurde. Der Star des Theaters war der hervorragende Schauspieler Solomon Michoels, der auf Stalins Befehl 1948 umgebracht wurde: sein Leichnam wurde überfahren, um seinen Tod als Verkehrsunfall erscheinen zu lassen. Ženjas Vater war ein junger Schauspieler in der Truppe, als die Verfolgungen begannen, er tauchte unter und überlebte.

Einige meiner russischen Freunde konvertierten zum orthodoxen Christentum, beispielsweise Katjas Mann Jura, den ich liebe wie einen Schwager. Mein rationales Ich akzeptiert Konversionen, ich bin davon überzeugt, dass jedermann das Recht haben sollte, seine Religion zu wählen. Gleichzeitig fühlt sich mein emotionales Ich unwohl, wenn ich von Konversionen vom Judentum zum Christentum in Ländern

202

mit einer starken Staatsreligion und Verfolgungen der Minderheits-religionen höre. Ich denke an Benjamin Disraeli, Heinrich Heine und Felix Mendelssohn, um nur einige Nicht-Russen zu nennen und frage mich, was in ihren Köpfen und Herzen vorging, als sie konvertierten. Fühlten sie sich wirklich zum Christentum hingezogen? Sicher ist die Antwort in vielen Fällen ja. Waren sie des Antisemitismus und des Lebens als verfolgte Außenseiter müde, und sind sie deshalb konver-tiert? Die Antwort ist vermutlich in vielen Fällen auch ja.

Diese Gefühle mindern nicht meine Liebe zu meinen guten Freunden, aber sie machen mein emotionales Leben komplizierter. Ich fühle mich zu meiner russisch-jüdischen „Familie" hingezogen, aber es gibt vieles, das ich nicht verstehe oder mit dem ich nicht zurecht-komme. In Russland waren reformierte Juden wie ich bis zur Zeit von Glasnost so gut wie unbekannt. Die *Vereinigung des Reformierten Judentums* in den USA beschreibt reformierte Juden als verwurzelt in der Tradition aber offen für Innovation. Das beschreibt mich gut. Heutzutage gibt es in Russland eine kleine Gruppe reformierter Juden, vor allem in Moskau und Sankt Petersburg. Die Lubawitscher Juden dagegen sind überall zu finden, wo Juden in der ehema-ligen Sowjetunion leben. Als eine jüdisch-orthodoxe Chassidische Bewegung, die im 18. Jahrhundert im Zarenreich entstand, haben die Lubawitscher Juden ihren Hauptsitz in Brooklyn und sind welt-weit und in ihrem Ursprungsland aktiv. In der Zeit von Glasnost strömten die Mitglieder nach Russland, um zu missionieren und aus ihren Brüdern und Schwestern in der Sowjetunion „richtige" Juden zu machen. In ihren Gewändern des 18. Jahrhunderts fallen Lubawitscher Juden überall auf, während reformierte Juden von der allgemeinen Bevölkerung nicht zu unterscheiden sind.

Als reformierte Jüdin habe ich ein Problem mit den Lubawitscher Juden, und meine Gefühle ihnen gegenüber sind besonders intensiv. Als Verfechterin der bürgerlichen Freiheiten respektiere ich ihr Recht, ihre Version des Judentums zu praktizieren, aber ich kann diese Version auf gar keinen Fall akzeptieren. Wie könnte ich eine Form des Judentums akzeptieren, die Frauen nicht als gleichberechtigt in religiösen Fragen ansieht? Frauen dürfen nicht mit den Männern aus der Torah vorlesen und werden in einem Minjan nicht gezählt. Das kann ich nicht ertragen, und es schmerzt mich zu sehen, wie die Lubawitscher Juden in den letzten Jahren nach Russland fluten, wo doch eine ebenso starke liberale Präsenz fehlt, die den russischen Juden bei der Erforschung ihres Judentums eine Wahlmöglichkeit geben würde. Gleichzeitig bin ich auch froh, dass es die Lubawitscher Juden gibt, denn sie tun auch Gutes. Es ist nicht einfach für mich.

Nach Galina Pavlovnas Beerdigung verlassen wir den Friedhof und fahren in das exzellente elegante Restaurant namens Puschkin, das alt aussieht aber neu ist, köstliches Essen serviert und ausgezeichneten Service bietet. Wenn ich im Restaurant Puschkin esse, muss ich an das schlimme komische Familienessen im *Hotel Nacional* 1960 bei meinem ersten Russlandbesuch denken. Es gibt überhaupt keine Ähnlichkeit. Heute ist das *Nacional* ein Luxushotel, das deutsche Geschäftsleute, „neue" Russen und andere Gäste mit viel Geld bedient. Wie viele Menschen, frage ich mich, erinnern sich noch an das alte *Nacional?* Vermisst es jemand? Ich nicht.

KAPITEL 10

Madame Censorship macht sich auf die Reise

1992 kam ich drei Mal in das postsowjetische Russland, und jedes Mal war ich so besorgt wie immer, wenn ich in das Land einreiste. Katja wusste, wie ich mich fühlte, und holte mich die ersten Male vom Flughafen ab. Sie schaffte es sogar, mit den Zollbeamten Süßholz zu raspeln, damit sie ihr erlaubten, in den Bereich zu kommen, in dem die Passagiere ihr Gepäck abholen, bevor sie durch den Zoll gehen. Ich fühlte, wie mir die Tränen kamen, so erleichtert war ich, sie zu sehen. Mein innerer sowjetischer Zensor funktionierte immer noch, und ich wusste, dass er dachte: Marianna führt hier nichts Gutes im Schilde. Ein Verantwortlicher müsste sie befragen, ihr Gepäck durchsuchen und ihre Bücher wegnehmen, ganz zu schweigen von der Kinderkleidung, den riesengroßen Flaschen mit Aspirin und Vitaminen, den Kondomen und den Barbie-Puppen-Kleidern. Öffne ihre Handtasche, ihre Brieftasche. Wie viele Dollar hat sie bei sich? Wem würde sie sie geben? Wer hat dieser anti-sowjetischen Frau ein Visum gegeben? Was für ein Fehler! Mein sowjetischer Zensor kannte die Zollbeamten: sie waren seine Kumpel. Er beobachtete Marianna, wie sie furchtsam und ergeben darauf wartete, dass sie sich ihr näherten. Aber Katja war da, und die Zollbeamten waren Katja nicht gewachsen. Mein Zensor sank im letzten Moment in sich zusammen und verschwand.

Katja war auch oft da, wenn ich das Land verließ, besonders bei meinen ersten Reisen. Wir haben nie viel darüber gesprochen, aber ich wusste, dass sie meine schreckliche Angst spürte. An dem Schalter, wo man seinen Pass vorzeigt und die Abfertigung zum Abflug beginnt, würde mein Zensor wieder seinen Hals recken und die Zollbeamten herbeiwinken: „Hierher Leute! Marianna ist zurück! Sie führt subversive Materialien aus!" Aber die Beamten beachteten mich nicht besonders, und Katja war da, und so würde mein Zensor wieder klein beigeben. Aber auf jeder der folgenden Reisen hat er sich wieder in mir zusammengerollt, bereit hervorzuspringen, wann auch immer ich mich an einem russischen Flughafen befinden sollte, um in das Land ein- oder aus ihm auszureisen.

Als das Jahr 1992 heraufzog, wurde ich auf eine neue innere, ziemlich strenge, weibliche Stimme aufmerksam, von der ich dachte, dass sie meine amerikanische Kritikerin sein könnte. Ich hatte in den vergangenen Monaten von Zeit zu Zeit ihre Stimme gehört, seitdem das Mortenson Center gegründet worden war, in dem wir Bibliothekare aus der ganzen Welt zusammenbrachten und Ideen und Arbeitspraktiken austauschten. Aber ich war so damit beschäftigt, unser Programm zum Laufen zu bringen, dass ich der Stimme kaum Aufmerksamkeit schenkte. Manchmal setzte sie sich auf meine Schulter wie Disneys Jiminy Cricket, eine Art Pinocchio-Figur, ein alter Freund. Zu ihr gehörte diese nervige dünne Stimme, die einem ins Ohr flüstert, wenn man etwas richtig Großes und Wichtiges vergisst, und manchmal kritisierte sie mich allzu hart. Unsere Unterhaltung verlief in etwa so:

„Wer glaubst du, wer du bist?"

„Ich versuche nur, die Zensur in Russland und in der Sowjetunion zu verstehen", antwortete ich.

„Aha, dann hast du also ein wenig darüber gelernt. Schön, aber was ist mit uns Amerikanern? Meinst du denn, dass wir perfekt sind?"

„Natürlich nicht", beeilte ich mich zu sagen. Ab jetzt antwortete ich defensiv.

„Oh, verschone mich! Als du ein Kind warst, hast du in einer liberalen Blase gelebt. Meinungsfreiheit überall. Eltern, Lehrer, Bibliothekare, die ganze Universitätsgemeinde: Du glaubst doch nicht etwa, dass ihr vom Hyde Park typisch gewesen seid! Ihr habt tatsächlich alle gedacht, dass Adlai Stevenson unser nächster Präsident werden würde!"

„Ja, haben wir", antwortete ich schwach.

„Aha", rief sie triumphierend. *„Was weißt du schon vom wahren Amerika?"*

„*Nun, ich lebe hier, nicht wahr? Ich lese die New York Times und den New Yorker, und ich höre NPR*[54]“. Ich wusste, sie würde mich gleich erdrosseln. „*Ach du meine Güte*“, antwortete sie spöttisch. „*Was um Himmels willen wirst du den Russen erzählen? Du hast noch nicht einmal eine Ahnung davon, wie die Dinge hier tatsächlich laufen. Du hast dein ganzes Leben damit verbracht, über den anderen Planeten nachzudenken. Du hättest dich besser ans Werk machen sollen und lernen, wie wir auf diesem Planeten wirklich sind! Weil sie dich um eine Orientierungshilfe bitten werden, weißt du, und dann solltest Du besser etwas Hilfreiches zu sagen haben!*“. Und mit einem vernichtenden Blick würde sie wegstapfen und mit sich selbst sprechen.

Woher kam diese Stimme? Was störte mich wirklich? Vielleicht entstammte sie meinem unterschwelligen Unbehagen über meine Einstellung zur Sowjetunion. Hatte mich meine Konzentration auf die Zensur, ein dunkles Thema, zu einer Mentalität des Kalten Krieges getrieben, die mein liberales Selbstbild angriff? Vater war mein Vorbild, und er zeichnete die Sowjetunion sicher nicht in krassem Schwarz und Weiß, aber ich ertappte mich dabei, dies zu tun. Er liebte die Sowjets und ihr System nicht, aber er wollte sie unter ihren eigenen Vorzeichen kennenlernen. Er war ein Patriot im besten Sinne, das bedeutet, dass er unser Land liebte und gleichzeitig sein Kritiker war: er wollte, dass wir es besser machen. Warum hörte ich nicht der Stimme meines Vaters besser zu?

Sie hatte natürlich recht, meine scharfzüngige Kritikerin: Ich musste mich selber erziehen und zwar schnell. Weil sowohl russische Kollegen als auch Bibliothekare aus anderen Ländern, die an den Programmen des Mortenson Center teilnahmen, mich in der Tat um Beratung baten. Viele von ihnen nahmen an, dass die Vereinigten Staaten, das Land, wo Milch und Honig fließen, eine vollkommene Pressefreiheit haben würde: keine Zensur weit und breit entlang der mit Gold gepflasterten Straßen. Natürlich wusste ich, dass das nicht wahr war und auch nie gewesen ist. Mir stand die jährliche *Banned Books Week* (*Woche der verbotenen Bücher*) der *American Library Association* vor Augen,

---

[54]NPR – National Public Radio, heute Rundfunksender sowie Online-Platt-form für Nachrichten und Hintergrundgeschichten.

obwohl ich ihr nie viel Aufmerksamkeit geschenkt habe, außer um festzustellen, dass „*Die Abenteuer des Huckleberry Finn*" an Öffentlichen oder Schul-Bibliotheken wie immer in Schwierigkeiten steckten. Ich wusste, dass die McCarthy-Ära Autoren, Filmmacher und Musiker auf die Schwarze Liste setzte. Pete Seeger, der Lieblings-Folk-Sänger meiner Familie, stand auf der Liste. Und ich entsinne mich, wie ich 1958 ein Exemplar von D. H. Lawrences „*Lady Chatterley's Lover*" in Paris kaufte und es in die USA schmuggelte, wo es immer noch verboten war, genau wie die Werke von Henry Miller. Sex jagte uns Amerikanern sogar mehr Furcht ein als Politik. Dass ich das Buch illegal in das Land brachte, bereitete mir überhaupt keine Sorgen. Ich erinnere mich daran, dass ich dachte, wie unamerikanisch es doch war, Bücher zu verbieten, und ich brach das Gesetz ohne einen zweiten Gedanken. War ich auf der Liste des FBI? Wahrscheinlich!

Ich hätte mich selbst ein wenig entlasten können, weil ich – schon bevor ich die Stimme meiner amerikanischen Kritikerin gehört hatte – angefangen hatte, Aspekte der geistigen Freiheit im Amerika der 1980er Jahre zu untersuchen. Als ich die Einleitung für „*A Fence around the Empire*" schrieb, bemerkte ich, dass ich die amerikanische Perspektive benötigte, und auf Harveys und Vaters Anregung hin bat ich einen Kollegen in Urbana aus dem Fachbereich Kommunikation, mir einige Bücher zu empfehlen. Ich war bestürzt, eine frappierende Passage über die Macht von Fernseh-Sponsoren zu entdecken: offenbar wollte es ein Gas-Unternehmen nicht erlauben, die Gaskammern in einem Fernsehfilm über den Holocaust zu erwähnen.

Ich begann Muster zu erkennen, aber ich verfolgte sie damals nicht, ich war zu sehr damit beschäftigt, mir anzuschauen, wie sich die Sowjetunion selbst zerstörte, um über Amerika nachzudenken; aber um 1990/1991 herum, war ich definitiv bereit dazu, wieder über uns nachzudenken. Bibliothekare, die ich aus aller Welt an das Mortenson Center gebracht hatte, und nicht nur aus den kommunistischen Ländern, wussten, dass ich mich mit Zensur beschäftigt hatte und sogar als Expertin auf diesem Gebiet angesehen wurde. Sie begannen, nach einem Vergleich zwischen der Zensur in ihren Ländern und der in den USA zu fragen. Zu dieser Zeit klettete sich meine amerikanische Kritikerin an mich. Mein Vater und Harvey, die beide netter als meine Kritikerin waren, ermutigten mich, mit Kollegen zu sprechen, die die Geschichte und Kultur der USA studiert hatten, und ihren Rat einzuholen. Und schnell wurde ich reichlich eingedeckt mit Büchern, die ich lesen sollte.

In den frühen 1990er Jahren hatte ich etwas über die Zensur in den USA gelernt und war bereit, meine Ideen an einem russischen Publikum auszuprobieren. Ich wollte beschreiben, wie ich die Zensur in unserem Land sah und welche unserer Erfahrungen für das russische Publikum nützlich sein könnten, um aus der allumfassenden Zensur auszubrechen. Zusätzlich zu der Ausstellung und einer Rede würde ich noch einen Runden Tisch in Moskau leiten. Katja arbeitete mit Kollegen im ganzen Land zusammen, um unsere Ausstellung auch in andere Städte zu bringen. Die Bibliothekare aus diesen Städten sprachen mit Universitätskollegen, um selber aus ihren Archiven entsprechende eigene Ausstellungen aufzubauen. Auch sie planten Runde Tische, die während ihrer Ausstellungen stattfinden sollten, und ich sollte auch bei diesen Diskussionen sprechen.

Und hier kommt mein Verständnis von amerikanischer „Zensur", ein Wort, das in Anführungszeichen steht, weil ich nach wie vor nicht davon überzeugt bin, dass es der richtige Begriff ist für das, was wir tun. Sicherlich ist das, was in unserem Land oder – meiner Beobachtung nach – in den meisten anderen Ländern passiert, nichts im Vergleich zur sowjetischen allumfassenden Zensur.

Wie die Freiheitsstatue ragt hoch über uns der Erste Verfassungszusatz, der verehrte Anfang unserer *Bill of Rights*, in der prägnanten Umschreibung des Historikers Jill Lepores: „*the right to speak and to believe, and to write and to publish, freely"* („*das Recht, frei zu sprechen und zu glauben und zu schreiben und zu veröffentlichen"*)[55]. Der Erste Verfassungszusatz wölbt sich über uns, während sich unter ihm, wie in einem unendlichen Ozean die Schaumkronen und Tsunamis der Herausforderungen befinden. Sie brodeln vom Grund herauf, es sind Störungen, die von jeder Art zivilgesellschaftlicher Gruppen erzeugt werden, jede mit

---

[55]Lapore, Jill: *One Nation under the Gun*, in: The New Yorker, 23. April 2012. Online-Ausgabe.

ihren Anliegen an Religion, Rasse, Ethnie, Geschlecht, die Umwelt, Tierrechte, Rauchen, Alkohol, Waffen und Ähnliches.

Jede Gruppe zielt darauf ab, unsere Bürger, besonders die Kinder, vor gefährlichen, schädigenden und „falschen" Ideen zu schützen, die in Druckwerken, im Fernsehen, in Filmen, im Internet, in Theaterstücken und Ausstellungen ausgedrückt werden und überall dort, wo Ideen lauern könnten. Diese Gruppen organisieren Boykotte und Demonstrationen, und sie entfernen Bücher aus Bibliotheken; letzteres geschieht mit großer Regelmäßigkeit. Eine Kommission eines Schulbezirks oder einer Öffentlichen Bibliothek nimmt *„Die Abenteuer des Huckleberry Finn"* aus dem Regal, normalerweise, weil sie das Wort *„nigger"* enthalten. Dank der Hilfe einiger Organisationen, die den Ersten Verfassungszusatz ernst nehmen, werden diejenigen, die Bücher entfernen, oft vor Gericht gezogen, wo sie im Allgemeinen den Rechtsstreit verlieren. So sind wir geschützt vom Ersten Verfassungszusatz, der über uns steht, und gestützt wird von den äußerst wachsamen zivilgesellschaftlichen Organisationen.

Aber der Kampf ebbt nie ganz ab, und der Erste Verfassungszusatz ist dauerhaft Herausforderungen ausgesetzt. Der US Supreme Court, das US-Bundesverfassungsgericht, hat einige Fälle angehört und den Ersten Verfassungszusatz dabei hochgehalten. Aber was liegt vor uns? Ich habe keinen Namen für unsere Art von „Zensur". Ich neige dazu, sie als „Bottom-Up-Herausforderungen" zu betrachten. Der Ausdruck ist nicht sehr elegant, zeigt aber auf, dass die Zensur eher vom Volk ausgeht als von der Regierung ausgeübt wird. Unsere Regierung übt so wie alle Regierungen Zensur der traditionellen Art aus, überwiegend im Hinblick auf die Anforderungen des Militärs und der nationalen Sicherheit. Üblicherweise bereiten unsere Bürger unserer Regierung in solchen Fällen harte Zeiten, wenn wir einmal darauf aufmerksam gemacht worden sind, normalerweise durch einen *Whistle-Blower*, der Information bereitstellt, die unseren nationalen Interessen schaden. Die *Pentagon-Papiere* stellen solch einen Fall aus der Zeit des Vietnamkriegs dar; der derzeit berühmteste *Whistle-Blower* ist Edward Snowden.

Aber es ist die Bottom-Up-Variante, die uns umgibt, und die die Zensur in unserem täglichen Leben ausmacht. In den letzten Jahren haben uns Internet, Social Media und Handys neue Höhen und Tiefen von Komplexität gebracht und haben der Regierung und den Interessensgruppen vieles beschert, über das sie sich aufregen können. Die Nachrichten sind voller Bilder, die zum Nachdenken anregen: junge Leute im Mittleren Osten, die mit dem Handy in der Hand Revolution machen; Regierungen, die Druck auf die sozialen Medien ausüben, damit sie bestimmte Internet-Seiten in ihren Ländern schließen. Mittlerweile bedrängen religiös und politisch Konservative immer wieder Bibliotheken: Bücher, die nicht gefallen, müssen verschwinden. Derzeit hören wir nicht viel von feministischen oder anderen Gruppen – die Konservativen scheinen die Front und den Kern zu bilden – aber das kann sich ändern: in unserem Land ist es schwer vorherzusagen, was als nächstes kommen wird.

Das Thema Zensur auf die Reise zu bringen, würde zu einem Erlebnis werden, das mir erlauben würde, in Russland und anderen Ländern über die Meinungsfreiheit in meinem eigenen Land zu sprechen: Lasst das Publikum herein! Während der 1990er Jahre und den ersten Jahren des neuen Jahrhunderts sprach ich über diese Themen, und oft auch mit den meisten der 600 Bibliothekare aus 76 Ländern, die während der Zeit zum Mortenson Center kamen, als ich dort Professorin war, und mit Bibliothekaren aus über 25 Ländern, die ich besucht habe. Ich hielt Vorträge in China, Kolumbien, Costa Rica, Deutschland, Guatemala, Haiti, Nicaragua, Salvador, Singapur, Südafrika und Vietnam. Ich redete in den Ländern Osteuropas, die früher im sowjetischen Einflussbereich lagen: Bulgarien, Kroatien, Ungarn, Makedonien, Polen, Rumänien und Slowenien. Ich sprach in einigen der Länder, die sich von den Nachfolgestaaten der früheren Sowjetunion abgespalten hatten, wie Armenien, Estland, Georgien, Kasachstan, Lettland, Litauen, Ukraine.

Und natürlich sprach ich in ganz Russland, was mir half, meiner Botschaft Kontur zu geben. Das hochintelligente Publikum ehrte mich überall dadurch, dass es gute Fragen stellte, die sich auf die Situation im jeweiligen Land bezog. Manchmal stellte es meine Sicht der Dinge in Frage, dafür war ich dankbar, weil es mir ermöglichte, meine Botschaft immer weiter zu verfeinern. Manchmal – und das waren die interessantesten Begegnungen – blieb das Publikum ruhig. Sie saßen teilnahmslos auf ihren Stühlen und hörten aufmerksam zu, aber sie antworteten nicht. Wenn es am Ende Zeit wurde zu gehen, traten einige Leute an mich heran und sprachen in leisem Ton. Ich hätte es richtig verstanden, flüsterten sie.

„Und Folgendes ist mir passiert."

„Denken Sie, dass wir hier in Russland eine Zivilgesellschaft errichten können?"

„Vielen Dank, dass Sie gekommen sind."

Und ich fühlte, wie sich meine amerikanische Kritikerin ein bisschen entspannte.

Ich kann mich nur an eine feindliche Äußerung während einer Präsentation erinnern, sie kam vom Organisator der Veranstaltung. Wir waren einige Jahre zuvor in Novosibirsk gewesen und hatten an einem Winter-Kultur-Festival teilgenommen, und ich hatte denselben Vortrag zweimal gehalten, einmal an einer privaten geisteswissenschaftlichen Universität und einmal an der städtischen Pädagogischen Hochschule. Der Präsident der geisteswissenschaftlichen Universität, der früher beim sowjetischen Militär war, saß neben mir auf dem Podium, als ich auf Russisch zu einem Publikum aus Studenten und Mitgliedern der Fakultät sprach. Ich zitierte Anatolij Kuznecovs Äußerungen zur Selbst-Zensur und erwähnte, dass andere Autoren Opfer der allumfassenden Zensur wurden. Als ich sprach, merkte ich, dass die Studenten wie immer auf meiner Seite waren, aber ich fühlte, dass der Präsident immer ärgerlicher wurde. Als ich fertig war, schaltete er sich ein, bevor auch nur ein anderer eine Frage stellen konnte und warnte das Publikum davor, irgendetwas von dem, was sie gerade gehört hatten, Beachtung zu schenken. *„Die Autoren, über die sie gesprochen hat"*, sagte er in verächtlichem Ton, *„waren nicht unsere besten Schriftsteller. Sie waren Dissidenten, Leute, die unser Land verlassen haben"*. Unerschrocken hob eine junge Studentin höflich ihre Hand und schoss sofort zurück: *„Aber was ist mit Solschenizyn? Er ist der Beste, nicht wahr? Und er ist zurückgekommen!"*

In der Zeit von Februar 1992 bis Mai 1993 flog ich sechs Mal nach Moskau, um die Zensur-Ausstellung innerhalb von sechs Wochen voller intensiver Tage der Vorbereitung fertigzustellen. Katja und ich

saßen jeden Tag über endlosen Tassen Tee am frühen Morgen und spät in der Nacht in ihrer gemütlichen Küche, um zu planen. Ich konnte gar nicht glauben, dass diese Ausstellung wirklich stattfinden würde – nicht weil ich Katja nicht vertraute, aber ich fühlte mich, als ob wir in einem Traum lebten. Wenn wir die Wohnung verließen, fand ich mich auf dem anderen Planeten wieder, schwindlig von den andauernden Veränderungen, die sich draußen ereigneten, aber hier drinnen in der Küche war ich sicher. Meine neue Familie umgab mich schützend. Sie nahm mich mit hinein in ihr Alltagleben. Ich löcherte sie mit Fragen, und sie versuchten mir zu erklären, was ich nicht verstand. Wir schauten zusammen Fernsehen, aßen zusammen, lachten miteinander, wachten gleichzeitig auf und schliefen zur gleichen Zeit ein. Es war das erste Mal, dass ich dort in einer Familie lebte und ich erlebte mit ihnen das Gefühl, den Geruch, das Geräusch und den Geschmack der Veränderung. Atemberaubende Kontraste gab es überall: deutschen Joghurt und Käse, französischen Wein und Schokolade in den Regalen modischer Geschäfte, nur einige Schritte entfernt von improvisierten Märkten entlang der Straßen, wo stille Männer und Frauen mit ernsten Gesichtern ihre Habseligkeiten auf dem Boden ausgebreitet hatten und hofften, etwas zu verkaufen. Da gab es Ohrringe, Schraubenzieher, handgeklöppelte Tischdecken und Lexika. Kleine Ladas sowjetischer Bauart teilten sich die Straßen mit großen, funkelnden BMWs. Frauen, die in schwere Mäntel und Schals eingehüllt waren, teilten sich die Bürgersteige mit modischen jungen Dingern in Designer-Leder und Pelzen.
Wir verließen jeden Morgen um acht Uhr das Haus und fuhren zur Bibliothek. Einer der Fahrer der Bibliothek sammelte uns vor dem Häuserblock auf, in dem Katja lebte, und dann verbrachten wir nahezu eine Stunde in dem heftigen Verkehr, der ins Zentrum strömte. Katja und ich saßen auf dem Rücksitz, sie an ihrem Handy, ich schaute aus dem Fenster. Ich hörte ihr zu, wie sie unser Leben für die kommenden Tage organisierte, indem sie Treffen bestätigte und spezielle Verkaufsveranstaltungen für das Bibliothekspersonal organisierte – Fleischlieferungen und warme Parkas aus China, die im Bibliotheksgebäude verkauft wurden, weil es keine in den Geschäften

gab, Maniküre, weil es keinen Salon in der Nähe gab – und sie organisierte einen Transport zu und von einem Botschaftsempfang. Eingelullt von meinem chronischen Jetlag, sah ich die Szenerie vorbeiziehen, manchmal klar, manchmal verschwommen, je nach dem Gewicht meiner Augenlider. Kleine Kinder gingen mit ihren Großmüttern, den Babuschki, zur Schule, Boote auf der Moskva, Straßenbahnen überfüllt mit Passagieren.

Als wir das Stadtzentrum erreichten, leuchtete der Kreml vor uns auf, seine gold-weißen Zwiebeltürme, seine massiven Backstein-Mauern und -Türme. Nur wenige Augenblicke von der Bibliothek entfernt, machte ich zwei Sehenswürdigkeiten aus, nach denen ich Ausschau gehalten hatte: ein Juwel von einem Kirchlein in Hellblau und einer von Stalins sieben Wolkenkratzern, ein gigantischer Wohnblock mit Geschäften am Fuße der Gebäude. Plötzlich war ich vollkommen wach und voller Vorfreude.

Einen Moment später hielten wir vor der Bibliothek für Ausländische Literatur, einem unscheinbaren, modernen Gebäude, das in jeder Stadt hätte stehen können. Zu dieser Tageszeit war es fast leer, und die breite Straße, die an einer Seite der Bibliothek entlang führte, war ziemlich ruhig. Während des Tages oder am Abend ist es lebensgefährlich, sie zu überqueren. Aber wenn ich es bewerkstelligen musste, würde ich ein paar Einheimische finden und gemeinsam mit ihnen die Straße meistern, eine Praktik, die mich in vielen Ländern gerettet hat. Am Morgen haben Katja und ich den Platz für uns alleine, außer der Nachtschicht der Putzkräfte und der Miliz, der Mitglieder der Moskauer Polizeikräfte, die angeheuert worden waren, um die Bibliothek zu bewachen.

Zuhause in Urbana pflegte ich zwischen 7 und 8 Uhr morgens zur Bibliothek zu gehen, und so fühlte es sich wie ein Luxus an, später anzukommen. Aber das meiste Personal von Katja verlässt die Bibliothek um 6 Uhr abends, wenn es im Moskauer Winter schon seit Stunden dunkel ist, und Katja selber verlässt die Bibliothek selten vor 7 oder 8 Uhr abends oder sogar erst um Mitternacht. Es gibt Ausnahmen: Ein oder zwei von Katjas Sekretärinnen sind immer im Dienst, wenn Katja in der Bibliothek ist und zwei Fahrer

(Katja fährt nicht selbst) machen ihre Runden, indem sie sie zu Abendessen, Botschaftsempfängen oder einem Frühstück mit europäischen Kollegen auf Besuch in Moskau herumfahren. Es gibt da die Konzerte, oft mit Studenten und Lehrern des weltweit berühmten Moskauer Konservatoriums, wissenschaftliche Vorträge von sehr bekannten Akademikern und ausländischen Besuchern, Ausstellungseröffnungen, Kinderpartys an Feiertagen und viele weitere Ereignisse auch in der Bibliothek, und Katja eröffnet die meisten von ihnen. Die Bibliothek betreut außerdem Modenshows und Kunsthandwerks-Messen, die die Werke russischer Künstler präsentieren. Lange Tage und Nächte sind nichts Ungewöhnliches.

Wir betraten die Bibliothek durch eine Tür mit einem großen Schild des British Council. Das war neu, wie mir Katja erzählte. David Whitwell, ein englischer Vertragspartner, hatte den Raum gleich hier bei der Tür für das British Council hergerichtet, und nun erneuerte er gerade viele andere Flächen in der Bibliothek. Ich konnte immer noch Spuren des alten Sowjet-Gebäudes entdecken – David konnte gar nicht so schnell arbeiten, um sie alle auf einmal abzudecken – aber die Erscheinung der Bibliothek und ihre Funktionalität hatten sich radikal von einem meiner Besuche auf den anderen verändert.

Im zweiten Stockwerk befindet sich die ständige BBC-Ausstellung mit Live-Fernsehen und Telefonen, die original englische Stimmen aussendeten. (Das ist die Installation, für die Katja einen Vertrag während des Putschversuchs unterzeichnet hatte.) Bei einem meiner Besuche Anfang der 1990er Jahre weihte das Französische Außenministerium das elegante Französische Kulturzentrum in der Bibliothek ein. Katja teilte mir ihre Pläne mit, die sie zusammen mit der US-Botschaft entwickelt hatte, um ein Amerika-Zentrum in der Bibliothek aufzubauen, ein solides Symbol der kulturellen Präsenz meines Landes in Russland.

Katja grüßte die Putzkräfte und fragte nach ihrer Gesundheit und der ihrer Familien. Wir gingen hinter das Podium, wo der *milicioner* saß und dann die Treppe hoch zu den Verwaltungsräumen nach oben. David hatte eine geschmackvolle Inneneinrichtung geschaffen, eine kleine Halle, von der Büros, ein Konferenzraum und das größere Direktions-Büro abgingen. Hinter diesen Räumen gab es eine kleine Küche, die auch als Raucherraum genutzt wurde. (Zu diesem Zeitpunkt gab es noch keine ausgewiesenen Raucherbereiche, diese kamen erst später.) Die bodenhohen Fenster, Teil des nicht-renovierten Bibliotheksgebäudes, gingen auf eine zentrale Moskauer Straße hinaus. Aber obwohl sie in den 1970er Jahren gebaut worden war, sah die Bibliothek für Ausländische Literatur weder wie ein Sowjet-Gebäude aus noch fühlte sie sich so an. Innen ist alles hell und modern, mit hellem Holz und neuen Einbauten. Der Stil, die Farbe, die Form und die Oberflächen der Einrichtung machen einen ausgesprochen un-sowjetischen Eindruck.

Tanja Feoktistova, die brillante Designerin, die die Ausstellungsabteilung in der Bibliothek für Ausländische Literatur leitete, zeigte mir die Ausstellungsflächen, die zur Verfügung standen, und zusammen mit Katja wählten wir eine für unsere Ausstellung aus. Wir würden die Ausstellung und unseren Runden Tisch im elegantesten Teil der Bibliothek, in einem schönen Bau aus dem achtzehnten Jahrhundert auf der Straße gegenüber, abhalten. Es war vor 1917 das Haus eines reichen Kaufmanns gewesen. Katja und ich gingen hinüber, um uns die Räumlichkeiten anzuschauen. Wir gingen die ausgetretenen Holz-Stufen hinauf und gelangten in einen großen, offenen Raum, der perfekt für die Ausstellung geeignet war, und eine Tür zum Ovalen Saal, dem *Oval'nij Zal*, hatte, einem vornehmen Raum, dessen Wände mit deckenhohen Bücherregalen ausgekleidet waren, die mit alten deutschen Büchern gefüllt waren, deren Einbände durch die Glastüren sichtbar waren. Was sind das für Bücher? Ich fragte Katja und nahm dabei an, dass sie ein Teil der Bibliothekssammlung seien, vielleicht seltene deutsche Bücher. Immerhin war dies die Bibliothek für Ausländische Literatur.

Katjas Antwort überraschte mich: es waren Büchertrophäen aus Deutschland, die von der Sowjet-Armee in deutschen Bibliotheken in den letzten Monaten des Zweiten Weltkriegs beschlagnahmt worden waren. Ich hatte von diesen Trophäen gehört und wusste, dass Katja stark in die gemeinsamen russisch-deutschen Bemühungen einbezogen war, damit sie aus den Kellern, Lagerhäusern und Bibliotheken überall in der früheren Sowjetunion und den osteuropäischen Ländern herausgeholt würden, wo sie seit dem Ende des Krieges versteckt waren. Einige sind unermesslich wertvoll, die Gutenberg-Bibel wird irgendwo in der Leninka versteckt. Aber ich hatte nicht erwartet, Trophäenbücher in der Bibliothek für Ausländische Literatur zu sehen, obwohl ich es eigentlich hätte erwarten können. Deutsche Bücher in der Bibliothek für Ausländische Literatur: warum nicht? Katja und ihre Mitarbeiterinnen hatten sorgfältig Listen aufgestellt und waren bereit, die Bücher ihren Besitzern in Deutschland zurückzugeben, wenn es jemals möglich sein würde. Wenn nicht, was wahrscheinlich war – die russische Regierung ist nicht darauf erpicht, Kriegsbeute, wie z. B. unschätzbare Kunstwerke, zurückzugeben – würden Katja und ihre deutschen Amtskollegen die Bücher zumindest zugänglich machen.

In der eleganten Umgebung der Bibliothek für Ausländische Literatur würden wir zwei Tage lang tagen, d. h. eine internationale Gruppe von Wissenschaftlern, Künstlern und anderen Intellektuellen, und über zaristische und sowjetische Zensur sprechen und würden dabei von den konfiszierten deutschen Büchern umgeben sein. Einmal mehr waren Russland und Deutschland auf außergewöhnliche Weise zusammengebracht worden. Diese Bücher sind mir äußerst bewusst, sie haben eine nahezu lebendige Präsenz. Kein Wunder, dass sich Katja so sehr mit ihnen beschäftigt! Sie erzählt mir, dass sie mit ihrem deutschen Arbeitspartner im *Russisch-Deutschen Bibliotheksdialog*[56] in die Regionalbibliothek nach Smolensk gefahren ist, eine Stadt, in der im Zweiten Weltkrieg heftige Schlachten tobten, und sie sich dort eine Buchausstellung angeschaut haben. Eines der Bücher lag offen in der Vitrine, und ihr deutscher Kollege schaute es aufmerksam an. *„Dieses Buch stammt aus meiner Bibliothek"*, bemerkte er. *„Sehen Sie den Stempel*

---

[56] Der *Deutsch-Russische Bibliotheksdialog* ist eine Initiative von Bibliotheken beider Länder. Er soll ihren fachlichen Austausch unterstützen und zur Aufklärung über den Verbleib von kriegsbedingt verbrachten Kulturgütern beitragen, mehr Informationen dazu s.: https://www.preussischer-kulturbesitz.de/schwerpunkte/kooperationen/deutsch-russischer-bibliotheksdialog.html.

innen im Einband?". Mit einer spontanen Geste öffnete die Smolensker Bibliothekarin die Vitrine, nahm das Buch heraus und händigte es ihm aus. *„Bringen Sie es nach Hause",* sagte sie. Sie verstummten alle für einen Augenblick. Natürlich konnte er es nicht mit nach Hause nehmen, und sie alle wussten es – Vertreter der höchsten Regierungskreise würden einen Schlaganfall bekommen. Aber wenn es nur nach diesen Bibliothekaren gegangen wäre, würde die Angelegenheit auf einfache Art erledigt worden sein - und zwar direkt unter Kollegen.

Ich diskutierte das Konzept der Ausstellung und den Katalog, den wir vorbereiteten, mit Viktor Moskvin, der die Ausstellung zusammen mit mir kuratieren wollte. (Später stieg er aus dem Projekt aus und wurde durch Tanja Feoktistova ersetzt.) Inna Baldina, die Leiterin des ehemaligen Giftschranks an der Leninka, kam von dort herüber und erzählte mir über ihre frühere Arbeit. Ich versuchte mir vorzustellen, dass ich als Bibliothekarin für den größten Giftschrank der Welt verantwortlich wäre. Ich traf mich auch mit Sergei Mironenko, dem Direktor der Staatlichen Archive der Russischen Föderation und mit Tanja Gorjaeva, einer Mitarbeiterin von Mironenko, die Forschungen zur sowjetischen Zensur durchgeführt hatte, die sie nun veröffentlichen konnte. Sie begrüßten mich auf eine warmherzige Art und versprachen, mit uns an der Ausstellung zu arbeiten. Ich traf auf denselben Enthusiasmus in jeder Institution, die wir aufsuchten: die Russische Staatsbibliothek für Geschichte, die Russische Nationalbibliothek in St. Petersburg und weitere.

TOUR IM GARTEN DER ZERBROCHENEN STATUEN,
HALT 6: ZENSUR-AUSSTELLUNG IN MOSKAU

Und was für Schätze legten wir aus, die aus diesen Archiven und Bibliotheken zusammengetragen worden waren! Zaristische Statuten und sowjetische Dekrete. Der Katalog, auf dem ich meine Dissertation aufgebaut hatte und andere dieser Art, die weitere Zeitabschnitte abdeckten. Bücher aus verschiedenen Ländern, die im Russischen Reich verboten worden waren. Meine Beispiele aus Illinois – die Bände der Brockhaus-Enzyklopädie *und die* Welt-Geschichte *– lagen in der Vitrine neben anderen Beispielen aus russischen Bibliotheken. Was würden*

Professor Littman und sein Vater über diese Bücher aus Odessa denken, die nach Russland zurückgekehrt waren, wenn auch nur für einen Monat? Wir nahmen dutzende Bücher in die Ausstellung auf, die von Progress, einem der wichtigsten sowjetischen Verleger für populäre Werke, veröffentlicht worden waren. Aber die, die ausgestellt waren, wurden in einer geheimen Reihe publiziert „für den besonderen Gebrauch" *mit passenden Einbänden: russische Übersetzungen ausländischer Bücher, die die Sowjetunion kritisch betrachteten aber nützlich für hochrangige Parteifunktionäre waren, so wie die Memoiren von Konrad Adenauer und Henry Kissinger, Bücher von oder über Jimmy Carter, Fidel Castro und Richard Nixon. Ich denke, dass man mit Bestimmtheit sagen kann, dass niemand in der früheren Sowjetunion – außer natürlich einige Leute aus der Kommunistischen Partei – je vorher durch solch einen Garten spaziert waren.*

Als wir das Material für die Ausstellung zusammentrugen – siebenhundert Ausstellungsstücke waren im Katalog aufgeführt – hielten wir auch Ausschau nach Menschen, die an der dreitägigen Podiumsdiskussion teilnehmen wollten, die gleich nach der Eröffnung stattfinden sollte. Es würde nicht das erste Mal sein, dass Wissenschaftler in Russland zusammenkamen, um über die sowjetische Zensur zu diskutieren; diese Ehre gebührt den Kollegen in Leningrad, die im September 1991 eine Konferenz abhielten, nur einen Monat nach dem gescheiterten Putschversuch, als die Sowjetunion noch existierte. Wir sprachen mit den Organisatoren in Leningrad und willigten ein, ihre Dokumente zusammen mit unseren zu veröffentlichen. Aber unsere Konferenz würde die erste im post-sowjetischen Russland sein und die erste, die sowohl ausländische als auch russische Teilnehmer hatte. Schon bald würden Wissenschaftler in Russland zwei veröffentlichte Quellen zur sowjetischen Zensur einsehen können, die viele von ihnen nie gesehen hatten, Bände, die das Ergebnis von zwei Emigranten-Konferenzen darstellten, die während der Sowjetzeit im Westen abgehalten worden waren. Die erste dieser Konferenzen fand 1967 in Großbritannien statt, als Anataloij Kuznecov so bewegend über die Selbst-Zensur gesprochen hatte. Die Konferenzberichte wurden in einem unschätzbaren, kleinen Buch „*The Soviet Censorship*"[67] veröffentlicht, das ich immer in Reichweite hatte, wenn ich arbeitete.

---

[57]Dewhirst und Farrell: *The Soviet Censorship.*

Maurice Friedberg und ich organisierten die zweite Emigranten-
Konferenz, die 1983 an der Smithsonian Institution in Washington
D.C. stattfand. Wir folgten dem Londoner Vorbild und luden über-
wiegend Emigranten ein, vorzutragen, und später gaben wir die
Konferenzberichte heraus und veröffentlichten sie unter dem Titel
„The Red Pencil"[68].
Es sollte noch mehr Material folgen, das auf den Ausstellungen und
den Treffen basierte, die die Bibliothek für Ausländische Literatur
und ihre Partner sowie weitere Institutionen im postsowjetischen
Russland organisierten. Das Verlagshaus der Bibliothek, der Verlag
Rudomino (benannt nach der Gründerin der Bibliothek) veröffentlichte beides: den Katalog der Moskauer Ausstellung von Mai 1993
und die Konferenzberichte von unserem Runden Tisch. In den nächsten zwei Jahren brachten Regionalbibliotheken und die Universitäten
in den Städten, wo wir nach Moskau Ausstellungen und Konferenzen
durchführten, ebenfalls Veröffentlichungen heraus: 1994 in St.
Petersburg und 1995 in Tjumen und Ekaterinburg. Nun gibt es einen
kleinen aber wichtigen Korpus von Literatur über die zaristische
russische und die sowjetische Zensur, die weiterhin wächst und
auf Archivrecherchen, Memoiren, Interviews und anderen Quellen
beruht, die bis vor kurzem für Wissenschaftler verschlossen waren.
In einigen Fällen kannten Historiker das Material ziemlich gut, aber
ihnen wurde nicht erlaubt, etwas davon zu publizieren.
Unsere Moskauer Ausstellung wurde am 24. Mai 1993 eröffnet. Die
feierliche Eröffnung fand um 16 Uhr statt, aber das Moskauer Radio und Fernsehen kam früher, um Interviews mit Katja, Tanja und
mir aufzunehmen. Ich hatte keine Ahnung, was ich sagen sollte und
in welcher Sprache, aber es kam eine Mischung aus Russisch und
Englisch dabei heraus, und Bilder von einigen Ausstellungsvitrinen
wurden in den Abendnachrichten gezeigt. In den darauffolgenden
Tagen hörte ich von Freunden und Kollegen in ganz Russland: „Hey,
wir haben Euch gestern Abend im Fernsehen gesehen!"

---

[58]Tax Choldin, Marianna; Friedberg, Maurice (Hrsg.): The Red Pencil. Artists,
Scholars, and Censors in the USSR (Boston: Unwin Hyman, 1989).

Der Zeitpunkt für unseren Runden Tisch war gut gewählt. Anderthalb Jahre nach dem Ende der Sowjetunion hatten die Teilnehmer die Gelegenheit, Einblick in verschiedene Archive zu nehmen, sich untereinander auszutauschen und, vielleicht am wichtigsten, über das Thema zu reflektieren. Aber sie sahen zu diesem Zeitpunkt ihre neue Situation nicht als selbstverständlich an – davon waren sie weit entfernt. Ich erinnere mich an die Bemerkung eines russischen Teilnehmers: „*Noch können wir unsere Gedanken über die Zensur äußern, die wir nur mit sprachlosem Schmerzgeheul ertragen haben. Es wird Jahre dauern, bis wir uns genügend von diesem Alptraum distanzieren können, um objektiv, als Wissenschaftler, über dieses Phänomen sprechen zu können*".[59]

Drei Tage lang saßen wir in dem schönen Ovalen Saal der Bibliothek, umgeben von den deutschen Trophäen-Büchern, und redeten. Die meisten Teilnehmer des Runden Tisches waren Russen, was uns überaus erfreute: wir wollten von den direkt Betroffenen etwas zur Zensur hören, und Schmerzgeheul war vollkommen akzeptabel. Herr Solodin, der Zensor, den ich im Oktober 1991 auf der Konferenz in der Leninka getroffen hatte, hatte zugesagt zu sprechen. Wie würden seine einstigen Opfer auf ihn reagieren, fragte ich mich. Inna Baldina, die Leiterin des Giftschranks an der Leninka, dem größten des Landes, würde ebenfalls sprechen, zusammen mit Akademikern, Journalisten, Übersetzern, Theaterdirektoren, Rechtsexperten und religiösen Vertretern.

Auch Maurice Friedberg und Dmitrii Bobyshev, ein russischer Dichter aus St. Petersburg, der in die Vereinigten Staaten emigriert war, nahmen teil. Bobyshev lehrte an der University of Illinois und hatte viele meiner Vorträge in ein strenges und elegantes Russisch übersetzt. Eine Handvoll amerikanischer Studenten und Bibliothekare kamen ebenfalls. Herman Ermolaev, Professor für russische Literatur in Princeton, der über Zensur in der Literatur geschrieben hatte, und Steven Richmond, ein Doktorand der University of Chicago, der sich auf Zensur im Sowjet-Theater spezialisiert hatte, sprachen. Aus

---

[59] A.d.Ü.: Die Aussage des Teilnehmers wurde von Marianna Tax Choldin ins Englische übersetzt, hier im Deutschen wiedergegeben.

Frankreich kam der Leiter des YMCA-Verlags, Nikita Struve. Der Verlag mit Sitz in Paris publizierte Werke dutzender Russen, die nach 1917 emigriert waren. Auch ein Italiener nahm teil: Mario Corti, ein Journalist, der jahrzehntelang für Radio Liberty gearbeitet hatte, eine von den *foreign voices* / *den ausländischen Stimmen*, wie sie genannt wurden. Zusammen mit Voice of America, dem BBC World Service, der Deutschen Welle, Kol Yisroel und anderen hatte Radio Liberty während des Kalten Krieges unzensierte Nachrichten und Ansichten in die Sowjetunion ausgestrahlt. Und zu meiner großen Freude kamen Ray und Jean Mortenson, Walters Sohn und Schwiegertochter zu den Veranstaltungen, die eine Woche dauerten, aus New York. Sie saßen bei Harvey und beobachteten glücklich die Eröffnungszeremonie, obwohl sie kein Wort Russisch konnten.

Nach Beendigung des Runden Tisches lud ich jeden Interessierten ein, ein Video mit dem amerikanischen Film Doktor Schiwago anzusehen, der in der Sowjetunion verboten war. Eine kleine Gruppe versammelte sich um den Bildschirm, um Omar Sharif und Julie Christie zu sehen. Pasternaks Roman war natürlich viel früher verboten worden, und der Autor war gezwungen worden, den Nobel-Preis abzulehnen, der ihm 1958 verliehen worden war. Dieser Preis wurde posthum dreißig Jahre später während der Zeit von Glasnost angenommen.

Die Veranstaltungen in Moskau und St. Petersburg waren unglaublich spannend, aber erst, als wir unsere Ausstellung auf die Reise in die Städte Sibiriens schickten – nach Tjumen, Tobolsk und Ekaterinburg, in den Ural (in Städte, die man vormals nicht besuchen durfte) – merkte ich, wie glücklich ich mich schätzen konnte, Teil des Projekts zu sein. Tanja, unsere Moskauer Kuratorin, kam mit einer ganzen Reihe großer Tafeln, die die Materialien unserer Ausstellung abbildeten. Die Betrachter konnten an den Tafeln entlang gehen, als ob sie auf die Ausstellungsstücke in Glasvitrinen und an der Wand schauen würden, ganz so wie sie in Moskau und St. Petersburg ausgestellt worden waren. Die Tafeln waren attraktiv und anregend und zugleich leicht zu bewegen und gut handhabbar.

Abb. 24: Maurice Friedberg und Marianna Tax Choldin in St. Petersburg während der Zensur-Ausstellung und -Konferenz. Sie stehen im Eingang zum Regionalbüro für Pressefreiheit (Oktober 1993)

Mittlerweile hatten in jeder Stadt die Bibliothekare, Archivare und Wissenschaftler vor Ort ihre eigenen Sammlungen durchgekämmt und ihre eigene brillante Ausstellung kuratiert, die sie wirksam aufgebaut hatten. Tjumen und Tobolsk lagen auf der Route, auf der die Gefangenen in zaristischer Zeit nach Sibirien geschickt worden waren. Beide Städte wurden von Kosaken im späten sechzehnten Jahrhundert gegründet, als sich Russland nach Sibirien ausdehnte. Tobolsk war einstmals die Hauptstadt von Sibirien. Ekaterinburg, an der Grenze zwischen Europa und Asien gelegen, ist eine Stadt des achtzehnten Jahrhunderts, und ist heute am bekanntesten als der Ort ist, an den der letzte Zar, Nikolaj II. und seine Familie nach der bolschewistischen Revolution gebracht wurde und an dem sie hingerichtet wurden.

In allen drei Städten findet sich landschaftliche Schönheit – große Flüsse, Hügellandschaften, einige Überreste der Holzarchitektur – und bunte Geschichten. Aber an was ich mich hauptsächlich erinnere, sind die Kollegen, die mit uns zusammenarbeiteten, um bemerkenswerte regionale Ausstellungen aufzubauen, und die tief bewegt und verändert wurden von dieser Erfahrung, da sie selber Augenzeugen der Zensur gewesen waren. Eine Bibliothekarin aus Ekaterinburg erzählte mir, dass sie nicht wirklich viel über Zensur nachgedacht habe

– sie habe sie einfach als selbstverständlich hingenommen – bis sie in die Archivarbeit eingetaucht ist, um die Ausstellung vorzubereiten, erst da nahm sie die Ausmaße dessen wahr, was geschehen war und wie sie alle von dem beschädigt worden waren, was ich allumfassende Zensur nenne.

Von den hunderten von Erfahrungen, die ich auf der Reise durch das postsowjetische Russland in über zwanzig Jahren gemacht habe, schließe ich dieses Kapitel mit zwei Erfahrungen. Die erste Erfahrung irritiert mich noch bis zum heutigen Tage, die zweite überzeugt mich davon, dass Katja und ich ein gutes und dauerhaftes Werk vollbracht haben.

Es ist schon über fünfzehn Jahre her, dass ich in der Öffentlichen Hauptbibliothek in der südlichen russischen Stadt Rostov am Don war, die nahe der tschetschenischen Kriegszone liegt. Es ist eine multikulturelle Gegend, und viele zivilgesellschaftliche Gruppen dort beschäftigen sich mit dem Thema Toleranz. Eine dieser Gruppen hatte mit Kindern gearbeitet und eine Ausstellung in der Bibliothek mit den Zeichnungen dieser Kinder aufgebaut, die viele der Artikel der *UN-Erklärung der Menschenrechte*[60] illustrierten. Es war eine schöne Ausstellung, die ich sehr genoss, bis ich merkte, dass Artikel 19, die Meinungsfreiheit, fehlte. Artikel 19 lautet: *„Jeder hat das Recht auf Meinungsfreiheit und freie Meinungsäußerung; dieses Recht schließt die Freiheit ein, ungehindert Meinungen anzuhängen sowie über Medien jeder Art und ohne Rücksicht auf Grenzen Informationen und Gedankengut zu suchen, zu empfangen und zu verbreiten."* Als ich die Leiterin der Organisation fragte, warum Artikel 19 nicht vertreten war, erzählte sie mir, dass er zu abstrakt und zu kompliziert für Kinder sei, um ihn zu verstehen. Ich erwähnte dies später gegenüber einem russischen Kollegen, einem bekannten Menschenrechtsaktivisten, der ebenfalls meinte, dass das Konzept die Vorstellungskraft der Kinder übersteige.

Aber ich widersprach heftig. Ich wusste, dass sogar die kleinsten Kinder fähig waren, das Recht der freien Meinungsäußerung zu verstehen und auszuüben. Sie brauchten jemanden, der älter war

---

[60] Allgemeine Erklärung der Menschenrechte, UN Doc. GA/RES 217 A (III) (10.12.1948).

als sie, um es ihnen zu erklären, aber dafür sind Eltern und Lehrer da. Wir sollten Kinder nicht unterschätzen, und wir sollten ihnen nicht ihre Menschenrechte vorenthalten. Ich dachte an mich selbst als kleines Kind, und wie ich im Inneren wusste, dass es falsch war, Äußerungen zu unterdrücken, und ich nicht zögerte, darüber zu reden. Ich erinnere mich an einen Morgen, als ich in der ersten oder zweiten Klasse war. Unsere Schul-Bibliothekarin bat mich darum, als Vertreterin der Schülerschaft an einer Podiumsdiskussion bei einer Bibliothekskonferenz in Mandel Hall teilzunehmen, einem großen Hörsaal auf dem Campus der University of Chicago. Ich kann mich nicht mehr genau daran erinnern, was mein Thema war, aber ich weiß, dass ich meinem Publikum nachdrücklich erzählt hatte, dass Kinder das lesen sollten, was sie wollten. An dem Tag in Rostov am Don schwor ich mir, dass ich diese Geschichte, so oft es ging, erzählen werde und mein Bestes geben würde, um andere davon zu überzeugen, Kinder ernst zu nehmen.

2006 arbeiteten Katja und ich mit der Chicago Public Library zusammen an dem laufenden Projekt „*One Book, One Chicago*" („*Ein Buch, ein Chicago*"). Diesmal waren indes zwei Städte an dem Projekt beteiligt – Chicago und Moskau – und es fanden Werbeaktionen in beiden Städten statt. Das ausgewählte Buch war Alexander Solschenizyns Glanzstück „*Ein Tag im Leben des Iwan Denissowitsch*", das 1962 in einem bekannten sowjetischen Literaturmagazin erschienen war, fast am Ende des Jahrzehnts der Euphorie, und es stellte den ersten Bericht über das Leben im Gulag dar, der ein breites Publikum erreichte.

Unsere Chicagoer Programmwoche beinhaltete eine Einführung durch Katja; eine Ausstellung mit Fotos aus dem Gulag, die aus Russland geschickt worden waren und die im Hauptgebäude der Chicago Public Library ausgestellt wurden, zwei szenische Lesungen aus „*Ein Tag im Leben*", ein Video-Gespräch über das Buch zwischen Teenagern in beiden Städten und Diskussionen in den Englisch-Klassen von Highschools und Colleges sowie in den Bücherklubs öffentlicher Bibliotheken. Es war offensichtlich, dass die Leser aus Chicago nicht viel über Russland wissen mussten, um Solschenizyns Botschaft zu verstehen; sie identifizierten sich sofort mit Iwan Denissowitsch, dem Gefangenen, der sein kaltes, hungriges Leben in Würde lebte. Es war nicht überraschend, dass die Moskauer auf Iwan Denissowitsch in sehr persönlicher Weise reagierten, und es ist schwer, eine sowjetische Familie zu finden, die nicht vom Gulag berührt war. Hier sind ein paar von meinen Erinnerungen.

TOUR IM GARTEN DER ZERBROCHENEN STATUEN, HALT 7: GULAG

Fast 350 Leute, sowohl junge Menschen als auch Überlebende, füllten den großen Hörsaal der Bibliothek, um einen französischen Dokumentarfilm über den Gulag zu sehen. Wir hatten geplant, die Hälfte des Films– zweieinhalb Stunden – zu zeigen, aber das Publikum bat darum, den ganzen Film sehen zu dürfen. Bei einer Diskussion im Amerikanischen Zentrum erzählte uns ein Mann, dass er „Ein Tag" gelesen habe, als es zuerst erschien; da war er dreizehn. Geschmacklich tendierte er eigentlich zu Fantasie und Abenteuer, aber als er dieses Buch las, war er erstaunt und erschrocken, als er bemerkte, dass er über eine andere Welt las, eine Parallel-Welt, die aber direkt vor der Haustür lag. Der Gulag war überall um ihn herum. Niemals hat er das Buch oder diese Empfindung vergessen.

Aleksandr Filippenko, ein sehr beliebter Schauspieler, gab eine szenische Lesung des Gesamt-Buches vor der Kulisse einer riesig großen Landkarte der Sowjetunion, die (basierend auf Solschenizyns Recherchen) mit Gulag-Orten übersät war. Das Publikum saß stundenlang da und war hypnotisiert.

Wir hörten ein Klavier-Konzert, das im Gulag vom Komponisten Vsevolod Zaderatskii komponiert worden war, er starb kurz nach Stalins Tod, und das nie veröffentlicht wurde. Sein Sohn, ein Professor am Moskauer Konservatorium, sagte, dass sein Vater komponierte, während er auf einem Holzklotz saß und so lange einige der schlimmsten Orte des Gulags überlebt hatte, weil er ein begnadeter Erzähler war.

Ein würdevoller älterer Mann, der dreiundzwanzig Jahren den Gulag von Norilsk überlebt hatte, der nördlichsten Stadt der Welt und Heimat von Nickel-Minen, die mit Sklaven-Arbeit betrieben worden waren, stand vor der Solschenizyn-Karte und präsentierte der Bibliothek ein dreibändiges Werk mit den Erinnerungen von Überlebenden von Norilsk. Er wurde als „amerikanischer Spion" nach Norilsk

geschickt, weil ihn die Rote Armee am Ende des Krieges in Frankfurt am Main
bei amerikanischen Truppen fand. Leider war dies eine normale Geschichte; der
fiktive Iwan Denissowitch wurde ebenfalls als ein amerikanischer Spion verhaftet.
Und Amerika war nicht das einzige verdächtige Land; in dem französischen
Film über den Gulag, den wir sahen, wurde ein Esperanto-Sprecher inhaftiert
und ins Lager geschickt, weil es nach Ansicht der Behörden kein Land namens
Esperanto gab.

Als ich zu den „*One Book, Two Cities*"-Veranstaltungen[61] nach Moskau
kam, war mein Koffer voller Material von unserem Programm in
Chicago, das ich mitgebracht hatte, um es Solschenizyns Frau zu
übergeben. Als ich am Flughafen ankam, passierte etwas höchst Ungewöhnliches: es gab einen Sicherheits-Check, und die ankommen-
den Passagiere mussten ihren Koffer öffnen und ihn mit einem
Kontrolleur zusammen durchsehen. Mein sowjetischer Zensor war
aufgeregt– zu guter Letzt würden die Behörden sehen, was Marianna
angestellt hatte! – und ich war unruhig, als ich mich darauf vorbereitete, dem Kontrolleur zu zeigen, was ich hatte. Er untersuchte
meine englischsprachigen Bücher und Anleitungen für Leser, aber er
schenkte einer Ausgabe von „*Ein Tag im Leben des Iwan Denissowitsch,,*
auf Russisch besondere Aufmerksamkeit.
„*So, Sie lieben Solschenizyn?*", fragte er mich auf Russisch.
„*Ja*", antwortete ich, ebenfalls auf Russisch, „*besonders dieses Buch. Wir*
hatten gerade ein Programm dazu in Chicago, und wir werden auch hier ein
Programm durchführen, an der Bibliothek für Ausländische Literatur. Ich bringe
diese Materialien Solschenizyns Frau. Der Autor ist zu krank um zu kommen."
„*Oh*", sagte er und bat mich darum, mehr über die Veranstaltungen zu
erzählen. Ich fühlte mich leicht schwindelig, ich erwähnte den französischen Dokumentarfilm, die szenische Lesung von Filippenko, das
Konzert und den Rest. Er schaute mich aufmerksam an, dann schüttelte er meine Hand.
„*Sie tun Gottes Werk*", sagte er leise. „*Ich danke Ihnen*".

---

[61] Die Veranstaltungen „*One Book, Two Cities*" („*Ein Buch, zwei Städte*") fanden
   im Frühjahr 2006 statt.

KAPITEL 11

Der Garten der zerbrochenen Statuen

Den Schlüssel zu meinem Tun fand ich 1997, aber ich brauchte mehrere Jahre, bis ich das erkannte. Ich hatte lange zu verstehen versucht, warum ich intuitiv eine Verbindung zwischen Zensur und Gedenkstätten spürte. Meine Einleitung zum Garten der Zerbrochenen Statuen wurde zum Schlüssel. In der Rückschau konnte ich jetzt die richtigen Fragen stellen, die mich zu befriedigenden Antworten führten. An dem düsteren Novembertag des Jahres 1997 fragte ich mich, ob ich in einem Museum unter freiem Himmel sei, oder ob der sonderbare Park vielleicht eine Müllabladestelle für kommunistische Symbole sei, die die neue russische Führung nicht mehr haben wollte oder als peinlich empfand. Als jemand, der russische und sowjetische Geschichte studiert hatte, war mir klar, dass diese Werke aus zerbröckelndem Stein und rostendem Metall mächtige Symbole der sowjetischen Vergangenheit waren. Sie hatten für die Generationen, die diese Vergangenheit kannten, also die Menschen, die Russisch und seinen sowjetischen Dialekt des 20. Jahrhunderts sprechen und verstehen, eine große Bedeutung.

Sowjetisch ist jedoch sehr viel mehr als ein Dialekt. Es ist eine Auffassung, eine Kultur, eine Lebensform, die 70 Jahre andauerte. Ich habe Männer kennengelernt, die Vladlen heißen, eine Kombination der ersten Silben des Gründernamens (Vladimir und Lenin). Im Hochzeitspalast in Leningrad, jetzt wieder Sankt Petersburg, wie es vor der bolschewistischen Revolution hieß, waren die Marmorstufen mit einem abgetretenen roten Samtteppich belegt, die Bräute standen in langen weißen Kleidern und Schleiern und die Bräutigame im Smoking, während eine zerkratzte Aufnahme des Hochzeitsmarsches aus Lohengrin immer wieder spielte – alles, was ich bei einer Hochzeit, die so aussah, erwartete, nur ein sowjetischer Funktionär führte die Zeremonie anstelle eines Priesters durch. Auf Sowjetisch war Gott bourgeois, Opium für die Massen, und in der Sowjetunion nicht erwünscht. In der letzten Zeit habe ich keinen Vladlen mehr kennengelernt; ich habe aber Hochzeiten mit allem Drum und Dran in orthodoxen Kirchen gesehen, die von einem Priester durchgeführt wurden; der sowjetische Witz scheint tot zu sein, unter Präsident Putin kommt er möglicherweise zurück. Vermutlich hätte es die post-sowjetische Regierung lieber, wenn die Vergangenheit vergessen würde, im Sand vergraben wie die Ruinen der Statue des altägyptischen Königs Ozymandias, die Shelley so plastisch beschrieben hat. Aber wenn der Garten der zerbrochenen Statuen ein Museum und kein Müllabladeplatz war, musste ich mir über die zukünftigen Besuchergenerationen, angefangen bei der jetzigen post-sowjetischen Generation, von denen eine immer geringere Zahl Sowjetisch spricht, Gedanken machen. Ich fragte mich auch, wie Besucher aus anderen Ländern den Garten verstehen würden. Sie werden nach Moskau kommen, um die Sehenswürdigkeiten zu sehen und über den Garten in ihrem Touristenführer zu stolpern. Ich fürchte, die Touristen werden nicht viel verstehen. An einigen Statuen sind Tafeln angebracht, aber sie sagen mir nicht viel, und sie werden unbedarften Besuchern noch weniger sagen.

Die Wirkung dieses Museums unter freiem Himmel – wenn es eins war – war verwirrend, gespenstisch und ziemlich schockierend. Womit hatten diese Personen Statuen zu ihren Ehren verdient? Wann waren die Statuen aufgestellt worden, von wem, und wo hatten sie gestanden? Was sollten Besucher über die Menschen und Ereignisse, an die sie erinnern, wissen? Obwohl ich sowohl Russisch als auch Sowjetisch verstehe, bin ich verwirrt. Und die Besucher, die keine dieser Sprachen verstehen? Ein interessierter Besucher könnte vermutlich etwas über den Garten und seine Statuen im Internet lesen, aber das wäre ein Extraschritt. Ich mag Museen, in denen ich über den Ort und seine Bedeutung direkt vor Ort etwas lernen kann.

Sechzehn Jahre lang bin ich nicht in den Garten der zerbrochenen Statuen gegangen, obwohl ich ein paar Mal in der Nähe war, als ich die Tretjakov-Galerie besuchte. In diesen Jahren dachte ich oft an den Garten, besonders, wenn ich Orte in Russland und anderswo besuchte, die mich an ihn erinnerten. Und die Fragen, die mit der Fähigkeit „Sowjetisch zu sprechen" zusammenhängen, summten weiterhin leise in meinem Kopf.

TOUR IM GARTEN DER ZERBROCHENEN STATUEN, HALT 8: SACHAROV-MUSEUM

An demselben Novembertag im Jahr 1997 besuchte ich das Sacharov-Museum[62], das nach dem verstorbenen sowjetischen Physiker und Menschenrechtsaktivisten Andrej Sacharov benannt ist. Hier fand ich zu meiner großen Freude Ausstellungsobjekte, die das Ziel verfolgten, die Menschen zu lehren, Sowjetisch zu verstehen. Im ersten Museumsraum standen hauchdünne Platten mit semitransparenten Bildern, auf denen Symbole eines idealen Sozialismus abgebildet waren: Scharen kräftiger Arbeiter mit ausgestreckten Armen, die Werkzeuge trugen, Bilder der Kraft, starker aber anmutiger Kraft. Auf der anderen Seite des Ganges standen ganz andere Ausstellungsobjekte: mit Schreibmaschine geschriebene Briefe und Dokumente, Fotos, Karten, offizielle Befehle und Anweisungen, die den Sozialismus von Stalins Sowjetunion darstellten.

Der nächste Raum war schockierend, ein riesiges, dunkles Lager, das vom Boden bis zur Decke mit schmalen Regalen und Aktenschubladen bedeckt war. Hier und dort waren alphabetische Listen von Menschen, die in verschiedenen Teilen des Gulag-Systems, das sich über das ganze riesige Land zog, umgebracht worden waren, auf die Schubladen geklebt. Die Schubladen enthielten alle Information, die über die Einzelpersonen gefunden werden konnten. Kleine Fotos von Opfern klebten wie Punkte auf den Regalen. Ein paar Gegenstände aus den Lagern hingen zwischen den Fotos: ein hölzernes Fenster einer Zelle, eine gestreifte Häftlingsuniform, eine Hacke, die in den Bergwerken benutzt worden war.

---

[62]Das Sacharov-Museum ist Museum und Kulturzentrum in Moskau. Es wurde zum Gedenken an den Physiker und Regimekritiker Andrej Sacharov gegründet und zeigt Ausstellungen zu den Themen Menschenrechte, Repressionen und GULAG in der UdSSR. 1989 wurde Sacharov Gründungsvorsitzender der russischen Gesellschaft Memorial, die die Geschichte der GULAG-Lager aufarbeitet, vgl. die Webseite von Memorial: http://memo.ru.

Das Sacharov-Museum beeindruckte mich als Beispiel dafür, wie man Teile der Geschichte eines Landes darstellen sollte, die viele der Bürger lieber vergessen würden. Ich hatte bereits ein anderes Beispiel besucht, den Sitz von *Memorial*, einer Organisation, die zum Ziel hat, die Wahrheit über die sowjetische Repression herauszufinden und das Schicksal seiner Opfer möglichst umfassend zu dokumentieren. Durch Katja hatte ich einige der Führungskräfte von Memorial kennengelernt, und ich bewunderte sie und ihre Arbeit sehr. Ich hatte an dem einfachen Denkmal gestanden, das Memorial auf dem Lubjanka-Platz aufgestellt hatte: ein weißer Stein von den entfernten Solowetski-Inseln im Norden, Heimat des Solowetski-Klosters, in zaristischer Zeit teilweise als Gefängnis genutzt und das erste Lager im sowjetischen Gulag-System. Ich suchte nach ähnlichen Beispielen in anderen Ländern, die ich besuchte – Ausstellungen von Bibliotheken, Archiven und Museen.

Natürlich brachte mich meine Suche an die dunkelsten Orte, deren Bilder mich nachts verfolgten. Aber ich suchte sie, vielleicht obsessiv, weil ich wissen wollte, was den Menschen in verschiedenen Ländern über schwierige Zeiten in der Geschichte ihrer Länder erzählt wurde. Ein letzter beunruhigender Haltepunkt auf meinem Gartenrundgang war extrem dunkel, seine Vielschichtigkeit ist noch unerforscht.

TOUR IM GARTEN DER ZERBROCHENEN STATUEN, HALT 9: KATYN

Im Wald von Katyn bei Smolensk, Russland, war ich an einem sonnigen Tag im Januar 2002. Katyn ist ein mit Blut getränkter Ort, an dem die Vögel nicht singen, oder wenn sie es tun, war mir nur die tiefe Stille bewusst. Der Schnee lag hoch und rein weiß, die Luft völlig still, mein Kollege und ich waren an diesem Morgen die einzigen Besucher an dem Ort des Massakers an 4.200 polnischen Offizieren im Frühjahr 1940. Jahrzehntelang behaupteten die Sowjets, dass die Deutschen das Massaker begangen hatten, die Wahrheit kam erst nach dem Zerfall der Sowjetunion heraus.

An einem Polnisch-Russischen Erinnerungspark wurde zum Zeitpunkt meines Besuches noch gebaut. Die Polen hatten viele der ermordeten Personen identifiziert, eine rötliche sich schlängelnde mannshohe Wand gebaut und die Namen und

Informationen in die Steine geritzt. Als ich die Wand entlang ging, wurde mir mit einem unangenehmen Schauer deutlich, dass einmal wieder der Weg, auf dem ich ging, direkt über einem Massengrab lag.

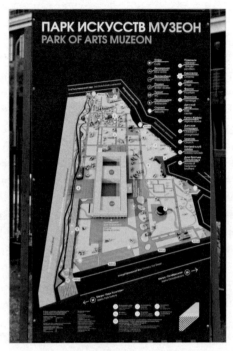

Abb. 25: Muzeon-Park-Übersicht

Acht Jahre nach meinem Besuch in Katyn floss dort nochmals polnisches Blut. Um den 70. Jahrestag des Massakers zu begehen, flog eine Gruppe von 90 polnischen Bürgern, darunter überlebende Familienmitglieder der Opfer, der amtierende polnische Staatspräsident, der ehemalige Staatspräsident und andere politische und militärische Vertreter nach Smolensk. Der polnische Pilot, der ein Flugzeug der polnischen Luftwaffe sowjetischer Bauart flog, versuchte trotz Nebels zu landen. Niemand überlebte den Absturz. In Polen gibt es immer noch zahlreiche Verschwörungstheorien, die die Russen für das Unglück verantwortlich machen.

Seit jenem Novembernachmittag 1997 im Garten der zerbrochenen Statuen, schaute ich Denkmäler mit anderen Augen an. Was gaben die Statuen über die Vergangenheit preis? Hing ihre starke Strahlkraft mit dem Versuch zusammen, die Vergangenheit objektiv zu erklären, oder erfüllte das Denkmal die Bedürfnisse einer bestimmten Gruppe? Das war nicht immer leicht zu sagen.

Ende Dezember 2013, während meiner 53. Reise nach Russland, kehrte ich schließlich in den Garten der zerbrochenen Statuen neben der Tretjakov-Galerie zurück. Es war ein trostloser Tag wie damals bei meinem ersten Besuch, und mein Buch war fast abgeschlossen. Ich bin nicht die Einzige, die über diesen Garten geschrieben hat. In den Wochen nach meiner Reise las ich zwei Beschreibungen, beide von brillanten russischen Emigrantinnen. Die verstorbene Svetlana Boym, Professorin der Slavistischen und der Vergleichenden Literaturwissenschaft an der Universität Harvard, veröffentlichte 2001 das Buch *„The Future of Nostalgia"* (*„Die Zukunft der Nostalgie"*), Kapitel 8 enthält einen Abschnitt mit dem Titel *„Totalitarian Sculpture Garden: History as a Pastoral"* (*„Totalitärer Skultpturengarten: Geschichte als Pastorale"*).[63] Boym kannte den Kunstpark, wie er damals genannt wurde, aus seinen Anfängen, als die Sowjetunion am letzten Tag des Jahres 1991 zerfiel und Skulpturen dort auftauchten, abgeladen und entweiht mit fröhlicher Unbekümmertheit von Mensch und Tier. Als Boym in den Park zurückkehrte – im gleichen Jahr, in dem auch ich ihn besuchte, nämlich 1997 – berichtete sie, dass dort ein wenig Ordnung hergestellt worden war. Einige Statuen standen jetzt aufrecht, einige wieder auf ihren Sockeln, und an einigen waren erklärende Tafeln angebracht.

„Statue Symbols" von Masha Gessen erschien in der New York Times, während ich in Russland war, ein paar Tage vor meinem zweiten Parkbesuch. Die Autorin ist eine Journalistin und Schriftstellerin, die in Moskau geboren und aufgewachsen ist und zweimal in die USA auswanderte, das erste Mal mit ihrer Familie, als sie 14 Jahre

---

[63] Boym, Svetlana: *Totalitarian Sculpture Garden: History as a Pastoral*, in: *The Future of Nostalgia* (New York: Basic Books, 2001), S. 192-226 (e-book).

alt war. Sie kehrte in das post-sowjetische Moskau zurück, um dort zu leben und zu arbeiten und reemigrierte Ende 2013 in die USA. Masha Gessen hatte den Garten auch gesehen, als er noch neu und die Sehnsucht nach Veränderung stark und frisch war. Sie verfolgt die Entwicklung des Gartens von seinem Anfang als ungeplante Mülldeponie für Statuen sowjetischer Helden zu dem, was er jetzt ist: *„ein offizielles Skulpturenmuseum unter freiem Himmel im sowjetischen Stil"*.[64] Ich gebe zu, dass ich zunächst eingeschüchtert war, als ich diese Texte las. Das ist vielleicht merkwürdig nach all der Zeit, die ich in Russland verbracht habe, nach all meiner Forschung, all meinen Erkenntnissen. Ich tadele mich selbst. Ich sollte mehr Selbstvertrauen haben. Aber Russland hat diese Wirkung auf mich. Ich weiß nie, wann ich unvorbereitet von Emotionen überwältigt werde. Diesmal fühlte ich mich unsicher und ärmlich. Schließlich sind beide Autorinnen Muttersprachler des russischen Dialekts, den ich Sowjetisch nenne, sie wissen viel mehr als ich. Was kann ich ihren klugen und witzigen Analysen, ihren ironischen Erkenntnissen hinzufügen? Aber dann habe ich es nochmals überdacht. Natürlich sprechen diese Statuen zu Svetlana Boym und Masha Gessen, deren erste Sprache Sowjetisch ist, wie sie zu Katja und all meinen intellektuellen Freunden in Russland sprechen müssen. Aber sie sprechen auch zu mir, deren Muttersprache Englisch ist. Ich bemühe mich, Sowjetisch zu lernen, nicht zu sprechen, aber zu lesen und zu verstehen. Ich fühle mich gezwungen, über das Sowjetische zu schreiben wie Masha und Svetlana und möglicherweise viele andere in Russland. Und was ich von meinem Bemühen mitnehme, gehört ganz alleine mir, es hat mit meinem Leben, meiner Russlanderfahrung zu tun – durch meine Familiengeschichte, meine Faszination für Zensur als universelles Phänomen, meine wissenschaftliche Arbeit, meine Ambivalenz gegenüber dem Ort.

Lena, eine hochgewachsene schöne junge Frau Anfang zwanzig aus der Internationalen Abteilung der Bibliothek für Ausländische Literatur, begleitete mich 2013 bei meinem Besuch des Gartens.

---

[64] Gessen, Masha: *Statue Symbols*, in: *The New York Times*, 9. Dezember 2013 (Online-Ausgabe).

Lena war seit meinem letzten Besuch neu in die Bibliothek gekommen, und ich sah sofort, dass sie gut in die Internationale Abteilung passte. Lena war ernsthaft und engagiert, hatte an der Moskauer Staatlichen Universität Französisch studiert und arbeitete an ihren Englischkenntnissen. Sie schien ein wenig unsicher, vielleicht ein wenig ängstlich uns gegenüber, aber ich wusste, dass das nicht lange anhalten würde. Harvey war der Richtige zum Englisch-Üben, und er würde dafür sorgen, dass sie sich wohlfühlte.

Als wir losgingen, wurde mir bewusst, dass Lena genau die richtige Begleitperson bei diesem Besuch war. Sie war 1989 geboren und im post-sowjetischen Russland aufgewachsen, sie lebte mit ihren Eltern in dem Stalin-Hochhaus gegenüber der Bibliothek, einem der sieben Monumente im Zuckerbäckerstil, die an verschiedenen Stellen im Zentrum Moskaus stehen. Sie war an die Geister aus der Sowjetzeit gewohnt, die ihr Gebäude, seinerseits eine monumentale Skulptur mit einer schrecklichen sowjetischen Geschichte, bewohnten. Ihre Eltern waren beide Sportler – das Team ihres Vaters gewann bei den Olympischen Spielen 1988 eine Silbermedaille – und sie sorgten dafür, dass sie die Geschichte des renommierten Gebäudes kannte. Nach unserem Spaziergang im Garten führte Lena uns durch ihr Wohngebäude.

TOUR IM GARTEN DER ZERBROCHENEN STATUEN, HALT 10: STALINS HOCHHAUS

Wir begannen in der Garage, heute eigentlich ganz gewöhnlich, aber eine Angstquelle für Lena als Kind, die von ihren Eltern wusste, das in der Stalinzeit hier eine Flotte schwarzer Wolga-Limousinen geparkt war, die jede Nacht ausfuhren, um Leute aus ihren Wohnungen zu holen und ihrem Untergang auszuliefern. Sie wies uns auf den kleinen Kiosk auf dem Parkplatz draußen hin, wo bis auf den heutigen Tag Dzerzinskijs Enkel – heute ein alter Mann - Zeit verbringt, jahrelang war er dort Wächter.

Ich wusste, dass diese Vierundzwanzigjährige, die inmitten der Gespenster von Dzerzinskijs Flotte schwarzer Wolgas aufgewachsen war, begeistert mitmachen würde, sobald sie verstand, warum ich an den Skulpturen interessiert war – und das tat sie. Lena wurde meine Fotografin, und wir gingen los, um alles zu sehen.

*Es war eiskalt und feucht, ein ziemlich starker Wind blies, und der Park war
eine vereiste und schlammige Baustelle. Ich weiß nicht, ob ein neues Gebäude
entstand oder ob die Behörden – welche? – den Garten instand setzten. Ich wollte
die Veränderungen sehen, von denen ich gelesen hatte: Beschriftungen für einige
Statuen, einzelne Figuren, die wieder auf ihren Sockeln standen, und weitere
Statuen, die diejenigen ergänzten, die ich vor 16 Jahren gesehen hatte. Lena und
ich schlitterten und glitten durch den Park, unsere iPhones fest in den kalten
Händen. Bauarbeiter und ein Großvater mit einem Kinderwagen schauten uns
verwundert an. Touristen an einem solchen Tag! Was gibt es hier zu sehen? Ihre
Gleichgültigkeit war fast mit Händen zu greifen, ich war froh: ich wollte, dass
wir unsichtbar waren. Mein Herz schlug schnell, als ich auf holprigen Wegen
stolperte, Lenas Hand lag schützend auf meinem Arm.*

*Als wir einem braunen Schild neben einer Statue näherkamen, sah ich an der
rechten unteren Ecke das Wort „Muzeon", ein unbekanntes Wort, das Lena
benutzt hatte. Aus Wikidictionary erfahre ich, dass „Muzeon" ein Substantiv
in Esperanto ist, der Akkusativ Singular von muzeo, muzej auf Russisch,
„museum" auf Englisch. Welche Bedeutung hat der Gebrauch eines Wortes in
Esperanto, einer künstlichen Sprache mit enger Verbindung zu Russland?*

Das Schild neben Dzerżinskijs Statue ist auf Russisch und Englisch: Dzer-
zhinsky, Felix Edmundovich (1877-1926). *Daneben stehen der Name des
Bildhauers und die Daten, wann und wo die Statue in Bronze gegossen wurde
(Leningrad, 1936), wann sie auf dem Lubjanka-Platz in Moskau aufge-
stellt wurde (1958), wann sie abgebaut und zum Muzeon gebracht wurde (24.
Oktober 1991). Wir lasen, dass die Arbeit* „historisch und kulturell von
Bedeutung ist, ein Erinnerungswerk an die Sowjetära zu Themen der
Politik und Ideologie". *Unten links stand in Großbuchstaben* MUZEON.

*Ich fand diesen Text irreführend und sehr unbefriedigend. Wir erfuhren alle
einfachen Fakten über die Statue und dass die Arbeit bedeutsam ist, weil sie
ein sowjetisches Denkmal ist, das mit Politik und Ideologie zu tun hat, aber
wir erfuhren nicht, wer Dzerżinskij war, warum er eines Denkmals für wür-
dig befunden wurde, welche Verbindungen er zu Politik und Ideologie hatte.
Sollte dem Betrachter nicht mitgeteilt werden, dass Dzerżinskij der Gründer der
Geheimpolizei war, dass am Lubjanka-Platz das Gefängnis des KGB stand, eine*

der gefürchtetsten Adressen der Sowjetunion, wo wer weiß wie viele Sowjetbürger unter Stalin gefoltert und ermordet worden waren? Boym drückt es sehr elegant aus:

„Wenn ein Außerirdischer oder nicht gut informierter Fremder in Moskau landen und im Park spazieren gehen würde, hätte er den Eindruck, sich in einem stabilen Land zu befinden, das sein historisches Erbe schätzt und wenig Erfahrung mit Umbrüchen oder Revolutionen hat. Was zwischen den vorsichtigen Zeilen des Schildes verschwiegen ist, ist die Geschichte des Putschversuchs vom August 1991 und das ungenehmigte Niederreißen der Statue."

Ich würde hinzufügen: ebenfalls fehlt die Rolle der Geheimpolizei vom Zeitpunkt ihrer Gründung bis zum Ende der Sowjetunion.

Gessen nutzt die Statue und die anderer sowjetischer Helden, um uns von den Ereignissen des August 1991 in die Gegenwart zu führen. Sie schreibt:
„… irgendwann in den 1990er Jahren tauchten Zäune um die verbannten Denkmäler auf, dadurch wurde der Hinterhof zu einem offiziellen Skulpturengarten unter freiem Himmel. Und dann kamen Lastwagen und luden alle Arten von unpolitischen Statuen anonymer Menschen und allerlei Flora ab. Die alten Bolschewiki, riesig wie sie waren, sahen zwischen den neuen neutralen Nachbarn nicht verloren aus, sie sahen aus wie ungeheuerliche Pflanzen in einer Festung aus weißem Gips. Auf keinen Fall sahen sie aus, als seien sie in Ungnade gefallen oder gar weggeworfen. Dzeržinskij wurde von Farbe gereinigt und ein Schild wurde am Zaun angebracht. … Die Statue war nicht länger ein Exponat, sie war wieder ein Denkmal."

Abb. 26: Stalin-Statue und Chubarovs „Körperlose Köpfe"

Mir gefällt die Unterscheidung: eine gute Ausstellung bringt Exponate zusammen und erklärt ihre Bedeutung im historischen Kontext. Ein *Denkmal* ehrt eine bestimmte Person oder ein Ereignis, in diesem Fall ohne Erklärung, warum die Person oder das Ereignis wichtig ist oder war. Dzeržinskij, Lenin, Stalin und andere sind einfach da, und es wird keine Verbindung zwischen ihnen und den Untaten hergestellt, für die sie verantwortlich sind. Ich habe nur ein Schild gesehen, das tatsächlich Objekte als Museumsexponate kennzeichnete, aber es bezieht sich auf eine post-sowjetische Kunstinstallation in Erinnerung an Gulag-Opfer, die der Stadt Moskau von dem Bildhauer Evgenij Chubarov geschenkt und 1998 im Garten aufgestellt wurde. *„Die alten Bolschewiki"*, wie Gessen sie nennt, stehen in heroischen Posen in der Nähe, aufrecht auf ihren Sockeln. Dem vorbeigehenden Touristen kann man verzeihen, dass er keine Verbindung herstellt zwischen ihnen und Chubarovs körperlosen Köpfen, die ordentlich in Draht und Steinkäfige gepackt sind.[65]

---

[65] Evgenij Chubarov (1934-2012) war ein russischer Bildhauer und Maler, der 1998 die „Opfer des Stalinismus", die körperlosen Köpfe hinter Dracht,

Unsere Welt ist voller Gärten zerbrochener Statuen, jedes Land hat welche. Anders als die guten Museen, solche, die ich weiter oben beschrieben habe, die ihre brutalen Geschichte ehrlich erzählen, pulsieren diese unvollendeten Gärten nicht nur vor Schrecken und Kummer sondern auch vor Dringlichkeit, vor dem Bedürfnis, Barrieren zu durchbrechen, die Vergangenheit und die Gegenwart deutlich zu sehen, Zusammenhänge aufzuzeigen. Sie lassen mich verstehen, wie wichtig es für offene, demokratische Gesellschaften ist, ihren Bürgern und den Bürgern der ganzen Welt Zugang zu der *gesamten* Vergangenheit ihres Landes zu geben, zu der beschämenden ebenso wie zu der noblen.

In unfreien Ländern kontrollieren die Herrschenden die Bildsymbolik und sie versuchen, die Symbole zu manipulieren, um ihre Version der Geschichte zu erzählen, dabei verbieten oder verhindern sie abweichende Versionen. Den Zugang zu ermöglichen ist ein ständiger Kampf, sogar in Demokratien, einschließlich den USA: Aber wenigstens können wir in Amerika kritisch und öffentlich über schwarze Punkte in der Vergangenheit und Gegenwart unseres Landes sprechen, lesen und schreiben. In Ländern, in denen der Staat die Presse im Würgegriff hat, wo es keine Meinungsfreiheit gibt, wo die Geschichtsinterpretation der Regierung die einzig akzeptable und einzig zugängliche ist, ist das Anrühren der schwarzen Punkte, der Punkte die mit „Kaviar" bedeckt sind, im besten Fall eine große Herausforderung und im schlechtesten Fall lebensbedrohlich.

Wie wird Russland sich verhalten? Ich stelle fest, dass ich mit Nostalgie auf die 1990er Jahre zurückschaue, trotz der Skandale - bei vielen ging es um großes Geld - die ein wenig von dem enthüllten, was hin-

---

für den Muzeon-Park erschaffen hat. Seit 2011 haben gravierende Änderungen am Park stattgefunden. Als Teil eines Programms der Regierung zur Förderung touristischer Infrastruktur wurde das Gelände umgebaut. Es wurde ein Orientierungs-Pfad aus Holz aufgebaut, entlang dessen jetzt sowjetische Skulpturen gemischt mit neuen Skulpturen ausgestellt sind. Mit dieser Mixtur wird die geschichtliche Einordnung der Statuen und das Erkennen von Zusammenhängen eher verhindert, und somit ist in Marianna Tax Choldins Sinn mit der Neuausrichtung des Parks noch kein Museumskonzept verbunden.

ter den Kulissen vor sich ging, oder auf offener Bühne in den letzten Jahren. Viele, auch ich, waren nicht aufmerksam genug. Aber trotz dieser Skandale ist dies das Jahrzehnt, auf das die Wissenschaftler meiner Generation sowie viele unserer russischen Freunde und Kollegen zurückschauen und vor Freude weinen, weil wir das erleben durften. In den 1990er Jahren habe ich Russland zwischen zwei- und viermal im Jahr besucht, und bei jeder Reise habe ich ein neues Land kennengelernt. Obwohl ich weiß, dass es bei weitem nicht das Paradies war, schaue ich auf diese Jahre als das Goldene Zeitalter des post-sowjetischen Russland zurück.

In meiner Erinnerung besuche ich erneut die KGB-Konferenz, an der Katja und ich auf dem Weg zum Flughafen in den frühen 1990er Jahren teilnahmen. Wenn ich mich daran zurückerinnere, wird mir bewusst, dass ich nicht so einfach hätte ausblenden sollen, was ich dort erlebte. Der KGB war kein Spaß. Etwas so Mächtiges, Schlechtes, Böses, und so tief in der Gesellschaft Verwurzeltes wie der KGB, schleicht sich nicht einfach davon und verschwindet auf Nimmerwiedersehen. Der KGB war und ist weiterhin eine reiche, mächtige, selbstbewusste Einrichtung, die mit ihren Muskeln spielt und das Kommando übernimmt. Und wieder ist der KGB lebendig und wohlauf im post-sowjetischen Russland.

Boris Jelzin, der erste Präsident des post-sowjetischen Russland, ernannte Vladimir Putin 1999 zum Premierminister. 2000 wurde Putin zum Präsidenten Russlands gewählt und blieb bis 2008 im Amt, als er mit Premierminister Dmitrij Medvedev Ämter tauschte. 2012 tauschten sie nochmals, und Putin ist wieder Präsident. Wie lange? Niemand weiß es.

Kurz nach Putins erster Wahl zum Präsidenten bat einer meiner engsten russischen Freunde mich, am Küchentisch Platz zu nehmen, dem Ort zahlreicher ernsthafter politischer Diskussionen in Sowjetzeiten, und wies mich darauf hin, wie viele neu ernannte oder gewählte Funktionäre Verbindungen zum KGB hatten. Die Liste war lang.

„So wird es sein", sagte mein Freund ernst. „Denk an meine Worte, wir werden jetzt von KGB-Leuten regiert werden. Wir werden nicht wieder die Sowjetunion bekommen, aber wir werden auch nicht eine Demokratie bekommen wie ihr, und wir werden ganz sicher keine freie Presse haben."

Natürlich hatte mein Freund recht. Im Laufe der folgenden 14 Jahre ist Schritt für Schritt die chaotische, oft freudige Offenheit der 1990er Jahre verschwunden. Eines der ersten Dinge, die ich bemerkte, war die Abschaffung der enorm populären Fernsehshow *Kukly* (Puppen, Marionetten) im Jahr 2002, die wichtige Personen, meist Politiker verspottete, darunter auch Putin. Journalisten, die während der Tschetschenienkriege oder zum Thema Korruption zu viel Druck ausübten, wurden brutal zum Schweigen gebracht. Organisationen wie das *Sacharov-Museum* und *Memorial*, die versuchen, das Schicksal von Gulag-Opfern zu dokumentieren, wurden überprüft und verfolgt. Oppositionelle und Leute mit politischen Ambitionen wurden in Gefängnisse gesteckt, einige unter schrecklichen Bedingungen in ehemaligen Lagern des Gulag. Die Nachrichtenprogramme im Fernsehen sind zu dem farblosen, humorlosen, einseitigen sowjetischen Stil zurückgekehrt, der denen von uns sehr bekannt ist, die in der Vergangenheit solche Nachrichtensendungen ansehen mussten.

In den letzten ein, zwei Jahren hat die Regierung einige drakonische (und absurde) Gesetze erlassen: Keine „schmutzigen Wörter" in jeder Art Publikation. Keine „Propaganda" für Homosexualität. Schulbücher für den Geschichtsunterricht, die in den 1990er Jahren neu geschrieben wurden, um die sowjetischen Verzerrungen zu ersetzen, werden jetzt nochmals neu geschrieben, mit neuen Verzerrungen. Die Presse und das Internet werden auf neue Art kontrolliert. Die liberale Stimme des Radiosenders *Echo Moskvy* (*Echo Moskaus*) ist noch zu hören, und einige oppositionelle Zeitungen und Internet-Seiten erscheinen noch, aber wie lange noch?

Ich dachte, nach dem Zerfall der Sowjetunion könnte ich meine Angst und mein Unbehagen verlieren, aber das ist nicht passiert. Vermutlich spüre ich, die Tochter eines Anthropologen, dass Kulturen sich nicht so schnell verändern, dass es noch Gründe zur Besorgnis geben könnte, wenn ich an einem russischen Flughafen einem Zoll- oder Grenzbeamten mit ernstem Gesicht gegenüberstehe. Mir ist jetzt bewusst, dass Grenzen im Allgemeinen und sowjetische und russische Grenzen im Besonderen eine starke Metapher für mich sind. Sie bezeichnen geschlossene, kontrollierte Räume, in denen die Bürger keine Grundrechte haben.

Ich bin mein ganzes Leben eine Optimistin gewesen und bin es noch immer. Hier und dort finde ich in Russland das, was ich Gärten der Offenheit nenne, oder wenn nicht richtige Gärten, dann wenigstens Beete, wo etwas Gutes wächst. In Smolensk habe ich den Wald von Katyn gesehen, aber Katja hat dafür gesorgt, dass ich auch ein Projekt der *Soros Foundation* gesehen habe, das mich zum Lächeln gebracht hat. Smolensk war voller Fabriken für den militärischen Bereich, von denen einige für die zivile Nutzung umgerüstet wurden. Ich stand neben einer großen Maschine, die wie eine Kaffeemaschine aussah, und ein Arbeiter in einem weißen Kittel gab mir eine Tasse frischer, warmer, süßer Sojamilch zu trinken. Mein Herz und mein Körper - ich bin Vegetarierin – freuten sich. Von Kriegs- und Zerstörungsmaschinen, von Katyn zur friedlichen Herstellung von Sojamilch! Wie sehr ich der kleinen Fabrik wünschte, dass sie überleben möge!

Der Hof der Bibliothek für Ausländische Literatur ist eine Art Garten geworden – einer meiner Gärten der Offenheit – der 1994 mit einer Büste von Heinrich Heine begann und mit Erasmus, Nummer 30, 2013 hinzugefügt, noch heute gedeiht. Jede Büste hat ihre eigene Geschichte. Im Einklang mit der Aufgabe und dem Charakter der Bibliothek, kommen die Büsten aus vielen Ländern und repräsentieren viele Standpunkte. Ich zähle die Länder hier in alphabetischer Reihenfolge auf: Ägypten, Aserbaidschan, Belgien, Bulgarien, Deutschland, Estland, Großbritannien, Indien, Iran, Irland, Italien, Kirgistan, Litauen, Mexiko, Niederlande, Polen, Russland, Schweden, Serbien, Slowenien, Tschechische Republik, Ungarn, Vereinigte Staaten von Amerika und Venezuela.

James Joyce und Raoul Wallenberg sind hier zu finden, Pater Men und Leonardo da Vinci und Machiavelli.

Abb. 27: Mary Choldin, Marianna Tax Choldin, Katja, Kate Choldin, und Jura mit
der Büste von Machiavelli im Hof der Bibliothek

Ich bin stolz darauf, für die Anwesenheit von Abraham Lincoln –
ebenfalls in Form einer Büste - im Hof verantwortlich zu sein.
Immer wenn ich in Moskau bin, laufe ich herum und begrüße die
Statuen. Ich bin immer belustigt und berührt, wenn ich sehe, dass
Bibliotheksbesucher – die meisten sind Russen – an der einen oder
anderen Büste Blumen hinlegen, vielleicht um einen Geburtstag zu
begehen oder einfach aus Respekt.

Abb. 28: Lincoln-Statue

Ich wünsche Russland so sehr, dass es ein freierer Ort wird mit vielen Gärten der Offenheit. Meine Russlandliebe bleibt stark, obwohl sie heute mit Trauer, Frustration und Enttäuschung gemischt ist. Es bleibt so viel zu tun; es gibt zu viele Gärten der zerbrochenen Statuen in diesem riesigen Land. Ich habe nur einige davon gesehen, wenige gepflegt, die meisten verwahrlost. Ich bin zu allen Jahreszeiten durch diese verlassenen Gärten gegangen, aber immer stelle ich sie mir im Spätherbst oder Winter vor, dunkel und kalt, vielleicht mit einer schwachen Sonne und reinem weißen Schnee, umgeben von sehr hohen dünnen Birkenbäumen. Die Aufgabe, diese Gärten aufzuräumen und sie zu pflegen, sie in offene Orte zu verwandeln, liegt bei meinen lieben russischen Kollegen – aber vielleicht kann ich sie ein wenig unterstützen. Ich habe vor, mich weiterhin zu bemühen.

NACHWORT UND DANKSAGUNGEN

Ich danke meiner Familie. Mein Mann Harvey ist immer mein erster Leser und ein wunderbarer Kritiker. Meine Töchter Kate und Mary sind unerschütterlich loyal und waren jedes Mal außerordentlich geduldig, wenn ich wieder einmal nach Russland verschwand. Meine vier Enkeltöchter – Jessie, Cooper, Jamie und Teagan – werden dieses Buch lesen, wenn sie etwas älter sind, und ich hoffe, dass sie ihre Nana und die Welt mit neuen Augen sehen werden.

Abb. 29: Unsere Familie an Kates und Marys 50. Geburtstag, dem 18. April 2015. Von oben links: Harvey, die Enkeltöchter Cooper und Jamie, Marianna, die Enkeltöchter Teagan und Jessie. Unten: Kate und Mary

Im Winter 2014 erkrankte ich an einer starken Lungenentzündung und musste ins Krankenhaus eingeliefert werden. Untersuchungen ergaben, dass ich Lungenkrebs hatte. Harvey rief Katja an und teilte ihr die schlechte Nachricht mit. Einen oder zwei Tage später rief sie

mich an, um mir mitzuteilen, dass wir wirklich Schwestern sein mussten, bei ihr war gerade Nierenkrebs festgestellt worden, und sie würde
nach Tel Aviv zur Behandlung fliegen. Einige qualvolle Wochen später, vier Tage vor der Operation, die die Hälfte meiner rechten Lunge
wegoperieren sollte, entschieden meine Ärzte, dass ich doch keinen
Krebs hatte; ich hatte nur Lungenzellen, die durch die Entzündung
außer Rand und Band geraten waren.

Abb. 30: Katja und Marianna in Tel Aviv (Mai 2014)

Einige Wochen nach dieser Nachricht verbrachten Harvey und ich
eine Woche in Tel Aviv mit Katja und Jura, während Katja sich einer
von vielen Chemotherapien unterzog; ihr Krebs hatte Metastasen
gebildet. Trotz der Umstände war es ein schöner Besuch, wir redeten
miteinander, als sei alles in Ordnung. Sie ließ sich durch die Krankheit
nicht von ihren Plänen abhalten. So fuhr sie nach einer zermürbenden
Chemotherapie nach Jerusalem, um einen Vortrag zu halten oder ein
gemeinsames Bibliotheksprojekt zu planen. Nachdem ich wieder in
den USA war, sprach ich fast jeden Tag mit ihr in Tel Aviv, Moskau,

London, Florenz, Berlin, dem Russischen Fernen Osten, oder wo sonst sie war. Wir sprachen selten über ihre Krankheit, sie erzählte mir lieber, was in ihrer Bibliothek passierte, welche Konferenzen sie besuchte und über die Pläne, mein Buch – dieses Buch – voraussichtlich 2018 in Russland in russischer Sprache zu veröffentlichen.

Ich lebe, und Katja, meine Schwester und Freundin starb am 9. Juli 2015 nach einem intensiven und tapferen Kampf. Ich schulde ihr und ihrer Familie, die ich sehr liebe, riesigen Dank. Sie ließen mich an ihrem Leben teilhaben, würdigten meine Russlandliebe mit Respekt und Feinfühligkeit, verziehen mir meine Unwissenheit und mein oft gebrochenes Russisch und übersetzten für mich Millionen Dinge, die ich nicht verstand.

Ich bin vielen Menschen in Russland dankbar, Kolleginnen und Kollegen in Katjas Bibliothek und in der ganzen ehemaligen Sowjetunion. Mein besonderer Dank geht an Galina Levina und an meine Freundinnen und Freunde unter den Mitarbeitern der Bibliothek für Ausländische Literatur für ihre großzügige Hilfe.

June Pachuta Farris hat jahrelang mit mir in der Bibliothek der University of Illinois gearbeitet und beantwortet meine Hilferufe jetzt aus der Bibliothek der University of Chicago. Ich bin ihr und meinen zahlreichen Freunden in diesen beiden großartigen Bibliotheken und Universitäten sehr dankbar. Das Mortenson Center for International Library Programs, das ich einrichten und zwischen 1991 und 2002 leiten durfte, bot mir die Möglichkeit, hunderte Bibliothekare aus der ehemaligen Sowjetunion und aus Ländern der ganzen Welt kennenzulernen und von ihnen zu lernen, und ich danke jedem einzelnen von ihnen.

Maurice Friedberg hat mir unermesslich viel bei meinen Studien der Zensur geholfen und dafür gesorgt, dass ich dabei noch lachen konnte. Leider ist er 2014 verstorben.

In den letzten Jahren habe ich mich oft mit einer treuen Gruppe Memoirenschreiberinnen getroffen – Carol Cade, Elizabeth Klein, Sena Leikvold und Carol Poston – und jeder schulde ich tiefen Dank für ihre Lektüre und unschätzbaren Kommentare. Ich danke Susan Dickman, die mir geholfen hat, meine Geschichte zu erzählen.

Schließlich möchte ich meinen lieben Kolleginnen und Freundinnen, Ermute Lapp und Silke Sewing, dafür danken, dass sie diese schöne deutsche Übersetzung meines Buches angefertigt haben. Während der Übersetzung hatten wir eine sehr erfolgreiche partnerschaftliche Zusammenarbeit: Ich habe meinen Beitrag beigesteuert, indem ich unklare Sachverhalte dargelegt habe und sie haben meine Ideen in ein eleganteres Deutsch umformuliert. Silke Sewing hat das Manuskript mit Fußnoten versehen, korrigiert und eine neue Bilderauswahl für die deutsche Ausgabe zusammengestellt. Ich bin Elisabeth Simon, meiner Verlegerin, sehr dankbar, die mit den Übersetzerinnen der Meinung ist, dass „Der Garten der Zerbrochenen Statuen" ein deutschsprachiges Publikum finden wird. Mein Dank und meine besten Wünsche gehen auch an meine deutschen Freunde und Kollegen im ganzen Land, die mich über die letzten 60 Jahre willkommen geheißen haben und dadurch mein privates und berufliches Leben bereichert haben!

BILDNACHWEIS

EINFÜHRUNG
Abb. 1 (S. 9): Ludvig14, Moscow Views fromCCS C14, Wikimedia Commons, lizenziert unter: CC BY-SA 3.0, CreativeCommons-Lizenz by-sa-3.0, URL: https://creativecomJmons.org/licenses/by-sa/3.0/

Abb. 2 (S. 14), Abb. 3 und 4 (S. 15), Abb. 5 und 6 (S. 16), Abb. 7 (S. 17): alle Rechte liegen bei Olaf Hamann, Berlin, Abdruck mit seiner freundlichen Genehmigung

KAPITEL 1
Abb. 10 (S. 36): University of Chicago Photographic Archive, apf 1-08217, Special Collections Research Center, University of Chicago Library

KAPITEL 2
Abb. 13 (S. 57), Abb. 14 (S. 59), Abb. 16 (S. 70), Abb. 17 (S. 71): alle Rechte liegen bei Olaf Hamann, Berlin, Abdruck mit seiner freundlichen Genehmigung

KAPITEL 3
Abb. 18 (S. 99): alle Rechte liegen bei Tom Kilton, Urbana, Abdruck mit seiner freundlichen Genehmigung

KAPITEL 5
Abb. 19 (S. 116): Copyright by Delius Klasing Bielefeld, Abdruck mit freundlicher Genehmigung des Verlags

KAPITEL 6
Abb. 20 (S. 136): alle Rechte liegen bei Tom Kilton, Urbana, Abdruck mit seiner freundlichen Genehmigung

KAPITEL 11
Abb. 25 (S. 232), Abb. 26 (S. 238), Abb. 28 (S. 243): alle Rechte lie-
gen bei Olaf Hamann, Berlin, Abdruck mit seiner freundlichen
Genehmigung

Wo nicht anders vermerkt, handelt sich um Privataufnahmen aus dem
Besitz von Marianna Tax Choldin und Harvey Choldin, Chicago, alle
Rechte liegen dort, Abdruck mit ihrer freundlichen Genehmigung

SILKE SEWING

arbeitet als Leiterin der Bibliothekarischen Dienste für die Zeitschriftendatenbank an der Staatsbibliothek zu Berlin. Bis 2010 war sie am Deutschen Musikarchiv der Deutschen Nationalbibliothek tätig, zuletzt als stellvertretende Leiterin. Sie hat Geschichte und Literaturwissenschaft sowie Bibliotheks- und Informationswissenschaft studiert. Mit Marianna Tax Choldin ist sie seit langem befreundet. 2001 lud Marianna Tax Choldin sie an ihr Mortenson Center for International Library Programs nach Urbana-Champaign ein. Der Aufenthalt an der Universität von Illinois ermöglichte ihr Einblicke in das US-Bibliothekswesen und erbrachte viele wertvolle Kontakte, die bis heute erhalten geblieben sind.

DR. ERDMUTE LAPP

studierte Amerikanistik, Anglistik und Slavistik an den Universitäten Hamburg, Indiana University, Bloomington, USA und Lomonosov-Universität Moskau, UdSSR. Nach ihrer Promotion im Fachbereich Sprachwissenschaften der Universität Hamburg war sie Bibliotheksreferendarin in der Universitätsbibliothek Heidelberg und in Frankfurt am Main. Sie führte mehrere bibliothekarische Forschungsprojekte in Frankfurt am Main, Saarbrücken und in der Bayerischen Staatsbibliothek durch.

In der Zentralbibliothek des Forschungszentrums Jülich war sie 7 Jahre die Leiterin der Benutzungsdienste und die Stellvertretende Bibliotheksleiterin, seit 20 Jahren ist sie die Direktorin der Universitätsbibliothek Bochum.

Die Bibliothek ihrer amerikanischen Alma Mater Indiana University und später ihrer amerikanischen bibliothekarischen Kooperationspartner - unter ihnen ist auch Marianna Tax Choldin, die große Lady of Slavic Librarianship an der University of Illinois - sind ihr Vorbild und Inspiration.

Ihr Credo: Exzellente Universitäten / Forschungseinrichten / Communities haben immer exzellente Bibliotheken.

Sie hat zahlreiche Texte und mehrere Bücher aus dem Englischen und Russischen übersetzt.

LEBEN IM KURZEN 20. JAHRHUNDERT

JOSEPH KAZICKAS: Wege der Hoffnung
Flucht, Emigration und Rückkehr in eine freies Litauen.
Unter Mitarbeit von Vladas Bartasevicius.
Aus dem Englischen übersetzt von Erdmute Lapp
2015. 233 Seiten, softcover, €22
ISBN 978-3-940862-74-7

Ein Lebensweg von der russisch-kasachischen Steppe zurück nach Litauen, der Flucht vor den Sowjets nach Deutschland und Auswanderung in die Vereinigten Staaten. Als erfolgreicher Geschäftsmann hilft K. bei der Geburt des freien Litauen nach 1990. Ein ergreifendes Schicksal, das neben persönlichen Anekdoten die großen politischen Umwälzungen des 20. Jahrhunderts widerspiegelt.

WILLI BREDEMEIER: Ein Anti-Heimat-Roman
Bildungsreisen durch ein unbekanntes Land.
2013. 505 Seiten, softcover, €19.50
ISBN 978-3-940862-68-6

Heimat ein Begriff mit einer neuen Bedeutung. Der Autor wird Zeuge des Untergangs der ländlichen Kultur in der Region und erlebt den Niedergang der Arbeiterkultur von Kohle und Stahl, im Ruhrgebiet. Wirtschaft und Politik haben eine umfassende Modernisierung nicht gefördert − mit den Folgen, die heute spürbar sind.

GRIGORII AROSEV: Unangepaßt (In Russisch)
2016. 252 Seiten, €14.50
ISBN 978-3-945610-25-1

Allen Diktaturen ist das unkontrollierte Streben nach Macht gemeinsam, nicht nur im öffentlichen Raum, sondern auch über Geist und Denken ihrer Untertanen, oder wie G. Eich sagte wir wissen, dass die Macht daran interessiert ist, dass alle Kunst die Grenzen der Harmlosigkeit nicht überschreite. Die verschiedenen Facetten des Lebens verkörpert in vier verschiedenen Figuren. Ein hintergründige und doppelsichtige Geschichte- erinnert an Gogol.

Informieren Sie sich über Zeitzeugen unter www.simon-bw.de